사친 오흐리 지음
김창수 옮김

예제로 배우는
타입스크립트
2.X

IT's my
turning
point.

터닝
포인트

TYPESCRIPT 2.0 BY EXAMPlE by Sachin Ohri

Copyright(c) Packt Publishing 2018. First Published in the English language under the title 'TypeScript 2.0 By Example – 9781787280038

Korean edition copyright (c) (2018) by Turning Point. AII rights reserved.

예제로 배우는 타입스크립트 2.X

2018년 7월 25일 초판 1쇄 인쇄
2018년 8월 1일 초판 1쇄 발행

지은이 사친 오흐리
옮긴이 김창수

펴낸이 정상석
책임 편집 엄진영
마케팅 이병진
본문편집 이경숙
표지디자인 김보라
펴낸 곳 터닝포인트(www.diytp.com)
등록번호 제2005-000285호

주소 (03991) 서울시 마포구 동교로27길 53 지남빌딩 308호
대표 전화 (02)332-7646
팩스 (02)3142-7646
ISBN 979-11-6134-026-5(13000)

정가 25,000원

내용 및 집필 문의 diamat@naver.com
터닝포인트는 삶에 긍정적 변화를 가져오는 좋은 원고를 환영합니다.

이 도서의 국립중앙도서관 출판예정도서목록(CIP)은 서지정보유통지원시스템 홈페이지(http://seoji.nl.go.kr)와 국가자료
공동목록시스템(http://www.nl.go.kr/kolisnet)에서 이용하실 수 있습니다.
(CIP제어번호: CIP2018021110)

서문

TypeScript로 인해 JavaScript 개발에 혁명이 일어나고 있다. TypeScript는 타입, 클래스, 인터페이스, 제네릭, 데코레이터와 같은 주류 개념을 JavaScript 세계에 소개했다. TypeScript가 어떠한 새로운 언어도 소개하지 않고 현재 TC39에서 논의되고 있는 기능들을 JavaScript에 제공했다는 점이 가장 중요하다(JavaScript는 1996년 넷스케이프 브라우저에 넣기 위해 만들었는데, 인터넷 익스플로러에서도 JavaScript와 호환되는 JScript를 만들어 파편화됨에 따라 넷스케이프는 자바스크립트를 ECMA International이라는 국제 표준 단체에 제출하였다. ECMA는 상표권 분쟁을 피해 JavaScript를 EcmaScript라는 이름으로 정하였고, ECMA 내에 있는 Technical Committee(TC)39라는 분과에서 담당하고 있다).

모든 JavaScript 코드는 TypeScript 코드에서도 유효하므로 기존 애플리케이션을 TypeScript로 마이그레이션하여 사용할 수 있다. 이 책에서는 기본 기능부터 고급 기능까지 TypeScript의 전반적인 기능들을 살펴볼 것이다. 이해를 돕기 위해 실제 애플리케이션을 개발하며 기능을 소개한다.

TypeScript와 함께 Angular 프레임워크의 자세한 내용을 살펴보면서 그 과정에서 두 개의 애플리케이션을 개발하고 두 개 모두 프론트엔드 프레임워크로 Angular를 사용한다.

이 책의 마지막 부분에서는 Angular/TypeScript 애플리케이션을 네이티브 모바일 플랫폼 애플리케이션으로 변환해주는 NativeScript 프레임워크를 살펴본다. 또한 마이크로소프트 Azure 클라우드 플랫폼을 통해 웹 애플리케이션을 배포할 것이다.

이 책의 목적은 독자에게 TypeScript와 Angular에 대한 지식을 전달하여 실제 애플리케이션을 효과적이고 효율적으로 구축하도록 하는 것이다.

이 책에서 다루는 내용

1장 "TypeScript 시작하기" – TypeScript와 그 기능에 대해서 설명한다. 기본적인 TypeScript 기능에 대한 이해를 돕기 위해 간단한 TODO 애플리케이션을 만들어 본다.

2장 "첫 번째 애플리케이션 – Sports News Combinator"에서는 TypScript와 Angular의 기본 개념에 대해 소개한다. TypeScript의 타입에 대해 알아보고 Angular 애플리케이션을 설정하는 방법과 함께 컴포넌트의 개념에 대해 알아본다.

3장 "Sport News Combinator – 기능 추가"에서는 인터페이스, 클래스, 객체지향 프로그래밍과 같은 TypeScript의 중요 개념을 다룬다. Angular의 데이터 바인딩, 지시자, 템플릿에 대해서도 알아본다.

4장 "Sports News Combinator – 최종 버전"에서는 최종 기능을 추가하고 데코레이터, 의존성 주입, 라우팅 그리고 RxJS observable을 사용한 HTTP 호출을 다룬다.

5장 "두번째 애플리케이션 – Trello(트렐로(Trello): 웹 기반의 프로젝트 관리 소프트웨어)**"**는 두 번째 애플리케이션 이다. 이 애플리케이션을 통해 TypeScript의 제네릭, 네임스페이스, 모듈에 대해 살펴본다. 또한 Angular의 컴포넌트 간 통신이나 생명주기 후킹과 같은 고급 기능에 대해서도 살펴본다.

6장 "Trello에 기능 추가하기" – TypeScript와 Angular의 기능에 대해 깊이 있게 설명한다. 반복 자와 콜백, promise, observable을 사용한 비동기 프로그래밍에 대해 다룬다. Angular의 파이프 와 의존성 주입에 대해 살펴본다.

7장 "Trello 애플리케이션 테스트" – Angular에서 제공하는 테스트 기능을 소개한다. 서비스, 파 이프, 컴포넌트의 단위 테스트를 살펴본다.

8장 "Angular CLI를 이용한 Trello" – Angular CLI와 세부 기능들을 소개한다. 새로운 애플 리케이션, 컴포넌트, 서비스, 파이프, 클래스와 인터페이스를 만드는 방법을 배운다. 그 다음 Angular 기반의 웹 애플리케이션을 빌드하고 서버를 띄우고 유지보수 하는 것에 초점을 두고 살 펴본다.

9장 "NativeScript를 사용한 Trello 모바일" – 웹 애플리케이션을 네이티브 모바일 애플리케이션으로 변환한다. NativeScript 프레임워크를 살펴보고 어떻게 웹 애플리케이션을 안드로이드나 iOS 애플리케이션을 만들 수 있는지 살펴본다.

10장 "Trello 예제를 마이크로소프트 Azure 클라우드에 배포하기" – 클라우드 배포 플랫폼에 대해 설명한다. PaaS(Platform as a Service) 배포 환경인 Azure에 대해 알아보고, FTP와 GitHub를 사용해 배포한다. 또한 Azure가 어떻게 지속적으로 앱을 배포하도록 도와주는지 살펴본다.

이 책에 필요한 것

이 책의 모든 예제와 코드는 TypeScript와 Angular를 사용하며 어떤 IDE에서도 사용할 수 있다. Visual Studio Code를 사용하는 것을 추천하지만 Sublime, Atom, WebStorm과 같은 익숙한 IDE를 사용해도 된다.

대상 독자

이 책을 읽기 위해 TypeScript 또는 Angular의 어떠한 사전 지식도 필요하지 않다. TypeScript 와 Angular의 모든 개념은 기초적인 것부터 시작하여 고급 개념까지 차례로 설명한다.

TypeScript와 관련된 JavaScript의 개념을 다룰 때 JavaScript에 대한 기본적인 이해가 있다면 도움이 된다.

모든 애플리케이션은 기본적인 HTML과 CSS를 사용하는데, 필수는 아니지만 이것들에 대한 기본적인 지식이 있다면 애플리케이션을 보다 쉽게 디자인하는데 도움이 된다. 독자들이 참고할 수 있도록 HTML과 CSS를 포함해 모든 코드를 제공한다.

관례

이 책에는 정보를 구분할 수 있는 몇 가지 텍스트 스타일이 있다. 다음은 이러한 스타일의 예와 설명이다. 문장에 데이터베이스 테이블명, 폴더명, 파일명, 파일 확장자, 경로, 임시 URL, 사용자 입력, 트위터 계정은 굵은 글씨로 표시한다. "다음 코드는 링크를 읽어서 BeautifulSoup 함수에 할당한다."처럼 설명을 하고 코드를 다음과 같이 표시한다.

```
#import packages into the project
from bs4 import BeautifulSoup
from urllib.request import urlopen
import pandas as pd
```

코드의 특정 부분을 강조하려는 경우는 관련 행과 아이템을 굵게 표시한다. 커맨드 창의 입력과
출력은 다음과 같이 작성된다.

```
C:\Python34\Scripts> pip install -upgrade pip
C:\Python34\Scripts> pip install pandas
```

새로운 용어와 **중요한 단어**는 굵게 표시한다. 예를 들어 메뉴나 다이얼로그 상자와 같이 화면에서
표시되는 단어는 다음과 같이 표시한다. "새로운 모듈을 다운로드 받기 위해서는 **[파일] > [설정]
> [프로젝트 이름] > [프로젝트 인터프리터]**로 이동한다."

예제 코드 다운로드

이 책의 예제 코드 파일은 http://www.packtpub.com에 로그인하여 다운로드 받을 수 있다. 다
른 곳에서 구매한 경우 http://www.packtpub.com/support에 방문하여 회원가입을 하면 직접
이메일로 파일을 받을 수 있다. 다음과 같은 순서로 하면 된다.

1. 이메일과 비밀번호를 입력하여 로그인하거나 회원가입을 한다.
2. 상단의 SUPPORT 탭으로 이동한다.
3. Code Downloads & Errata 를 클릭한다.
4. Search 상자에 책 이름을 입력한다.
5. 코드 예제를 받으려는 책 이름을 선택한다.
6. Code Download를 클릭한다.

파일을 다운로드 받으면 다음 프로그램의 최신 버전을 사용하여 압축 해제한다.

▶ 윈도우 버전 WinRar / 7-Zip

▶ Mac 버전 Zipeg / iZip / UnRarX

▶ 리눅스 버전 7-Zip / PeaZip

책의 코드는 GitHub의 https://github.com/PacktPublishing/TypeScript-2x-By-Example 에서 찾을 수 있다. https://github.co.kr/PacktPublishing/에서는 Packt에서 제공하는 다양한 도서 및 동영상 카탈로그의 다른 코드도 있다.

2017년 저자 일동

Chapter 1 >>> TypeScript 시작하기

Chapter 2 >>> 첫 번째 애플리케이션 – Sport News Combinator

Chapter 3>>> Sports News Combinator – 기능 추가

Chapter 4>>> Sports News Combinator

Chapter 5>>> 두 번째 애플리케이션 – 트렐로

Chapter 6>>> 트렐로에 기능 추가하기

Chapter 7 >>> 트렐로 애플리케이션 테스트

Chapter 8 >>> 트렐로 – Angular CLI 사용하기

Chapter 9 >>> 트렐로 모바일 – NativeScript 사용하기

TypeScript
시작하기

Chapter 1

"확장 가능한 JavaScript"

"TypeScript는 타입이 추가된 JavaScript의 상위집합으로 순수 JavaScript로 컴파일된다."

"어떤 브라우저, 어떤 호스트, 어떤 OS에서도 동작하며 오픈 소스이다."

위 인용문은 TypeScript 팀에서 발표한 공식 성명서의 내용이다.

"놀라울 만큼 간단하고, 엄청나게 강력하다."

이것은 TypeScript에 대한 필자의 설명이다.

이 책의 목적은 독자들이 앞의 인용문을 이해하고 TypeScript의 강력함과 우아함을 느낄 수 있도록 하는 것이다.

이번 장에서는 TypeScript를 소개하고 확장성, 유지 보수성, 재사용성, 미래 보장성이 뛰어난 클라이언트, 서버(Node.js) 애플리케이션을 만드는데 도움이 되는 기능들을 간단히 살펴보겠다.

TypeScript의 기본 원칙은 "TypeScript는 JavaScript의 상위집합"이라는 것과 "모든 JavaScript는 유효한 TypeScript"라는 것이다. 이를 통해 개발자는 기존 JavaScript의 지식을 활용하여 TypeScript를 시작할 수 있으므로 생산성을 높일 수 있다.

이 장에서 다루는 주제는 다음과 같다.

- ▶ JavaScript의 일반적인 이슈와 단점을 살펴본다. 소위 말하는 좋지 않은 부분을 먼저 살펴본다.
- ▶ 그런 다음 TypeScript가 이러한 문제를 어떻게 해결하려고 했는지 살펴본다.
- ▶ 그 다음 TypeScript의 차별성과 기능들을 깊이 살펴본다.
- ▶ TypeScript의 아키텍쳐와 그 기능에 대해서도 살펴본다.
- ▶ TypeScript는 다양한 에디터를 지원한다. TypeScript 개발을 위해 Visual Studio와 Visual Studio Code를 어떻게 설정하는지 살펴본다.
- ▶ TypeScript 컴파일러에 대해 알아보고 TypeScript가 어떻게 컴파일러 옵션을 사용하는지 살펴본다. TypeScript는 개발자가 설정값을 변경할 수 있도록 하여 유연하게 컴파일할 수 있다.

▶ 이번 장의 마지막 부분에서는 Typescript에서 널리 사용되는 구문과 키워드를 살펴보고 간단한 TODO 애플리케이션을 만들어 볼 예정이다. 이 애플리케이션은 설명과 함께 새로운 TODO 목록을 작성할 수 있고, 작성한 TODO 목록을 볼 수 있다. 이 예제 애플리케이션은 jQuery와 같은 다른 프레임워크는 사용하지 않고 TypeScript로만 개발된다. 순수 TypeScript가 어떻게 동작하고 웹 애플리케이션을 개발하는데 어떻게 도움을 주는지 설명한다.

JavaScript의 현재

웹 애플리케이션을 개발하면서 JavaScript로 몇 줄 이상의 코드를 작성해 봤다면 JavaScript에 있는 이상한 점들을 많이 봤을 것이다. 웹 애플리케이션 개발은 지난 10년 간 큰 변화를 겪고 있다. 애플리케이션은 점점 더 복잡해지고 보다 고도화된 대화형 인터페이스를 사용하고 있다. jQuery, Knockout 등과 같은 라이브러리가 있었지만 현재의 요구 사항까지만 유용하게 적용될 수 있다.

JavaScript 애플리케이션을 개발하면서 모범사례와 패턴을 따르지 않고 수 백 줄의 코드를 작성하면 코드가 뒤죽박죽이 되고 유지보수하기가 어려워진다. 이러한 복잡성을 관리하기 위해 Durandal, Backbone, React, Angular와 같은 JavaScript 프레임워크가 출시되고 있다. 이들이 어느 정도 도움이 되기는 하지만 여전히 JavaScript의 본질적인 취약점에 노출되어 있다.

JavaScript는 동적 타입, 호이스팅(hoisting : 변수나 함수를 선언하기 전에도 사용할 수 있도록 scope 최상단으로 끌어올리는 기능), 클로저와 같은 기능을 가진 매우 유연한 언어이다. 유연성에는 비용이 따르게 되어 있다. 이 비용은 중간 규모에서 대규모의 애플리케이션으로 이동하는 경우 매우 가파르게 증가한다. 노출식 모듈 패턴(Revealing Module Pattern)이나 프로토타입 패턴과 같은 디자인 패턴을 따르지 않는 경우 금방 관리하기 어려운 코드가 된다.

JavaScript의 좋지 않은 부분

JavaScript가 웹 애플리케이션 개발에 도움이 되는 유연성과 기능을 제공하면서 이상한 점들이 생겨나게 되었고, 이 점을 제대로 이해하고 구현하지 않으면 애플리케이션이 의도하지 않은 동작을 하게 되는 단점이 생기게 되었다. JavaScript로 개발을 해봤다면 Douglas Crockford에 의해 유명해진 JavaScript의 좋은 부분(the good parts of JavaScript)에 대해 읽어보거나 들어보았을 것이다. 하지만 여기서는 좋지 않은 부분에 대해서도 살펴보자.

기능

JavaScript로 대규모 애플리케이션을 효율적으로 개발하기 위해서는 반드시 다음의 기능을 이해해야 한다.

- ▶ 타입 유추(Type Inference)
- ▶ 배열
- ▶ 동등 비교(Equality Inference)
- ▶ Null과 undefined

타입 유추(Type Inference)

JavaScript의 주요 특징 중 하나는 동적으로 타입을 결정한다는 것이다. 즉, 런타임 중에 변수의 타입을 결정하므로 컴파일 중에는 타입 불일치가 발생해도 오류를 발생시키지 않는다. JavaScript는 동일한 변수에 문자열, 숫자, 배열 또는 객체를 할당할 수 있으며 이것에 대해 런타임 중에 확인하지 않으면 오류가 발생할 수 있다. JavaScript는 변수에 저장되는 데이터 타입을 식별하기 위해 타입 유추를 사용한다. 다음은 숫자와 문자열 사이에 타입 유추가 실패하는 예이다.

다음 코드에서 num에 1을 할당하면 JavaScript는 해당 변수를 숫자형으로 간주하므로 num에 값을 더하려고 하면 숫자 덧셈을 수행한다. 이후에 num에 문자열을 할당하면 JavaScript는 이제 num을 문자열로 간주하고 값을 더하려고 하면 문자열 연결을 수행한다.

```
var num = 1;
num += 1;
console.log(typeof(num)); // number 출력
console.log(num);         // 2 출력
num = 'str';
console.log(typeof(num)); // string 출력
num += 1;                 // str1 반환
```

배열

배열은 JavaScript의 동적 타입 결정이 실패하는 매우 일반적인 예이다. 점수 목록을 가진 score 배열 변수를 정의해보자. 배열에서 특정 부분의 요소를 가져 오려면 slice 함수를 사용한다. score가 배열일 때는 slice 함수가 동작하지만 누군가 배열에 단일 요소를 할당하고 싶어서 숫자를 할당했다고 하자. 그러면 동일한 slice 함수를 사용해도 실패한다.

```
var score = [1,2,3,4,5,6];
console.log(score.slice(2, 4)); // [3,4] 반환
score = 10;
console.log(score.slice(2, 4)); // "Uncaught TypeError: score.slice is not a
function" 에러 발생
```

동등 비교(Equality comparision)

따옴표로 묶인 숫자가 있으면 JavaScript는 문자열로 판단하지만 if 문에서 숫자 상수와 비교하면 JavaScript는 자동으로 문자열을 숫자로 변환하여 비교를 시도한다.

```
var result = '1';
console.log(result == 1); // true 출력
console.log(result === 1);// false 출력
```

이러한 비교가 원하는 것일 수도 있지만 때로는 이렇게 동작하지 않길 바라는 경우도 있을 수 있다. 소규모 애플리케이션의 경우 적절한 타입을 전달했는지 확인할 수 있지만 대규모

애플리케이션의 경우에는 그렇게 하는 것이 쉽지 않다. 한 가지 해결책은 == 대신 ===를 사용하는 것인데, ===는 JavaScript가 변수의 타입을 강제 변환하지 않도록 한다. 이러한 동작은 직관적이지 않아서 개발자가 실수하는 경우가 많다.

Null or undefined

JavaScript에서는 변수에 Null 또는 undefined를 할당할 수 있다. 이러한 변수에 접근할 때마다 적절한 유효성 검사를 하지 않으면 "undefined is not a function" 또는 "Cannot read property x of undefined"와 같은 에러를 보게 된다. 이 에러가 발생하는 이유는 JavaScript가 언어 차원에서 정의되지 않은 변수나 함수 또는 null에 접근하지 못하도록 하는 특별한 검사 방법을 제공하지 않기 때문이다. TypeScript는 타입 선언을 통해 이러한 문제가 발생할 확률을 줄일 뿐만 아니라 컴파일러 플래그 strictNullChecks를 제공해 애플리케이션이 Null 또는 undefined 타입을 인스턴스에 할당하지 못하도록 할 수 있다.

TypeScript는 변수, 파라미터 및 함수의 반환 값에 타입을 추가하여 이러한 문제를 해결한다. 정의된 타입을 사용하면 TypeScript가 이러한 시나리오를 식별하고 지정하는 데 도움이 된다. TypeScript는 타입을 옵션으로 정의할 수 있게 함으로써 JavaScript의 유연성을 유지한다. TypeScript는 JavaScript와 비슷하게 변수에 할당된 초기값을 기반으로 타입을 추론한다. TypeScript는 나중에 동일한 변수에 충돌하는 타입이 할당되면 컴파일 타임에는 물론이고 디자인 타임에도 식별할 수 있다.

NOTE

TypeScript에는 변수가 가질 타입이 확실하지 않을 경우 사용하는 특수한 타입 any가 있다. 이 기능은 기존 코드를 마이그레이션 하지 않으면서 JavaScript 프로젝트를 TypeScript로 사용하려고 할 때 특히 유용하다. 기존 JavaScript 코드를 TypeScript 파일에 복사하면(유효한 JavaScript라면 유효한 TypeScript 코드이므로) TypeScript는 모든 변수와 파라미터에 대한 데이터 타입을 추론하려고 시도하고 추론할 수 없는 경우 any 타입으로 할당한다.

TypeScript 구조대

TypeScript는 크로스플랫폼 언어이며 윈도우, 리눅스 및 맥OS에서 작동한다. TypeScript 애플리케이션은 원하는 플랫폼과 IDE에서 만들 수 있다. 최신 웹 애플리케이션 프레임 워크는 TypeScript도 지원하며, 그 중 Angular 프레임워크를 주목할 만 하다. 실제로 Angular2는 Google에서 TypeScript로 작성했다.

어떤 웹 애플리케이션도 대규모로 개발하다보면 JavaScript의 유효성 검사, 탐색, 애플 리케이션의 작업관리, UI 렌더링, API 호출 등을 사용하게 된다. 경험에 비추어 볼 때 JavaScript로 수천 줄의 코드를 작성하다보면 지나치게 복잡해져서 의도하지 않은 동작과 런타임 오류가 발생하게 된다. TypeScript는 이러한 복잡성을 관리할 수 있도록 정적 타입 결정, 모듈 및 클래스를 사용한 캡슐화, 사용자 정의 타입, 인터페이스 등과 같은 기능을 제 공한다.

TypeScript의 장점

TypeScript는 JavaScript에 비해 많은 장점이 있는데 지금부터 그것들을 살펴보겠다.

▶ TypeScript는 JavaScript의 상위 집합이다. 즉, 기존의 모든 JavaScript 코드는 이미 유효한 TypeScript 코드이다. 기존 JavaScript 코드를 가져와서 TypeScript 파일에 복사하면 그대로 컴 파일이 된다. 따라서 javaScript에 익숙한 개발자라면 쉽게 TypeScript로 전환할 수 있다. 다음 그 림은 TypeScript가 JavaScript 생태계에서 어느 곳에 위치하는지 보여준다.

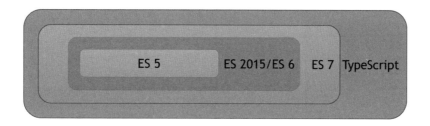

▶ 앞의 도표가 보여주듯 TypeScript는 ES5(EcmaScript의 5번째 버전으로 2009년 출시. 줄여서 ES5로 표시)와 ES6(EcmaScript의 6번째 버전으로 2015년 출시. 줄여서 ES6 또는 ES2015으로 표시) 그리고 ES7(EcmaScript의 7번째 버전으로 2016년 출시. 줄여서 ES7 또는 ES2016으로 표시)에서 제시된 모든 기능을 포함하고 인터페이스처럼 TypeScript에만 있는 기능도 있다.

▶ JavaScript 언어에는 String, Number 및 Boolean과 같은 몇 가지 타입이 있는데, TypeScript는 거기에 Tuple, Enum 및 Never와 같은 몇 가지 기본 타입을 추가했다. 또한 TypeScript를 사용하면 객체지향 방식으로 고유한 사용자 정의 타입을 만들 수도 있다. 이러한 타입은 코드를 보다 안전하고 관리하기 쉬우며 리팩토링하기 쉽도록 하여 버그를 줄이고 개발 생산성을 높여 준다. TypeScript 컴파일러는 이러한 타입을 사용하여 코드의 오류를 확인하고 상용 배포 훨씬 이전에 해결할 수 있도록 도와준다. 타입을 갖게 되면 개발 주기가 더욱 빨라진다.

▶ 어떤 타입을 가진 TypeScript도 JavaScript로 컴파일되므로 모든 웹 브라우저, 플랫폼 또는 Node. js를 사용하는 서버에서 실행할 수 있다. TypeScript 구문은 마이크로소프트 기술에만 국한하지 않고 JavaScript ECMA 표준을 따른다. TypeScript는 가능하면 ES6(ECMAScript 2015) 구문을 따르지만 현재 ES6로 가능하지 않은 기능에 대해서는 ES7에서 제안된 기능을 사용한다. TypeScript는 컴파일러 옵션을 제공해 코드를 ES3, ES5 또는 ES6 버전의 JavaScript로 컴파일할 수 있다. 다음 그림은 TypeScript를 일반적인 이전 JavaScript로 컴파일하는 프로세스를 보여준다.

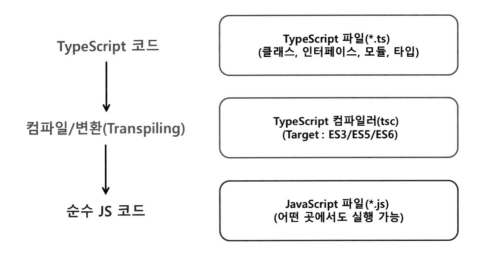

▶ Visual Studio, Visual Studio Code, Sublime, Atom 등과 같이 TypeScript를 개발하는 데 사용할 수 있는 다양한 에디터가 있다. 이러한 에디터를 사용하는 경우 인텔리센스(IntelliSens : 지능적 코드 완성(Intelligent code completion)은 문맥을 고려하여 코드를 자동으로 완성하여 오타나 일반적인 오류를 줄임으로써 개발 생산성을 향상시켜 주는 기능이다. 인텔리센스(IntelliSense)는 마이크로소프트(MS)의 코드 완성 구현체로서 1996년에 개발된 Visual Basic 5.0에서부터 시작하여

Front Page, SQL Server, Visual Studio Code등 많은 MS 제품에 포함되어 있다), 디자인 타임의 오류 검사, 코드 간 탐색, 이름 바꾸기 및 리팩토링 옵션과 같은 기능을 제공한다. 다음 섹션에서 에디터에 대해 살펴보겠다.

TypeScript와 JavaScript 비교

TypeScript에서 제공하는 타입과 오류 검사를 사용하면 어떻게 삶이 편해지는지 예제로 살펴보겠다. 다음 JavaScript 코드를 살펴보자. 권장되는 모범 사례를 따르지는 않지만 완벽하게 오류가 없는 코드이다.

```
function getLargestNumber(arr){
  result=0;
  for(index =0; index < arr.length; index++){
    if(result < arr[index]){
      result =  arr[index];
    }
  }
  if(result > 0) {
    result = true;
  }
  else result = false;
  return result;
}
score = [1,2,3,4,5,6,];
highestScore = getLargestNumber(score);
```

위의 코드를 실행하면 getLastestNumber에서 true를 반환한다. 이는 예상하지 못한 결과이다.

이 코드는 잠재적인 버그가 있다.

▶ result, index, score, highestscore 변수가 var나 let 키워드를 사용해 선언되지 않았기 때문에 해당 함수 내에서 지역 변수이다.

▶ result에 가장 큰 숫자 값을 저장하고 result에 저장된 값을 기반으로 boolean 값을 다시 할당

이제 이 코드를 TypeScript 파일에 복사한다. 즉시 빨간색의 밑줄이 생기면서 이러한 오류가 있음을 보여준다. 이 변수들 중 하나를 가리키면 "'result' 이름을 찾을 수 없습니다."와 같은 메시지가 나타난다. TypeScript는 var 또는 let 키워드 없이 선언을 허용하지 않는다 (let 키워드는 ES6에서 도입되었다). 다음 스크린샷은 코드를 TypeScript 파일에 복사했을 때의 모습이다.

```
1   function getLargestNumber(arr){
2       result=0;
3       for(index =0; index < arr.length; index++){
4           if(result < arr[index]){
5               result =  arr[index];
6           }
7           if(result > 0) {
8               result = true;
9           }
10          else{
11              result = false;
12          }
13      }
14      return result;
15  }
16
17
18  score = [1,2,3,4,5,6,];
19  highestScore = getLargestNumber(score);
```

모든 변수 선언 앞에 let 키워드를 추가해보자. 이것으로 첫 번째 오류를 제거할 수 있다. 두 가지 타입 number와 boolean을 result 변수에 할당하는 문제는 TypeScript에서는 아예 허용하지 않기 때문에 발생하지 않는다. TypeScript는 2행에서 암시적으로 result의 타입을 숫자로 추론했으므로 8행과 10행에서 boolean으로 할당하려고 하면 TypeScript가 해당 오류에 대해 경고한다. 다음 스크린샷은 모든 변수 선언에 대해 let 키워드를 추가한 후의 코드를 보여준다(TypeScript의 컴파일 옵션 noImplicitAny는 기본 값이 false이므로 처음 따라하는 사용자에게는 오류가 보이지 않을 것이지만 설명을 위해 true로 가정.).

```
1   function getLargestNumber(arr){
2       let result=0;
3       for(let index =0; index < arr.length; index++){
4           if(result < arr[index]){
5               result = arr[index];
6           }
7           /*if(result > 0) {
8               result = true; // true를 Number 타입에 할당할 수 없다는 TypeScript 경고 발생
9           }
10          else{
11              result = false; // false를 Number 타입에 할당할 수 없다는 TypeScript 경고 발생
12          }*/
13      }
14      return result;
15  }
16
17
18  let score = [1,2,3,4,5,6,];
19  let highestScore = getLargestNumber(score);
```

이 코드에는 함수의 파라미터와 관련해 TypeScript가 보고한 오류가 하나 더 있다. 그 오류는 "'arr' 매개 변수에는 암시적으로 'any' 형식이 포함됩니다."이다. 이것은 파라미터의 타입을 정의하지 않았기 때문이다. TypeScript에서는 특정 타입의 오류를 활성화/비활성화하도록 컴파일러 옵션을 구성할 수 있다. 이를 통해 개발팀은 오류로 간주되어야 하는 것과 그렇지 않아야 할 것에 대한 자체적인 규칙을 만들 수 있다. 이 애플리케이션에서는 컴파일러 플래그 noImplicitAny를 true로 설정했다. 이 옵션은 컴파일러에게 데이터 타입이 any인 변수를 표시하라고 알려준다.

이 예에서 TypeScript는 변수 arr의 데이터 타입을 식별할 수 없으므로 any 타입으로 할당한 다음 오류로 표시한다. 이제 다음 스크린샷과 같이 파라미터의 데이터 타입을 할당해보자.

```
1    function getLargestNumber(arr:number[]){
2        let result=0;
3        for(let index =0; index < arr.length; index++){
4          if(result < arr[index]){
5            result =  arr[index];
6          }
7          /*if(result > 0) {
8            result = true; // true를 Number 타입에 할당할 수 없다는 TypeScript 경고 발생
9          }
10         else{
11           result = false; // false를 Number 타입에 할당할 수 없다는 TypeScript 경고 발생
12         }*/
13       }
14       return result;
15     }
16
17
18     let score = [1,2,3,4,5,6,];
19     let highestScore = getLargestNumber(score);
```

이제 숫자 배열이 아닌 다른 타입의 데이터를 전달하여 getLargestNumber를 호출하면 TypeScript는 이것 또한 표시를 한다. 다음 코드는 getLargestNumber 호출 시 문자 배열을 할당했기 때문에 실패할 것이다.

```
let names=['john','jane','scott'];
let sortedNames= getLargestNumber(names);
```

이 예제를 통해 강타입(strong-typed – 강타입 언어 : 변수 선언 시 반드시 주어진 데이터 타입 중에 하나로만 정의하고, 그에 따라 특정 데이터 타입끼리만 연산이 허용되는 언어) 언어를 사용하는 이점을 맛보았다. 문자열 타입에 숫자를 할당하려고 하면 TypeScript는 오류를 표시하고 TypeScript 통합 에디터를 사용 중이라면 입력하는 동안 바로 오류를 표시한다. 그렇지 않으면 TypeScript 컴파일러에 의해 검출된다. 이러한 이점 때문에 버그를 최소화하고 생산성을 높여 고품질 코드를 대량으로 만들어 낼 수 있다.

순수한 JavaScript를 사용하면 의심되는 모든 지점에서 타입 검사를 해야 한다. 함수가 올바른 파라미터를 받을 것이라고 가정하면 안된다. 위의 예에서 본 것처럼 number 또는 boolean 값일 수 있는 함수의 반환 값을 항상 확인해야 한다. TypeScript는 이러한 모든 문제를 해결하는 데 도움이 된다.

JavaScript의 대안

기본 JavaScript의 결함과 한계를 극복하기 위해 최종적으로 JavaScript로 컴파일되는 CoffeeScript, TypeScript, Dart와 최근의 Flow를 비롯한 많은 대체 프로그래밍 언어가 나왔다. 이러한 언어는 캡슐화, 스코핑(scoping) 및 타입 유추(type inference)와 같은 과제를 해결하기 위해 노력하고 있다. 일부는 오랫동안 지속되고 있고 일부는 매우 최근에 나온 것들이다. CoffeeScript는 Python과 매우 유사하며 간결한 구문과 람다식에 의존한다. CoffeeScript와 Dart는 JavaScript로 변환되는 새로운 언어를 도입하여 JavaScript를 캡슐화하려고 한다. 이러한 언어들과 TypeScript의 가장 큰 차이점은 TypeScript는 새로운 구문을 도입하지 않고 JavaScript를 기반으로 했다는 점이다. JavaScript 개발자인 경우 TypeScript로 시작하는 것이 매우 쉽지만 앞의 언어들은 그렇지 않다.

2016년 페이스북은 JavaScript에 타입 검사를 제공하기 위해 Flow를 도입했다. 주요 목적이 정적 타입의 문제를 해결하는 것이라는 점에서 TypeScript와 매우 유사하다. Flow는 React와 React Native와 같은 애플리케이션의 Facebook 도메인에서 중요한 역할을 하고 있다. Flow와 TypeScript는 모두 강력한 JavaScript 코드 작성에 도움이 되는 아주 좋은 선택이다. Flow와 TypeScript의 주된 차이점 중 하나는 Flow가 타입 검사만 수행하고 Babel과 같은 도구를 사용하여 트랜스파일링(transpiling : 컴파일의 일종으로 원시 코드를 비슷한 추상화 수준을 가진 목적 언어로 변환하는 작업)하는 반면 TypeScript는 타입 검사와 트랜스파일링을 제공하는 매우 포괄적인 도구 모음을 제공한다는 점이다.

또 다른 대안은 ES6(ES2015) 형식으로 JavaScript를 작성하는 것이다. 이것의 장점은 순수 JavaScript로 작성한다는 점이다. 트랜스파일링 또는 새로운 프레임워크를 배울 필요가 없다. 그러나 현재 모든 브라우저가 ES6의 모든 기능을 지원하는 것은 아니므로 Babel과 같은 프레임워크를 사용하여 ES6를 ES5로 변환해야 한다. TypeScript에서는 대부분의 기존

ES6 기능을 사용할 수 있고 타입과 같은 일부 기능을 추가하여 코드를 보다 강력하고 오류 없이 만든다.

TypeScript 기능

TypeScript 아키텍처는 다섯 개의 주요 컴포넌트로 나눌 수 있다.

- ▶ 코어 TypeScript 컴파일러 : TypeScript 언어의 기본이다. TypeScript의 풍부한 기능을 제공하고 JavaScript로 컴파일하는 과정의 모든 저수준의 작업을 관리한다. 코어 컴파일러를 구성하는 타입 해석기(type resolver) 모듈은 타입을 해석하고, 의미론적 연산을 확인하고, 적절한 곳에 에러와 경고 조건을 제공하고, 전처리기를 통해 import나 /// 〈reference path=.../〉를 사용한 파일 사이의 참조를 관리한다.

- ▶ 언어 서비스(Language Service) : 언어 서비스는 코어 컴파일러의 맨 위에 있는 계층이다. 인텔리센스, 디버깅, 문장 자동완성, 기호를 사용한 리팩토링, 포매팅과 같은 에디터에서 필요한 기능을 제공한다. 언어 서비스는 또한 watch 옵션을 사용한 점진적 빌드 설정도 담당한다. 이 설정은 TypeScript 컴파일러가 파일의 변화를 감지하여 자동으로 빌드를 시작하게 한다.

- ▶ 단독(standalone) 컴파일러 : 단독 컴파일러는 TypeScript에서 노출하는 고수준의 컴파일러이다. TypeScript에서 단독 컴파일러(tsc)를 사용해 TypeScript 파일(.ts)을 컴파일하면 JavaScript 파일(.js)을 생성한다.

- ▶ TypeScript 기능 : 사용 가능한 TypeScript 기능들이 이 계층에서 노출된다. 이 계층은 언어 서비스와 코어 컴파일러의 추상적 개념이다.

- ▶ 에디터 플러그인 : TypeScript는 플러그인을 통해 다양한 에디터를 지원한다. Visual Studio Code, Visual Studio, Sublime 및 Atom과 같은 에디터는 가장 인기 있는 것들이다. TypeScript 플러그인은 이런 에디터에서 자동빌드, 인텔리센스, 디자인 도중 에러 탐지와 같은 기능을 제공하여 코드를 작성하는 데 도움을 준다.

다음 다이어그램은 TypeScript의 전반적인 아키텍처를 보여준다.

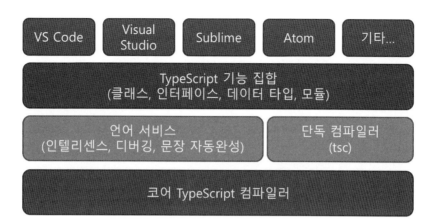

주요 기능

TypeScript에는 매우 매력적인 여러 기능들이 있다. 이러한 기능은 유지 보수성이 뛰어나고 견고하며 오류가 없고 모듈 관리가 가능한 대규모 웹 애플리케이션을 작성하는데 도움이 되는 플랫폼을 제공한다. 다음 목록은 TypeScript에서 제공하는 주요 기능을 보여준다.

- ▶ 데이터 타입
- ▶ 제어 흐름 분석(control flow analysis)
- ▶ 캡슐화
- ▶ 상속
- ▶ 인터페이스
- ▶ 쉐이프(Shape)
- ▶ 데코레이터(Decorator)

이제 이러한 기능들을 자세히 살펴보자.

데이터 타입

덕 타이핑(Duck Typing)은 런타임 중에 타입을 결정하는 기능이다. JavaScript는 덕 타이핑 패러다임을 따른다. 타입이 있기는 하지만 동적으로 결정되며 개발자가 선언하지 않는다. TypeScript는 한 단계 더 나아가 언어에 타입을 추가했다. 데이터의 타입을 정의하면 생산성 및 코드 품질이 향상되고 런타임에 오류가 감소하는 것으로 입증되었다. 런타임에 프로그램이 실패하는 것보다 컴파일 타임에 오류를 잡아 주는 것이 좋다. TypeScript는 타입을 추론하는 기능을 제공하므로 개발자는 선택적으로 타입을 정의할 수 있다. 다음 코드에서 보듯이 projectStatus는 number 타입으로 결정된다.

```
let projectStatus = 1;
projectStatus = 'Success';
// 에러: 'Success' 형식은 'number' 형식에 할당할 수 없습니다.
```

TypeScript가 number 타입으로 결정한 다음 문자열을 할당하려고 하면 경고 메시지를 보낸다. 또한 TypeScript는 (변수에 여러 타입을 할당할 수 있는) union 타입과 교차(intersection) 타입을 제공한다. 이것들은 다음 장에서 자세히 살펴볼 것이다.

제어 흐름 분석(Control flow analysis)

TypeScript는 코드 흐름을 기반으로 타입 분석을 제공한다. 코드 흐름에 따라 타입을 좁히거나 넓힐 수 있다. 이것은 다음 코드에 나온 것처럼 여러 타입의 변수가 있고 처리 로직이 변하는 경우 논리적 오류를 줄이는데 도움이 된다.

```
function projectStatus (x: string | number) {
  if (typeof x === 'string') { // x는 string이거나 number 타입
    x = 10;
  }
  return x; // number 타입을 반환
}
```

TypeScript는 코드 흐름 분석에 의해 함수에서 반환된 x의 타입이 숫자형임을 확인한다.

캡슐화

캡슐화는 객체지향 프로그래밍의 핵심 중 하나이다. 객체는 필요한 멤버를 외부에 노출시키고 구현 세부 사항은 숨겨야 한다. 캡슐화를 통해 유연하게 시스템의 구현 사항을 변경할 수 있다. TypeScript는 클래스, 모듈 및 접근 제어자(access modifier)의 개념을 통해 캡슐화를 제공한다. 클래스는 공통 기능을 포함하는 컨테이너와 같다. 클래스는 private/public/protected와 같은 접근 제어자를 사용하여 필수 필드만 노출한다. 모듈은 클래스의 컨테이너이며 특정 기능을 제공하는 클래스 집합에 또 다른 수준의 캡슐화를 제공한다.

```
class News{
  public channelNumber : number;
  public newsTitle: string;
  private url: string;
}
let espn = new News();
espn.channelNumber = 1;
espn.newsTitle = 'NFL Today';
espn.url = 'http://go.espn.com'; // url은 private이고 class 안에서만 접근 가능
```

url 프로퍼티는 private이기 때문에 espn.url에서 오류가 발생한다.

상속

객체지향 프로그래밍에서 상속을 사용하면 부모 클래스의 기능을 확장할 수 있다. TypeScript에서는 자식 클래스에서 extends 키워드를 사용해 부모 클래스를 참조한다. 자식 클래스는 부모 클래스의 기능을 확장하여 부모 클래스의 모든 public 멤버에 접근할 수 있다.

```
class Editor{
  constructor(public name: string,public isTypeScriptCompatible : Boolean){}
  details() {
    console.log('Editor: ' + this.name + ', TypeScript installed: '
      + this.isTypeScriptCompatible);
  }
```

```
    }

class VisualStudioCode extends Editor{
  public OSType: string;
    constructor(name: string,isTypeScriptCompatible : Boolean,
      OSType: string) {
        super(name,isTypeScriptCompatible);
        this.OSType = OSType;
    }
}

let VS = new VisualStudioCode('VSCode', true, 'all');
VS.details();
```

VisualStudioCode 클래스는 Editor 클래스를 확장하므로 VisualStudioCode의 인스턴스는 details 메서드를 상속한다.

인터페이스

인터페이스의 주목적은 코드 일관성을 높이는 것이다. 인터페이스는 정의된 계약이며 인터페이스를 구현하는 모든 클래스는 해당 인터페이스의 모든 프로퍼티를 구현해야 한다. 인터페이스는 순수한 TypeScript 개념이며 ECMAScript의 일부가 아니다. 이는 TypeScript 코드를 JavaScript로 변환할 때 인터페이스는 변환되지 않는다는 것을 의미한다.

```
interface Planet{
  name: string;
  weather: string;
}
class Earth implements Planet{
  name: string;
  weather: string;
}
let planet: Planet= new Earth();
```

쉐이프(Shape)

TypeScript는 객체의 프로퍼티가 동일하다면 다른 식별자에도 객체를 할당할 수 있는 유연함을 제공한다. 즉, 두 개의 객체가 동일한 프로퍼티를 가지고 있으면 동일한 타입으로 간주되고 하나의 객체를 다른 객체에 할당할 수 있다.

```
interface Planet{
  name: string;
  weather: string;
}

class Earth implements Planet{
  name: string;
  weather: string;
}

let planet: Planet;

class Pluto{
  name: string;
  weather: string;
}

planet = new Pluto();
```

여기서 Pluto는 Planet을 구현하지 않았지만 Pluto의 인스턴스를 planet에 할당했다. 이것은 Pluto 클래스의 프로퍼티와 타입이 Planet 인터페이스와 동일하기 때문이다.

데코레이터

데코레이터는 JavaScript의 Stage 2 - 제안 단계(TC39에서는 ECMAScript의 표준화 제안을 0단계부터 4단계까지 5단계로 구분하여 관리하고 있다. 0단계 strawman-허수아비 : 단순 아이디어. 1단계 proposal-제안 : 논의를 시작하는 단계. 2단계 draft-초안 : 초기 스펙. 3단계-candidate 후보 : 마무리단계. 4단계 finished-제안 완료 : 매년 3월 회의에서 최종 승인된다면 특별한 이변이 없는 한 그해 6월 발표되는 새로운 표준에 포함 가능)에 있기는 하지만(https://github.com/tc39/proposal-decorators)

현재로서는 TypeScript에 특화된 개념이다. 데코레이터는 **Gang of Four**의 구조적 디자인 패턴 중 하나로 객체에 추가적인 책임을 부여하는 것이다. 이것은 실험적인 기능이므로 TypeScript의 컴파일러 설정(tsconig.json)에서 활성화해야 한다. TypeScript에서는 클래스, 프로퍼티, 메서드 및 접근자에 데코레이터를 사용할 수 있다. 데코레이터는 일반적으로 Angular에서 사용되며 다음 장의 예제에서 볼 수 있다.

TypeScript 문법과 키워드

TypeScript 프로그램은 클래스, 함수 및 변수를 포함하는 모듈로 구성된다. 모듈에 포함된 클래스나 함수들은 export를 사용해 클래스 또는 함수를 외부 모듈에 노출시키거나, 다른 모듈에서 import를 사용해 접근할 수 있다. 다음 그림은 일반적인 TypeScript 코드의 전체적인 구조를 보여준다. 모듈은 여러 클래스를 포함하는 가장 바깥쪽 컨테이너이다. 각 클래스에는 변수와 특정 기능을 제공하는 함수가 포함된다.

다음 표는 TypeScript에서 사용할 수 있는 몇 가지 키워드에 대한 개요이다.

키워드	설명
기본 타입	TypeScript는 많은 기본 타입을 가지고 있다. boolean, number, string, array, any, never, null 그리고 undefined가 있다.
class	클래스는 프로퍼티와 함수를 위한 컨테이너이다. 클래스는 JavaScript 함수로 컴파일된다.
constructor	객체지향 프로그래밍과 비슷하게 클래스의 객체가 생성될 때 호출되는 메서드를 제공한다. 클래스의 프로퍼티를 초기화하는데 사용할 수 있다.
interface	클래스에 의해 구현될 계약을 정의한다. 프로퍼티와 함수 선언을 가질 수 있다.
implements	컴파일러에게 클래스에 의해 구현될 인터페이스를 알려주는 키워드
...	나머지 파라미터(Rest parameter). 함수가 여러 파라미터를 배열로 받을 수 있게 한다.
=>	뚱뚱한 화살표(Fat arrow) 함수. 함수를 선언하는 대안을 제공
module	클래스를 담는 컨테이너
import/export	모듈의 어떤 멤버가 export되고 import될지 정의하는 키워드
generics	제네릭으로 다른 데이터 타입을 수용할 수 있는 함수를 작성할 수 있다. 재사용 가능한 함수를 작성할 수 있게 해준다.
enum	열거형(Enum)으로 숫자 값과 연결된 상수를 정의할 수 있다.
iterators	System.iterator를 구현한 어떤 객체도 열거 가능하다. 객체가 반복할 수 있는 값의 목록을 반환한다는 것을 의미한다.

TypeScript에서 제공하는 더 많은 키워드와 기능은 다음 장의 예제에서 사용할 것이다.

설치와 설정

이 섹션에서는 TypeScript의 설치 과정과 TypeScript 개발을 위한 에디터 설정을 살펴보겠다. 마이크로소프트는 윈도우, 맥OS, 리눅스와 같은 모든 플랫폼에서 TypeScript를 쉽게 설치할 수 있도록 간편한 방법을 제공한다.

TypeScript 설치

TypeScript의 공식 웹 사이트(https://www.typescriptlang.org)는 최신 버전의 TypeScript

를 설치하기 위한 최고의 사이트이다. 설치를 하려면 웹 사이트의 Download 섹션으로 이동한다. TypeScript를 설치하는 방법에 대한 자세한 내용을 볼 수 있다. Node.js와 Visual Studio를 사용해 TypeScript를 설치하는 것이 가장 일반적이다. TypeScript는 다른 에디터를 지원하며 같은 링크에서 플러그인을 받을 수 있다. 여기에서는 Node.js를 사용하여 TypeScript를 설치하고 Visual Studio Code를 기본 에디터로 사용할 것이다. 원하는 어떠한 에디터로도 애플리케이션을 원활하게 실행할 수 있다. 본격적인 개발 IDE로 Visual Studio를 사용하는 경우 Visual Studio 2017 또는 Visual Studio 2013 링크를 사용하여 TypeScript SDK를 다운로드할 수 있다. Visual Studio에는 TypeScript 컴파일러가 있지만 최신 버전을 받으려면 링크에서 설치하는 것이 좋다.

Node.js를 사용하여 TypeScript를 설치하려면 Node.js와 함께 제공되는 npm(노드 패키지 관리자)을 사용한다. Node.js는 서버용 JavaScript 애플리케이션을 빌드하고 실행하기 위한 JavaScript 런타임(Runtime : 프로그래밍 언어가 구동되는 환경)이다. TypeScript는 JavaScript로 컴파일되므로 Node.js는 TypeScript 언어로 서버용 애플리케이션을 개발하는 데 이상적이다. TypeScript 웹 사이트에서 언급했듯이 터미널(맥OS)/명령 프롬프트(윈도우) 창에서 다음 명령을 실행하여 최신 버전의 TypeScript를 설치한다.

```
npm install -g typescript
```

Node.js에서 어떤 패키지를 로드하려면 npm install로 npm 명령을 시작하면 된다. -g 플래그를 사용하면 패키지를 전역으로 설치한다. 마지막 파라미터는 설치하려는 패키지의 이름이다. 설치가 끝나면 터미널 창에서 다음 명령을 실행하여 TypeScript의 버전을 확인한다.

```
tsc -v
```

다음 명령을 사용하면 tsc와 함께 사용할 수 있는 모든 옵션에 대한 도움말을 확인할 수 있다.

```
tsc -h
```

TypeScript 에디터

TypeScript의 뛰어난 기능 중 하나는 에디터를 지원한다는 점이다. 모든 에디터는 TypeScript 언어 서비스를 지원하므로 인텔리센스, 문장 완성 및 오류 강조 표시와 같은 기능을 제공한다. 닷넷에 익숙하다면 Visual Studio 2013/2015/2017을 사용하는 것이 좋다. Visual Studio는 따로 설정할 필요가 없고 TypeScript를 사용하기 쉽다. 앞에서 설명한 것처럼 SDK를 설치하기만 하면 된다. Java에 익숙하다면 Eclipse도 TypeScript를 지원한다. TypeScript는 또한 Sublime, WebStorm 및 Atom용 플러그인을 지원하며 이들은 모든 기능을 지원한다.

Visual Studio Code(VS Code)는 IDE의 또 다른 좋은 옵션이다. Visual Studio의 작고 가벼운 버전으로 주로 웹 애플리케이션 개발에 사용된다. VS Code는 가볍고 멀티 플랫폼을 지원하여 윈도우, 리눅스 및 맥OS에서 실행할 수 있다. 코드 가독성, 유지 보수성 및 오류 검사에 도움이 되는 정적 분석 도구인 TSLint와 같이 더 나은 코드를 작성하는 데 도움이 되는 플러그인들이 계속 증가하고 있다. VS Code는 모든 종류의 웹 애플리케이션 개발을 위한 기본 IDE가 될 만하다. 다음 섹션에서는 Visual Studio와 VS Code에서 TypeScript를 설정하는 방법에 대해 살펴본다.

Visual Studio

Visual Studio는 모든 버전의 닷넷 기반 개발을 위해 마이크로소프트에서 제공하는 완전한 IDE이지만 현재 Visual Studio는 기본 제공 프로젝트 템플릿과 함께 TypeScript를 탁월하게 지원한다. TypeScript 컴파일러는 Visual Studio에 통합되어 TypeScript 코드를 JavaScript로 변환할 수 있다. Visual Studio에는 IntelliSense 및 디자인 타임 오류 검사를 제공하기 위해 TypeScript 언어 서비스가 통합되어 있다.

Visual Studio에서 TypeScript 파일로 프로젝트를 만들려면 .ts 확장자를 가진 새 파일을 추가하기만 하면 된다. Visual Studio는 TypeScript의 모든 기능을 간편하게 제공한다.

VS Code

VS Code는 웹 애플리케이션 개발에 사용되는 마이크로소프트의 경량 IDE이다. VS Code
는 윈도우, 맥OS 및 리눅스 기반 시스템에 설치할 수 있다. VS Code는 다양한 타입의 코
드 파일을 인식할 수 있으며 개발에 도움이 되는 많은 확장 기능을 제공한다. 설치 파일은
https://code.visualstudio.com/download에서 다운로드 받을 수 있다.

VS Code는 TypeScript 언어를 지원하지만 컴파일러는 포함하고 있지 않으므로 따로 설치
를 해야 한다. 다음 스크린샷은 VS Code에서 TypeScript 파일을 연 모습이다.

VS Code에서 TypeScript를 두 가지 방식으로 개발할 수 있다. 하나는 파일 단위로 개발하
는 것이고 다른 하나는 명시적으로 프로젝트를 만들어서 개발하는 것이다. 파일 단위로 개
발을 하면 별도의 명시적인 선언이 없는 한 개별 파일 한 개가 프로젝트의 범위(scope)가 된
다. 또 다른 방법으로 폴더를 만들고 그 안에 tsconfig.json 파일을 생성하여 해당 폴더가
TypeScript 프로젝트의 루트 폴더임을 알려주는 방법이 있다. 명시적으로 프로젝트 선언을
하면 파일 영역뿐 아니라 전체 프로젝트에 대해서 **[모든 참조 찾기]** (Shift + F12)와 같은 기
능을 편리하게 사용할 수 있으므로 가급적 프로젝트를 만들 것을 권한다.

VS Code에서 TypeScript 프로젝트를 만들기 위한 첫 번째 작업은 프로젝트 폴더를 만들고 그 안에 tsconfig.json 파일을 추가하는 것이다. tsconfig.json 파일을 만들려면 해당 폴더에서 아래 명령어를 입력하면 된다. 이 명령어는 커맨트 창에서 입력하거나 VS Code의 **[보기] > [통합 터미널]** 화면에서 바로 입력할 수도 있다.

```
tsc --init
```

이제 TypeScript 프로젝트를 생성하였다.

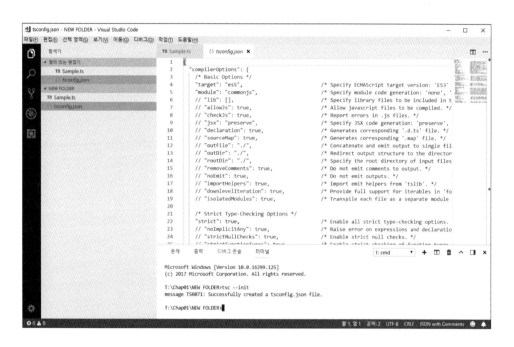

다음으로 프로젝트를 실행하기 위한 작업 실행기(task runner)가 필요하다. VS Code에는 **빌드 작업, 테마, 디버그** 옵션 등과 같은 다양한 기능에 액세스할 수 있는 커맨드 팔레트(Command Palette)가 있다. 커맨드 팔레트를 열면 윈도우에서는 Ctrl + Shift + P를, 맥OS에서는 Cmd + Shift + P를 사용한다. 커맨드 팔레트에서 다음 스크린샷과 같이 **빌드 작업 실행**을 입력하면 프로젝트를 빌드하기 위한 명령어가 표시된다.

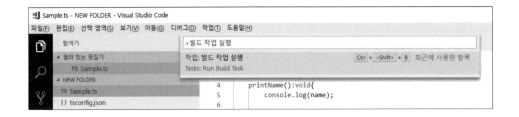

빌드 작업 실행 명령을 선택하면 VS Code에 다음과 같은 선택 창이 나온다. **"tsc 빌드 – tsconfig.json"**는 일회성으로 프로젝트를 빌드하는 것으로, Sample.js 파일이 생성되는 것을 볼 수 있다. **"tsc 보기 – tsconfig.json"**은 프로젝트 파일들의 변경사항을 감시하고 있다가 변경이 감지될 때마다 자동으로 트랜스파일링 작업을 한다.

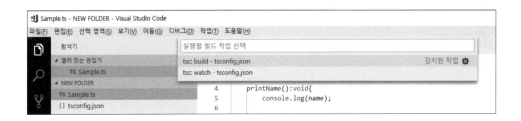

단축키로 빌드를 할 수 있지만 "tsc 빌드"를 사용해 매번 빌드하는 것은 여전히 몇 단계를 거쳐야 하므로 불편할 수 있다. 이런 경우 특정 작업을 기본 빌드 작업으로 지정할 수 있다. **[작업] 〉 [기본 빌드 작업 구성]** 메뉴를 선택한 뒤 **"tsc 빌드 – tsconfig.json"**을 선택한다.

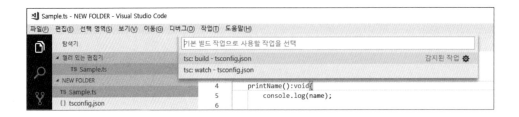

이렇게 하면 프로젝트에 .vscode라는 새 폴더에 task.json 파일이 생성된다. 이 JSON 파일은 VS Code에서 TypeScript 코드를 컴파일하는 데 사용된다. 이제 Ctrl + Shift + B 단축키로 손쉽게 빌드 작업을 실행할 수 있다.

프로젝트 빌드 결과는 VS Code 왼쪽 하단에서 다음과 같은 X, ! 모양의 아이콘을 클릭하여 **문제** 패널을 열어 확인할 수 있다. **문제** 패널은 **[보기] > [문제]** 메뉴로 열거나 Ctrl + Shift + M 단축키로도 열 수 있다.

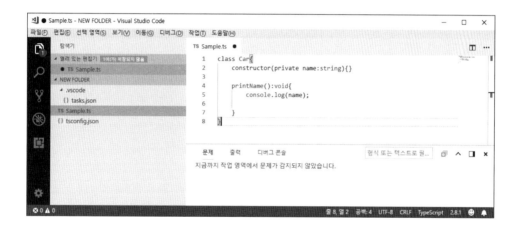

지금처럼 프로젝트 빌드 중 아무런 문제가 없는 경우 다음 스크린샷과 같이 문제 패널에서 문제 목록에 아무 것도 보이지 않게 된다.

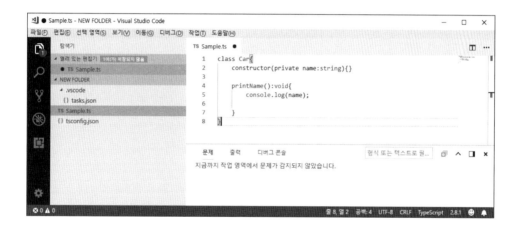

만약 프로젝트 빌드 중 문제가 발견되면 다음과 같이 **문제** 패널에 관련 목록이 보이고 더블 클릭하여 해당 문제가 있는 곳으로 바로 이동할 수 있다. 뿐만 아니라 해당 문제의 왼쪽에 있는 전구 모양을 클릭하면 적절한 문제 해결 방법도 제시해 준다.

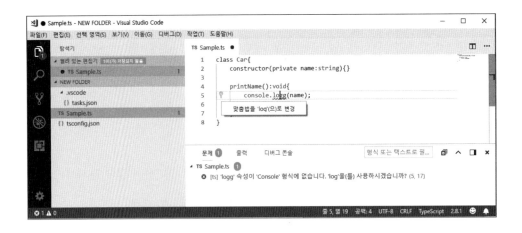

VS Code에서 TypeScript 개발 시 메뉴와 기능은 매우 빠르게 업데이트되고 있으므로 스크린샷과 다를 경우 아래 사이트에서 최신의 권장 사항을 따르도록 한다.

▶ https://code.visualstudio.com/docs/languages/typescript

TypeScript 컴파일러

TypeScript 컴파일러는 tsc로 불리며 TypeScript 코드를 JavaScript로 변환한다. TypeScript 컴파일러는 또한 크로스 플랫폼을 지원하여 윈도우, 맥OS 및 리눅스에서 사용 가능하다.

TypeScript 컴파일러를 실행하기 위한 몇 가지 옵션이 있다. 하나는 이전 섹션에서 설명한 대로 선택한 에디터에 컴파일러를 통합하는 것이다. 이전 섹션에서는 TypeScript 컴파일러를 VS Code와 통합하여 에디터 자체에서 코드를 작성할 수 있었다. 이때 사용하고자 하는 모든 컴파일러 구성은 tsconfig.json 파일에 추가된다.

또 다른 옵션은 커맨드창/터미널창에서 직접 tsc를 사용하는 것이다. TypeScript의 tsc 명령은 파라미터로 컴파일러 옵션을 사용하고 코드를 JavaScript로 컴파일한다. 예를 들어 메모장에 간단한 TypeScript 파일을 만들고 다음 코드를 메모장에 추가한다. 파일을 TypeScript 파일로 만들려면 파일 확장자를 * .ts로 하면 된다.

```
class Editor {
  constructor(public name: string,public isTypeScriptCompatible : Boolean){}
  details() {
    console.log('Editor: ' + this.name + ', TypeScript installed: ' +
        this.isTypeScriptCompatible);
  }
}

class VisualStudioCode extends Editor{
  public OSType: string
    constructor(name: string,isTypeScriptCompatible : Boolean,
      OSType: string) {
        super(name,isTypeScriptCompatible);
        this.OSType = OSType;
    }
}

let VS = new VisualStudioCode('VSCode', true, 'all');
VS.details();
```

이 코드는 이번 장의 TypeScript 기능 섹션에서 사용한 것과 같은 코드이다. 이 파일을 app.ts로 저장한다. 파일의 확장자가 *.ts 라면 아무 이름이나 상관없다. 그런 다음 커맨드 창/터미널 창에서 해당 경로로 이동하여 다음 명령을 실행한다.

```
tsc app.ts
```

이 명령은 app.ts 코드를 빌드하고 JavaScript로 변환한다. JavaScript 파일은 TypeScript가 있는 위치와 동일한 위치에 저장된다. 빌드에 문제가 있는 경우 tsc는 에러 메시지를 커맨드창에만 표시한다.

예상한 것처럼 중대형 프로젝트를 개발 중에 수동으로 tsc 명령을 실행하는 것은 생산적인 방식이 아니다. 따라서 TypeScript가 통합된 에디터를 사용하는 것을 추천한다. 다음 표는 가장 일반적으로 사용되는 TypeScript 컴파일러 옵션이다. 자세한 내용은 다음 장에서 논의할 것이다.

컴파일러 옵션	타입	설명
allowUnusedLabels	boolean	기본 값은 false. 컴파일러가 사용하지 않은 레이블을 표시할지 여부를 지정한다.
alwaysStrict	boolean	기본 값은 false. 이 옵션을 켜면 strict mode로 컴파일되고 소스 파일에 "use strict"를 노출한다.
module	string	사용할 모듈 타입 지정 : None, CommonJS, AMD, System, UMD, ES6, ES2015 또는 ESNext
moduleResolution	string	모듈이 어떻게 해석되는지 결정한다. Classic 또는 None
noImplicitAny	boolean	이 속성을 사용하면 any 데이터 타입으로 예상되는 코드를 발견하면 오류를 발생시킨다. 이 플래그는 JavaScript 프로젝트를 점진적으로 TypeScript로 마이그레이션하려는 경우 해제하는 것이 좋다.
noImplicitReturn	boolean	기본 값은 false. 코드에서 값을 반환하지 않으면 오류를 발생시킨다.
noUnusedLocals	boolean	코드에 사용되지 않은 local 변수가 있는 경우 오류를 발생시킨다.
noUnusedParameter	boolean	코드에 사용되지 않은 파라미터가 있으면 오류를 발생시킨다.
outDir	string	출력 폴더 지정
outFile	string	결과를 연결하여 파일로 출력. 연결 순서는 명령 행에서 컴파일러로 전달된 파일 목록과 3개의 슬래시 그리고 import 구문으로 결정된다. 자세한 내용은 출력 파일 순서 문서를 참조
removeComments	boolean	/*!로 시작하는 저작권 헤더 주석을 제외하고 모든 주석을 제거한다.
sourcemap	boolean	.map 파일을 생성
Target	string	ECMAScript 대상 버전을 지정. ES3(기본값), ES5, ES6/ES2015, ES2016, ES2017 또는 ESNext(ESNex 옵션 : EcmaScript에 제안된 기능 중 지원 가능한 최신 버전을 지정. 제안된 기능 목록은 https://github.com/tc39/proposals에서 확인 가능)
Watch		감시(watch) 모드에서 컴파일러를 실행. 입력 파일을 감시하다가 변경 사항이 생기면 컴파일이 다시 시작된다.

TypeScript TODO 목록 애플리케이션

이제 TODO 목록 애플리케이션을 만들 차례이다. 이 애플리케이션에는 다음과 같은 기능이 있다.

▶ TODO 목록에 설명이 포함된 새 항목 추가

▶ 모든 TODO 목록 조회

이 애플리케이션은 TypeScript가 더 나은 웹 애플리케이션을 만드는 데 어떻게 도움이 되는지 살펴보는 것에 중점을 두었기 때문에 매우 간단하다. 이 애플리케이션에서는 TypeScript로 애플리케이션을 만드는 방법을 보여주고, TypeScript의 기본 기능을 소개하고, TypeScript 코드를 브라우저에서 디버깅하는 방법을 보여 주며 TypeScript에 의해 생성된 JavaScript 코드에 대해 전반적으로 살펴본다.

GitHub https://github.com/sachinohri/TypeScriptTodo.git에서 소스를 확인할 수 있다.

다음 스크린샷은 애플리케이션이 어떻게 생겼는지 보여준다.

이 애플리케이션은 JavaScript 라이브러리에 의존하지 않으며 순수 TypeScript로 작성되었다. 이 애플리케이션에서는 코드를 간결하게 하기 위해 모든 코드를 단일 파일(todo.ts)로 작성했다. 실제 애플리케이션에서는 코드 복잡성을 줄이고 관심사를 분리하기 위해 별도의 파일로 만드는 것이 좋다.

VS Code로 새 프로젝트를 시작하는 것은 매우 간단하다. **[폴더 열기]**를 선택하고 새 프로젝트를 만들 폴더를 연다. 기존 프로젝트를 사용하려면 해당 폴더를 지정하여 열기만 하면 된다. TODO 애플리케이션은 다음 폴더/파일과 함께 매우 기본적인 코드 구조를 가지고 있다.

▶ 빌드 작업 설정 시 VS Code에 의해 생성된 .vscode 폴더. 이 폴더의 작성 방법에 대한 자세한 내용은 이번 장의 [설치와 설정] 섹션을 참조한다.

▶ todo.ts 파일이 있는 app 폴더. 프로젝트를 빌드할 때 TypeScript 컴파일러는 같은 폴더에 TypeScript 파일에 대해 todo.js 및 todo.js.map 파일을 생성한다.

▶ 프로젝트에 기본적인 스타일을 제공하기 위해 site.css 파일과 부트스트랩(bootstrap, 프레임워크 : 트위터에서 시작된 프론트엔드 개발용 오픈 소스 프레임워크)을 가지고 있다.

▶ tsconfig.json 파일은 TypeScript 컴파일러에서 빌드 작업을 구성하는 데 사용된다.

▶ index.html 파일은 사용자 인터페이스이며 todo.js 파일을 참조한다. 이 파일에는 새 항목을 추가하는 input 그룹과 기존 항목을 표시하는 list 그룹과 같은 기본 기능만 있다.

주요 코드는 todo.ts 파일에 있고 이 파일에 초점을 맞출 것이다.

todo.ts

todo.ts 파일은 Todo, TodoList와 같은 클래스와 ITodo 인터페이스가 있다.

Todo 클래스에는 name, description, completed라는 세 가지 프로퍼티가 있다. Todo 클래스는 ITodo 인터페이스를 구현한다.

```
interface ITodo{
  name:string;
  description: string;
  completed: boolean;
}
```

대형 애플리케이션에서 인터페이스를 사용하면 코드의 일관성을 유지하는 데 도움이 된다. 인터페이스는 인터페이스를 구현하는 클래스와 해당 클래스를 사용하는 클래스나 모듈에 대해서 일종의 계약서 역할을 한다. 인터페이스는 코드 추상화를 제공하며 보다 관리하기 쉬운 코드를 작성하는 데 도움을 준다. 앞에서 설명한 것처럼 인터페이스는 TypeScript 개념일 뿐이며 컴파일 시 JavaScript 코드로 생성되지 않는다.

TypeScript는 클래스의 멤버 변수를 선언하고 값을 할당하는 몇 가지 방법을 제공한다.

• 다음과 같이 세 개의 변수를 만들고 생성자 함수에서 값을 할당할 수 있다.

```
class Todo implements ITodo{
  public name:string;
  public description: string;
  public completed: boolean;
  constructor(name:string, description:string, completed:boolean){
    this.name = name;
    this.description = description;
    this.completed = completed;
  }
}
```

TODO 클래스는 생성자 내부에서 초기화되는 세 개의 public 변수를 가지고 있다.

• 다음 코드에서 보듯이 보다 간결한 방법을 사용할 수도 있다. 생성자 파라미터에 접근 제어자나 readonly와 함께 변수를 선언하면 TypeScript가 클래스의 객체가 생성될 때 초기화 해준다.

```
class Todo implements ITodo{
  constructor(public name: string,
  public description: string,
  public completed: boolean){}
}
```

또 다른 클래스 TodoList에는 애플리케이션의 모든 로직이 들어있다. 모든 Todo 요소를 저장하는 Todo 배열을 static 프로퍼티로 가지고 있다. 그리고 두 개의 함수 createTodoItem과 allTodoItems가 있으며, 각각 todo 태스크를 생성하고 모든 todo 태스크를 반환하는 역할을 한다.

```
class TodoList{
  public static allTodos: Todo[]= new Array;
  createTodoItem(name:string,description:string):number {
```

```
      let newItem = new Todo(name,description, false);
      let totalCount: number = TodoList.allTodos.push(newItem);
      return totalCount;
   }


   allTodoItems():Todo[]{
     return TodoList.allTodos;
   }
 }
```

다음 장에서 TypeScript의 클래스에 대해 더 깊이 살펴보도록 하고, 여기서는 기본 구문과 함수가 클래스 내부에서 어떻게 정의되는지 살펴본다.

TypeScript의 클래스

함수를 선언하는 것은 매우 직관적이다. 함수 이름, 파라미터 그리고 중괄호를 하고 그 안에 구현을 하면 된다. 파라미터 집합을 선언한 후 함수 반환 값의 데이터 타입을 표시할 수도 있다. 기본적으로 클래스의 모든 프로퍼티와 함수는 public이다.

클래스의 나머지 기능을 살펴보기 전에 지금까지 생성된 JavaScript에 대해 살펴보자. JavaScript 파일을 생성하려면 윈도우에서 Ctrl + Shift + B를 사용하고 맥OS에서는 Cmd + Shift + B를 사용한다. 이 명령은 코드를 빌드하고 JavaScript 파일을 생성한다. tsconfig.json에서 sourcemap 플래그를 켰다면 빌드 시 filename.js.map이라는 이름의 다른 파일을 생성한다. 여기서는 todo.js.map이다.

앞에서 설명한 것처럼 인터페이스의 경우 코드가 생성되지 않으므로 JavaScript 파일에서는 단지 두 개의 클래스만 볼 수 있다.

```
var Todo = (function () {
   function Todo(name, description, completed) {
      this.name = name;
      this.description = description;
      this.completed = completed;
   }
   return Todo;
}());
```

```
var TodoList = (function () {
  function TodoList() {
  }
  TodoList.prototype.createTodoItem = function (name, description)
  {
    var newItem = new Todo(name, description, false);
    var totalCount = TodoList.allTodos.push(newItem);
    return totalCount;
  };
  TodoList.prototype.allTodoItems = function () {
    return TodoList.allTodos;
  };
  return TodoList;
}());
TodoList.allTodos = new Array;
```

두 클래스 모두에서 TypeScript 컴파일러가 즉시 호출 함수 표현식(immediately invoked function expression – IIFE)을 생성하고 이를 변수 Todo와 TodoList에 각각 할당하는 것을 볼 수 있다. IIFE는 JavaScript 파일이 구문 분석될 때 자동으로 실행되는 JavaScript 함수이다. IIFE를 구분하려면 함수 끝의 괄호를 보면 된다. createTodoItem과 allTodoItems 메서드는 JavaScript의 프로토타입 함수로 변환된다. 프로토타입은 객체에 동작을 추가할 수 있게 해주는 JavaScript 함수이다. 이 경우 createTodoItem와 allTodoItems 함수는 TodoList 객체에 새로운 동작을 추가한다. TodoList 클래스는 allTodos 정적 배열을 가지고 있는데 이 배열은 JavaScript에서는 단지 배열일 뿐이다.

TypeScript의 함수

파일에 있는 다음 함수는 브라우저가 로드될 때 호출되는 window.onload 함수이다. window.onload 함수는 표준 JavaScript 함수이며 TypeScript가 JavaScript의 상위집합 이라는 것을 보여주는 좋은 예이다. 모든 JavaScript 함수는 TypeScript에서 직접 사용할 수 있다. window.onload 함수 안에서 add 버튼의 이벤트 리스너를 연결하기만 하면 된다.

```
window.onload = function(){
    let name= <HTMLInputElement>document.getElementById("todoName");
    let description = <HTMLInputElement>document.getElementById(
        "todoDescription");
    document.getElementById("add").addEventListener(
        'click',()=>toAlltask(name.value, description.value));
}
```

TypeScript는 〈 〉 또는 as 키워드를 사용하여 하나의 타입을 다른 타입으로 변환하는 타입캐스트를 지원한다. 이 부분은 이후 장에서 자세히 논의할 것이다. 여기서는 document.getElementById가 HTMLElement 타입을 반환한다는 것만 알면 된다. 이 엘리먼트가 입력 엘리먼트라는 것을 알고 있으므로 HTMLInputElement로 타입 변환을 한다. 마지막으로 toAlltask 함수는 add 버튼을 클릭할 때마다 호출되는데 사용자가 입력한 이름과 설명을 파라미터로 하여 TodoList 클래스의 createTodoItem 함수를 호출한 다음 모든 Todo 항목의 업데이트된 목록을 가져와 div에 할당한다. JavaScript 파일에서 이 두 함수를 보면 TypeScript에서 작성한 것과 거의 같다.

TypeScript 코드 디버깅

브라우저는 TypeScript를 인식하지 못한다. JavaScript 코드만 실행할 수 있다. 이것이 index.html 파일에서 todo.js에 대한 참조만 있고 todo.ts에 대한 참조가 없는 이유이다. 이 책의 예제 애플리케이션은 크기가 매우 작기 때문에 JavaScript 코드를 디버깅하는 것이 어렵지 않다. 실제 애플리케이션은 대개 수백 행의 많은 파일을 사용하므로 TypeScript 컴파일러에서 생성한 JavaScript를 디버깅하는 것이 쉽지 않다. TypeScript는 개발자가 .map 확장명을 가진 특수 파일을 사용하여 브라우저에서 직접 TypeScript 코드를 디버깅하는 데 도움이 되는 해결 방법을 제공한다. 이를 소스 맵 파일이라고 하며 컴파일러가 이 파일을 생성할 수 있도록 tsconfig.json에서 플래그를 활성화해야 한다. 소스 맵 파일을 생성하면 브라우저의 소스 탭에서 JavaScript 파일과 함께 TypeScript 파일을 볼 수 있다.

이미 소스 맵 플래그를 true로 설정했기 때문에 컴파일러가 JavaScript 파일을 만들 때 맵 파일이 생성되는 것을 볼 수 있다. 윈도우의 브라우저 상에서 F12를 누르거나 맥OS에서 Cmd + Opt + I를 눌러 개발자 도구를 연다. 그런 다음 sources 탭으로 이동한다. index.

html, site.css 및 app 폴더가 표시되어야 한다. 앱 폴더 안에는 todo.js와 todo.ts 파일이 있어야 한다. 다음 스크린샷은 Chrome 개발자 도구의 스냅 샷을 보여준다. 왼쪽에는 브라우저에 다운로드된 파일 목록이 있다.

todo.ts 파일을 열고 중단점을 추가 할 수 있다. 브라우저에서 코드를 실행하면 중단점에 도달하고 코드를 디버깅할 수 있다. 따라서 개발자는 컴파일러에서 생성한 코드가 아닌 직접 작성한 코드를 디버깅할 수 있으므로 디버깅하는 것이 매우 쉬워진다.

놀이터(Playground)

공식 TypeScript 웹 사이트는 TypeScript 코드를 작성하고 JavaScript로 변환시켜 볼 수 있는 놀이터를 제공한다. 코드를 실행하고 새 창에서 출력을 볼 수도 있다. TypeScript에 클래스, 타입, 상속, 제네릭과 같은 기능을 보여주는 예제도 추가되었다.

```typescript
class Greeter {
    greeting: string;
    constructor(message: string) {
        this.greeting = message;
    }
    greet() {
        return "Hello, " + this.greeting;
    }
}

let greeter = new Greeter("world");

let button = document.createElement('button');
button.textContent = "Say Hello";
button.onclick = function() {
    alert(greeter.greet());
}

document.body.appendChild(button);
```

```javascript
var Greeter = (function () {
    function Greeter(message) {
        this.greeting = message;
    }
    Greeter.prototype.greet = function () {
        return "Hello, " + this.greeting;
    };
    return Greeter;
}());
var greeter = new Greeter("world");
var button = document.createElement('button');
button.textContent = "Say Hello";
button.onclick = function () {
    alert(greeter.greet());
};
document.body.appendChild(button);
```

전체 웹 애플리케이션을 만드는 방법에 대한 세부 정보 없이 TypeScript를 간단하게 시험해보고 싶다면 이 사이트가 매우 유용한 도구이다.

요약

이번 장에서는 TypeScript에 대한 개요를 살펴보고, 왜 TypeScript가 인기 있는 언어인지, 어떤 기능으로 인해 인기를 얻었는지를 살펴보았다. 그리고 JavaScript의 문제점이 무엇인지, TypeScript가 그것을 어떻게 해결했는지 확인해보았다.

또한 VS Code 에디터를 선택하여 개발을 위한 설정을 해보았다.

다음 장에서는 실제 프로젝트를 작성하면서 TypeScript 개념에 대해 좀 더 자세히 살펴보자.

첫 번째 애플리케이션
– Sport News
Combinator

Chapter **2**

이전 장에서는 관리하기 쉽고, 견고하며, 오류가 없는 코드를 작성할 수 있게 도와주는 TypeScript의 기능에 대해 살펴보았다. TypeScript는 JavaScript의 유연함을 제공하면서 디자인 타임과 컴파일 타임에 검사를 해주는 타입과 인터페이스 같은 기능을 제공하여 편리함과 안정성의 균형을 이루게 해주는 강력한 언어이다.

이번 장에서는 TypeScript의 기능들을 좀 더 자세히 살펴보고 Angular 프레임워크를 소개한다. 이 책의 주제와 마찬가지로 기능을 보다 잘 이해할 수 있도록 실제 예제를 사용할 것이다.

이번 장에서는 다음 내용을 중점적으로 다룬다.

- ▶ SNC(Sports News Combinator) : 첫 번째 애플리케이션과 기능을 소개한다.
- ▶ TypeScript의 타입 : 타입은 TypeScript에서 중요한 역할을 담당하며, TypeScript에서 사용할 수 있는 다양한 타입, 타입 추론 및 타입 선언을 자세히 살펴본다.
- ▶ TypeScript의 클래스 : 강력한 웹 애플리케이션을 만들려면 클래스가 있어야 한다. TypeScript에서는 객체지향 기능을 제공하는 클래스를 구현할 수 있다.
- ▶ Angular 소개 : SNC 애플리케이션은 TypeScript와 함께 Angular를 사용하므로 컴포넌트, 데이터 바인딩과 같은 기본 개념을 소개한다.
- ▶ 프로젝트 셋업, 설정 및 코드 설정 : 이 섹션에서는 먼저 Angular를 사용하여 단일 페이지 애플리케이션(SPA)을 만든 다음 Angular CLI를 사용하여 애플리케이션의 골격을 만들어 다양한 방법으로 프로젝트를 만드는 방법을 살펴본다.
- ▶ SNC의 아키텍처 : SNC의 전체 아키텍처를 살펴보고 생성될 다양한 컴포넌트에 대해 살펴본다.
- ▶ 첫 번째 컴포넌트 작성 : 첫 번째 컴포넌트를 작성하여 페이지에 뉴스 컨텐츠를 표시한다.

이번 장에서는 하드 코딩된 데이터로 구동 가능한 간단한 애플리케이션을 만들어 보고 TypeScript의 타입과 Angular의 기본 원리를 살펴볼 것이다.

Sports News Combinator - SNC

SNC는 다양한 뉴스 아울렛에서 나온 최신 스포츠 뉴스를 볼 수 있는 단일 페이지 웹 애플리케이션(SPA)이다. NFL, Fox Sports, ESPN 및 BBC Sport에서 뉴스를 가져올 것이다.

SNC에는 4 개의 탭이 있으며 각각은 해당 뉴스 컨텐츠의 상위 10개 기사를 보여준다. 사용자가 기사 링크 중 하나를 클릭하면 해당 웹 페이지로 이동할 수 있다.

이 애플리케이션은 TypeScript와 Angular의 기본 개념을 학습하는 목적으로 만들었으므로 기본적인 애플리케이션의 기능을 포함했지만 너무 복잡하거나 혼란스러운 기능은 배제하였다.

다음 스크린샷은 이 애플리케이션의 최종 버전이다.

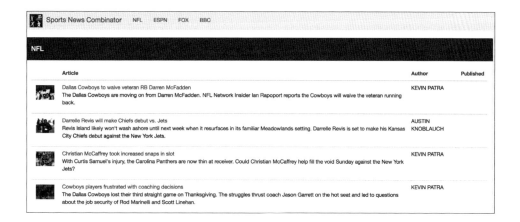

코드 다운로드

SNC 코드는 GitHub(https://github.com/sachinohri/SportsNewsCombinator.git)에서 다운로드 할 수 있다. 다음 몇 개의 장에서 TypeScript와 Angular의 개념을 논의하면서 애플리케이션에 단계별로 기능을 추가할 것이다. 따라서 최종 애플리케이션과 별도로 각 장마다 코드를 제공한다. 이렇게 하기 위해 주 마스터 브랜치 아래에 여러 폴더를 만들었다. 각 폴더에는 각 장의 끝에서 만들 최종 코드가 있으며, 각 폴더의 이름은 장 번호를 기반으로 했다.

이 장의 소스는 다음 스크린샷과 같이 Chapter 02 폴더에서 찾을 수 있다.

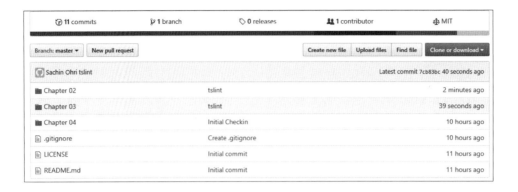

SNC의 기능

이번 장에서는 TypeScript와 Angular의 기능을 보여주기 위한 최소한의 애플리케이션을 만드는 데 중점을 두겠다. 이번 장의 마지막 부분에서 SNC는 다음 기능을 제공한다.

- ▶ 애플리케이션에는 NFL 네트워크의 뉴스를 보여주는 탭이 하나만 있다.
- ▶ 이 탭의 데이터는 데이터 바인딩이 작동하는 방식을 보여주기 위해 하드 코딩한다. 4 장, Sports New Combinator – 최종 버전에서 실시간 웹 서비스 콜을 한다.
- ▶ 애플리케이션의 주요 콘텐츠를 호스팅할 컴포넌트 한 개를 설계한다.

타입 시스템(Type System)

경쟁사와 차별화된 TypeScript의 기능이 하나 있다면 타입 시스템이다. TypeScript는 타입을 사용하여 더 나은 코드를 작성한다. TypeScript의 타입은 이해하기 쉽고 사용하기에 편리하여 새로운 TypeScript 개발자의 생산성을 극대화 해준다.

TypeScript로 애플리케이션을 개발하려면 타입과 그 기능을 이해하는 것이 중요하다. 따라서 이 섹션에서 다음 항목을 살펴본 다음 애플리케이션 작업을 시작하면 도움이 될 것이다.

- ▶ 변수 : TypeScript에서 변수와 상수를 선언하는 방법부터 살펴본다. 더 나은 범위 지정(scope)을 제공하기 위해 ES2015에서 소개된 let과 const 키워드를 살펴본다.

▶ 타입 : 원시 타입과 사용자 정의 타입을 모두 포함하여 TypeScript가 제공하는 타입을 살펴본다.

▶ 타입 추론 : TypeScript에서 타입 추론을 사용하여 타입을 식별하는 방법을 살펴본다.

▶ 타입 호환성 : TypeScript에는 멤버만을 기준으로 타입을 연관시켜주는 기능이 있으며, 예제와 함께 살펴본다.

NOTE

타입은 TypeScript에만 존재하는 개념이며 JavaScript로는 변환하지 않는다. 이들은 디자인과 컴파일 시에만 사용된다.

변수

JavaScript 프로그래밍을 해봤다면 변수 선언을 위한 var 키워드를 알고 있을 것이다. ES 2015에는 변수를 선언할 수 있는 몇 가지 새로운 키워드가 도입되었다. 바로 let 키워드와 const 키워드이다. var 키워드를 사용하여 변수를 선언할 수는 있지만 변수에 대한 범위 지정 및 액세스 방법에 관한 단점이 있었다. let은 이 문제를 해결하기 위해 나왔다.

var 키워드

JavaScript에는 전역변수와 지역변수가 있는데, 지역변수는 ES6에서 소개된 let 키워드를 사용하지 않고 var 키워드로 변수를 선언한 경우 변수가 선언된 함수 내에서 접근 가능하다. 이는 동일한 범위를 공유하는 모든 함수에 의해 액세스될 수 있음을 의미한다. 중첩함수에서 내부함수는 외부함수의 변수에 접근할 수 있다. 다음 예제에서는 innerFunction에서 변수 value의 범위를 보여준다.

```
1  function outerFunction(){
2      var value=10;
3      function innerFunction(){
4          console.log(value);
5      }
6      return innerFunction;
7  }
8  var func = outerFunction();
9  func();
```

innerFunction은 outerFunction의 변수 value에 접근이 가능하므로 10이 출력된다.

또한 var 키워드로 선언된 변수는 끌어올림(hoisting) 대상이다. 즉, 함수의 끝에서 변수를 선언해도 런타임에서 변수를 맨 위로 끌어올리기 때문에 선언되기 전에 해당 변수를 사용하더라도 오류가 발생하지 않는다. 다음 예에서는 끌어올림(hoisting)의 예를 볼 수 있다. value 변수는 9행에서 선언되었지만 3행과 6행에서도 변수에 액세스할 수 있다. 이 함수가 실행되면 JavaScript 런타임은 변수 선언을 함수의 맨 위로 올리므로 3행에서 사용할 수 있다. 다음 코드의 출력은 각각 1과 0이 된다.

```
1    function scopingExample(hasValue){
2        if(hasValue){
3            value=1;
4        }
5        else{
6            value=0;
7        }
8        console.log(value);
9        var value;
10   }
11
12   scopingExample(true);
13   scopingExample(false);
```

▎let과 const 키워드

let과 const 키워드는 변수에 블록 범위 지정을 제공하여 이러한 문제를 해결하고 끌어올림을 지원하지 않는다. 블록 범위 지정은 변수의 범위가 선언된 범위로 제한된다는 것을 의미한다. 일반적으로 중괄호로 정의한다. 따라서 변수가 루프 또는 if 조건 내에 정의된 경우 다음 예제에서 볼 수 있듯이 이 변수는 블록 외부에서 사용할 수 없다. 6행에서 x가 정의되지 않았다는 예외가 발생한다. 그러나 4행에서는 정확한 응답 10을 얻는다.

```
1    function letExample(hasValue){
2        if(hasValue){
3            let x= 10;
4            console.log(x);
5        }
6        console.log(x);
7    }
8    letExample(true);
```

이렇게 하면 올바른 범위에서 변수를 사용하고 있는지 확인하기 때문에 코드 오류를 줄일 수 있다. 또한 let 키워드는 끌어올림을 지원하지 않으므로 런타임에 변수가 맨 위로 이동하지 않는다. 선언 후에만 액세스할 수 있다.

const 키워드는 변수를 선언하는 또 다른 방법이며 let 키워드와 동일한 범위 지정 원칙을 따른다. const와 let의 유일한 차이점은 const로 선언된 값은 일단 바인딩되면 변경할 수 없다는 것이다. 따라서 선언된 변수에 재할당할 수 없으며 다시 할당할 수 없다는 것을 알고 있다면 const로 선언하면 된다. 그렇지 않으면 let 키워드를 사용한다.

TypeScript의 타입

JavaScript 언어에는 명시적 변수 타입 지정이라는 개념이 없어서 런타임 시 오류의 주요 원인이 된다. JavaScript는 하나의 변수에 어떤 타입을 할당한 다음 나중에 동일한 변수에 다른 타입을 할당할 수 있다. TypeScript는 타입 어노테이션을 사용하여 각 변수, 함수, 객체 또는 클래스에 타입을 할당할 수 있다. 타입은 계약의 역할을 한다. 이 계약은 해당 변수가 따라야하며, TypeScript 컴파일러는 이 계약의 편차가 있는지 확인해야 한다. TypeScript는 정적 또는 동적 타입 검사를 함께 수행한다. 타입은 컴파일러가 해당 변수에 대해 따라야하는 규칙을 제공한다. 이 규칙을 사용하면 가장 관련성이 높은 옵션을 확인하도록 하여 IDE에서 자동 제안 기능을 제공할 수 있게 해준다. 예를 들어, 파라미터에 타입을 지정하면 함수를 호출하는 동안 올바른 파라미터가 전달되었는지 확인할 수 있다.

TypeScript는 선택적인 정적 타입 언어이므로 각 변수나 함수에 타입을 반드시 할당할 필요는 없다. 이것이 모든 JavaScript 코드가 유효한 TypeScript 코드인 이유이다. TypeScript는 변수 또는 코드 흐름에 맞추어 할당된 값을 기반으로 변수의 타입을 추론하는 방법을 제공한다. TypeScript는 가능한 최상의 타입을 추측하려고 시도하고 모든 추가 작업이 타입과 모순되지 않는지 확인하는 검사를 한다. TypeScript는 또한 any 키워드를 지정하여 변수의 타입을 명시적으로 거부하는 옵션을 제공한다. any 타입의 변수는 TypeScript에서 타입 검사를 하지 않는다. 이 기능을 사용하면 기존 JavaScript를 아무런 문제없이 TypeScript로 마이그레이션할 수 있다.

> **NOTE**
>
> TypeScript는 컴파일 타임에 타입 오류가 있어도 JavaScript를 생성하므로 점진적으로 JavaScript 코드를 업데이트할 수 있다.

타입 어노테이션

변수 또는 함수에 타입을 지정하기 위해 TypeScript는 콜론이 앞에 오는 타입 정의 구문을 제공한다. 타입 어노테이션은 변수 식별자 뒤에 온다. 타입은 기본 타입 또는 배열이거나 클래스 및 인터페이스를 사용하는 복합 타입일 수 있다. 다음 예는 변수 및 함수 타입을 정의하는 기본 구문을 보여준다.

```
let num: number=42;
function example(name: string, age:number): number{
  return 42;
}
```

첫 번째 줄에서 num 변수를 정의할 때 값을 지정하는 것은 선택 사항이다. 함수 예제에서 입력 파라미터의 타입과 반환 값의 타입을 정의할 수 있음을 알 수 있다. 이는 모든 함수 호출이 올바른 서명 계약을 유지하고 있는지 확인하는 데 도움이 된다.

원시 타입

TypeScript 기본 타입은 JavaScript의 타입과 매우 밀접하게 관련되며 동일한 원칙을 따른다. TypeScript에서 사용할 수 있는 기본 타입은 다음과 같다.

숫자형(Number)

숫자 데이터 타입에는 배정도 64비트 부동 소수점 값(배정도 64비트 부동 소수점 값(double precision floating value) : 컴퓨터에서 실수를 표현할 때 소수점의 위치를 고정하지 않고 소수점의 위치를 따로 나타내는 것을 부동소수점(浮動小數點, floating point) 또는 떠돌이 소수점 방식이라고 한다. 부동소수점을 표현할 때 32비트에 담으면 단정도(single precision), 64비트에 담은 것을 배정도(double precision)라고 한다)을 담을 수도 있다. TypeScript에서 숫자는 JavaScript에서와 같은 의미를 가지며 10진수 및 16진수를 포함한 모든 숫자를 나타낸다. 다음은 숫자 변수의 예이다.

```
let num:number = 42;
let decimal = 42.0;
```

문자열 (String)

문자열 데이터 타입은 UTF-16 형식의 텍스트 데이터를 나타낸다. 변수에 문자열 값을 할당하려면 단일 (') 또는 이중 (") 따옴표를 사용한다. 템플릿 문자열이라 부르는 여러 줄에 걸쳐있는 문자열을 만들 수도 있다. 다음은 문자열 선언의 예이다.

```
let firstName: string = 'John';
let templateHTML: string = `
<h1>Title</h1>`
```

앞의 코드에서 templateHTML은 템플릿 문자열을 사용하는 예이다. 이것은 Angular에서 컴포넌트에 대한 인라인 템플릿을 정의하는 데 자주 사용되는 기능 중 하나이다. 우리의 애플리케이션에서도 볼 수 있다.

문자열에는 다음 예제와 같이 정의를 하는 중에 동적 표현식을 추가할 수도 있다.

result 변수는 "Top 10 news feed from ESPN"이 된다.

```
let news: string = "ESPN";
let count: number = 10;
let result: string = `Top $count news feed from $news.`
console.log(result);
```

앞의 코드를 JavaScript로 변환하면 다음과 같은 결과가 출력된다.

```
var news = "ESPN";
var count = 10;
var result = "Top " + count + " news feed from " + news + ".";
console.log(result);
```

논리형 (Boolean)

논리형 데이터 타입에는 다음 예제와 같이 true 또는 false 값을 지정할 수 있다.

```
let hasvalues: boolean = false;
```

배열

JavaScript와 마찬가지로 TypeScript는 여러 값을 할당할 수 있는 배열 타입을 가진다. 배열은 타입 다음에 대괄호를 추가하여 지정한다. 배열에 새로운 값이 추가될 때마다 컴파일러는 형식이 일치하는지 검사하고 형식이 일치하지 않으면 경고를 보낸다. 다음은 배열을 정의하는 예제이다.

```
let scores:number[] = [10,20,30,40];
```

배열은 0 인덱스를 기반으로 액세스된다. 즉, 첫 번째 요소는 다음에 표시된 것처럼 0번째 인덱스에 있다.

```
let scores:number[] = [10,20,30,40];
console.log(scores[0]);
```

콘솔 창의 출력 값은 10이다.

튜플형(Tuple)

튜플은 고급 타입의 배열로 볼 수 있다. 배열에서 동일한 타입이 아닌 요소를 사용할 수 있다. 예를 들어, 다음과 같이 string 타입의 첫 번째 요소와 number 타입의 두 번째 요소를 갖는 튜플을 만들 수 있다.

```
let details:[string, number];
details= ['John', 42];
```

단일 구조에서 다양한 데이터 타입을 관리함으로써 좀 더 유연하게 코드를 작성할 수 있다.

Any

any 키워드는 TypeScript의 특수한 타입으로 해당 변수에 대한 타입 검사를 거부할 수 있다. 이 타입은 이전 JavaScript 코드를 TypeScript로 마이그레이션할 때 매우 유용하다. 변수를 any로 정의하면 TypeScript는 해당 변수의 타입 검사를 하지 않는다. 다음은 any 타입의 사용 예이다.

```
let item: any;
item = 10;
item = 'John';
item = [10,20,30];
```

이 코드에서 컴파일러는 숫자, 문자열 또는 배열을 동일한 변수에 할당해도 불평하지 않는다.

Void

void 키워드는 타입이 없는 시나리오를 나타내는 데 사용된다. 이는 값을 반환하지 않는 함수의 경우 유용하다. 이러한 함수는 반환 타입으로 void를 사용하여 표시한다. 다음 예제에서 doSomething 함수는 값을 반환하지 않으므로 반환 타입을 void로 한다.

```
function doSomething(num: number):void{
    console.log(num);
}
```

Null과 undefined

Null과 undefined 타입은 모든 변수에도 지정할 수 있는 특수 타입이다. 다음 예제에서 볼 수 있듯이 이들 자체로는 별로 유용하지 않다.

```
let value = null;
value = 42;
```

여기서 value 변수는 any 타입이다. 왜냐하면 null은 모든 타입의 하위집합이므로 컴파일러는 변수에 any를 할당한다.

유니온 타입(Union types)

대부분의 경우 특정 변수가 가질 수 있는 데이터의 타입을 알기 때문에 해당 변수의 타입을 정할 수 있다. 이것은 컴파일 타임에 타입 검사를 돕고 변수를 잘못 사용하지 않도록 한다.

그러나 변수가 특정 타입에만 국한되지 않고 여러 타입의 값을 가질 수 있는 경우가 있다. 이는 JavaScript 코드를 마이그레이션하거나 JavaScript 라이브러리를 참조할 경우 일반적인 일이다.

TypeScript는 이 문제를 해결하기 위한 유니온 타입을 가진다. 유니온 타입은 여러 타입의 변수를 정의할 수 있게 해준다. 예를 들어, 변수는 숫자와 문자열 타입을 가질 수 있다. 다음과 같이 타입 사이에 파이프 (|) 기호를 사용하면 된다.

```
let data : string | number;
data = 10;
data = 'John';
```

여기에서 data 변수는 숫자와 문자열을 모두 포함할 수 있으므로 두 데이터 타입을 모두 사용할 수 있다. TypeScript 컴파일러는 정의되지 않은 값 타입을 할당하려고 하면 경고를 나타낸다.

유니온 타입과 마찬가지로 우리는 여러 타입을 하나의 타입으로 결합할 수 있는 인터섹션 (intersection) 타입을 가지고 있다. 이것은 주로 타입 선언을 위한 클래스와 인터페이스를 사용할 때 사용된다. 이 타입은 이후 장에서 인터페이스를 논의할 때 살펴볼 것이다.

타입 추론(Type Inference)

TypeScript의 타입 섹션에서 설명한 것처럼 TypeScript는 선택적인 정적 타입의 언어이므로 타입을 변수에 명시적으로 지정하는 것은 선택 사항이다. TypeScript는 선언되지 않은 경우에도 타입을 추론할 수 있다. 예제로 살펴보자.

```
let firstName = "John";
firstName = 10;
```

firstName = 10 라인에서 컴파일러는 firstName 변수가 문자열이고 문자열에 숫자형 값을 할당할 수 없다는 오류를 알려준다. TypeScript는 이 불일치를 어떻게 식별할 수 있을까? TypeScript는 타입 추론을 사용하여 firstName 변수의 타입을 식별한다.

이 경우 TypeScript는 변수 선언 시 사용된 값에 따라 타입을 식별한다. 다음 예와 같이 firstName 변수에 "John"을 지정하지 않은 경우 TypeScript에 의해 유추된 타입은 any일 것이다.

```
let lastName;
lastName = 10;
lastName = 'jj'
```

이것을 선언에 의한 타입 추론이라고 한다. 타입 유추가 실제로 작동하는 또 다른 장소는 함수의 리턴 타입이다. TypeScript는 코드를 보고 코드 흐름 경로에 따라 가장 적합한 타입을 결정한다. 다음은 그러한 예이다.

```
function doSomething(num:number){
   return "name";
}
```

이 경우 TypeScript는 반환 타입을 문자열로 추론한다. 타입 유추는 JavaScript의 레거시 코드로 작업할 때 매우 유용하다. TypeScript는 코드 흐름을 기반으로 변수 및 함수 타입을 유추한다.

▌타입 체크

일단 TypeScript가 타입을 식별하면 프로그램에서 해당 타입을 사용하게 된다. TypeScript는 해당 변수에 대해 정의한 타입과 모순되는 변수에 값을 지정하려고 하는지 확인하거나 함수가 호출될 때 TypeScript가 파라미터에 올바른 타입이 전달되었는지 확인하고 반환 값이 올바른 타입의 변수에 할당되는지 확인한다. 이러한 타입 검사의 유일한 예외는 any 키워드이다. 변수 또는 프로퍼티가 any 키워드로 정의되면 TypeScript 컴파일러는 해당 변수에 대해 타입 검사를 수행하지 않는다.

다음 예를 통해 타입 체크가 어떻게 이루어지는지 살펴보자.

```
let age:number;
age=10;
age="42"; // 컴파일 에러: string은 number에 할당할 수 없음
```

앞의 예제에서 TypeScript 컴파일러는 마지막 라인에서 42에 숫자를 할당할 수 없다는 메시지를 표시한다. 숫자를 전달했지만 문자열 형태로 전달했기 때문이다. TypeScript는 JavaScript와는 달리 타입을 강제 변환하지 않는다. TypeScript는 기본 타입에 대한 타입 검사뿐만 아니라 배열 및 클래스와 같은 사용자 정의 타입에 대해서도 유형 검사를 수행한다. 다음 장에서는 클래스의 예를 살펴볼 것이다.

이전 섹션에서 설명한 타입 외에도 TypeScript에는 열거형(enum), 제네릭(generic), 교차 타입(intersection type) 및 선택형 타입(optional type)과 같은 타입이 있다. 예제 애플리케이션에서 이 타입을 사용할 때 살펴볼 것이다.

TypeScript의 클래스

TypeScript를 사용하여 규모가 작은 애플리케이션이나 대규모 애플리케이션을 개발하는 경우 클래스를 사용하여 프로퍼티와 메서드를 관리한다. ES2015 이전에는 JavaScript에 클래스 개념이 없었기 때문에 클래스와 비슷한 동작을 구현하기 위해 함수를 사용했었다. TypeScript는 초기 릴리스의 일부로 클래스를 도입했으며 이제는 ES6에도 클래스가 있다. TypeScript와 JavaScript ES6의 클래스 동작은 Java 또는 C#에서 경험해봤을 객체지향 언어의 동작과 유사하다.

TypeScript의 객체지향 프로그래밍

객체지향 프로그래밍은 객체의 형태로 코드를 표현할 수 있게 해준다. 객체 자체는 프로퍼티와 메서드가 있는 클래스의 인스턴스이다. 클래스는 관련 속성과 해당 동작의 컨테이너이다. 클래스의 형태로 코드를 모델링하면 객체지향 프로그래밍의 다양한 기능을 구현할 수 있으므로 직관적이고 재사용 가능한 강력한 코드를 작성할 수 있다. 클래스를 사용하면

캡슐화, 다형성 및 상속과 같은 기능을 사용할 수 있다.

TypeScript는 클래스와 인터페이스를 구현하여 객체지향적인 방식으로 코드를 작성할 수 있다. 따라서 Java와 C#과 같은 전통적인 언어를 사용해본 개발자는 TypeScript를 배울 때 편안함을 느낄 수 있다.

클래스의 이해

ES2015 이전에는 JavaScript 개발자가 클래스에 대한 개념을 가질 필요가 없었다. 클래스의 동작을 따라 할 수 있는 가장 좋은 방법은 함수를 사용하는 것이었다. 함수는 관련된 프로퍼티와 메서드를 그룹화하는 메커니즘을 제공한다. 메서드는 함수에 내부적으로 추가되거나 prototype 키워드를 사용하여 추가될 수 있다. 다음은 이러한 함수의 예이다.

```
function Name (firstName, lastName) {
   this.firstName = firstName;
   this.lastName = lastName;
   this.fullName = function() {
      return this.firstName + ' ' + this.lastName ;
   };
}
```

앞의 예제에서 fullName 메서드는 Name 함수 안에 캡슐화되어 있다. 함수에 메서드를 추가하는 또 다른 방법은 prototype 키워드를 사용하는 것으로 다음 코드에 나와 있다.

```
function Name (firstName, lastName) {
   this.firstName = firstName;
   this.lastName = lastName;
}
Name.prototype.fullName = function() {
   return this.firstName + ' ' + this.lastName ;
};
```

이러한 방법을 사용하면 클래스가 없어도 문제를 해결할 수 있지만 대부분의 개발자 커뮤니티에서 선호하지 않는 방식이다.

클래스를 사용하면 이 과정을 더 쉽게 수행할 수 있다. 클래스는 공통적인 동작을 추상화하여 코드 재사용을 가능하게 한다. 다음은 TypeScript에서 클래스를 정의하는 구문이다.

```
1   class News{
2       public channelNumber : number;
3       public newsTitle: string;
4       private author: string = "ESPN";
5
6       format():string{
7           return `${this.channelNumber} : ${this.newsTitle} was written by ${this.author}`;
8       }
9   }
10  let espn = new News();
11  espn.channelNumber = 1;
12  espn.newsTitle = 'NFL Today';
13  console.log(espn.format());
```

클래스의 구문은 객체지향에 익숙한 독자에게 매우 비슷하게 보일 것이다. 클래스를 정의하기 위해 클래스 키워드 뒤에 클래스 이름을 사용한다. News 클래스에는 3개의 멤버 프로퍼티와 하나의 메서드가 있다. 각 멤버에는 정의된 타입이 있으며 범위를 정의하는 접근 제어자가 있다. 10행에서 new 키워드를 사용하여 클래스의 객체를 만든다. TypeScript의 클래스에는 생성자 개념이 있다. 여기서 객체 생성 시 일부 프로퍼티를 초기화할 수 있다. "3장, Sport News Combinator – 기능 추가"에서 클래스의 생성자와 기타 개념을 살펴본다.

접근 제어자(access modifier)

객체가 생성되면 도트(.) 연산자를 사용하여 클래스의 public 멤버에 액세스할 수 있다. espn 객체의 author 프로퍼티는 private으로 정의되어 있으므로 접근할 수 없다. TypeScript는 세 가지 유형의 접근 제어자를 제공한다.

Public

public 키워드로 정의된 모든 프로퍼티는 클래스 외부에서 자유롭게 액세스할 수 있다. 앞의 예에서 보았듯이 public 키워드로 표시된 모든 변수는 객체 외부의 클래스에서 사용할 수 있다. 명시적으로 지정하지 않으면 TypeScript는 public을 기본 접근 제어자로 지정한다. 이는 기본 JavaScript 동작이 public으로 동작하기 때문이다.

Private

private으로 표시된 프로퍼티는 클래스 외부에서 액세스할 수 없다. TypeScript에서 private 변수는 클래스 내부에서만 유효하다. JavaScript는 접근 제어자가 없으므로 private 멤버는 public 멤버와 비슷하게 취급된다.

Protected

protected 키워드는 상속 클래스에서 액세스할 수 있다는 점을 제외하고는 private와 유사하게 동작한다. 다음은 그러한 예이다.

```
class base {
    protected id: number;
}
class child extends base {
    name: string;
    details():string {
        return `$name has id: $this.id`
    }
}
```

이 예제에서 child 클래스는 base 클래스를 확장하였으므로, child 클래스의 id 프로퍼티에 액세스할 수 있다. child 클래스의 객체를 만들어도 여전히 외부에서는 id 속성에 액세스할 수 없다.

Readonly

이름에서 알 수 있듯이 읽기 전용 접근 제어자가 있는 프로퍼티는 값이 할당된 후에 수정할 수 없다. readonly 프로퍼티에 할당된 값은 변수 선언 시 또는 생성자에서만 할당할 수 있다. "3장, Sports News Combinator - 기능 추가"에서 생성자를 살펴보겠다. 여기서는 선언 시에 초기화한 읽기 전용 속성의 예제를 살펴볼 것이다.

```
1    class HelloWorld{
2        readonly name:string = 'John';
3
4        changeName(){
5            name = 'Jane';
6        }
7    }
```

위의 코드에서 5행의 name 프로퍼티는 읽기 전용이므로 값을 할당할 수 없다는 오류가 발생한다.

클래스에서 변환된 JavaScript

TypeScript를 배우는 동안 TypeScript는 새로운 언어가 아닌 JavaScript의 상위집합이라는 점을 기억하는 것이 중요하다. 브라우저는 TypeScript에서 변환된 JavaScript만 이해할 수 있다. TypeScript는 ECMA 표준을 기반으로 JavaScript를 생성하는 옵션을 제공한다. tsconfig.json 파일에서 플래그를 사용하여 TypeScript를 ES5, ES6(ES2015) 또는 ES3 JavaScript로 변환하도록 할 수 있다. 이 설정은 "1장, TypeScript 시작하기"에서 설명했다. ES5와 ES6의 가장 큰 차이점은 ES6에 도입된 클래스, let 및 const 키워드이다.

T.I.P.

ES6가 2년 넘게 사용되었지만 대부분의 브라우저는 여전히 ES6을 완전히 지원하지 않는다. 따라서 이전 브라우저를 대상으로 하는 애플리케이션을 만드는 경우 대상을 ES5로 지정하는 것이 좋다.

따라서 생성된 JavaScript는 대상 설정에 따라 달라진다. 여기서는 TypeScript의 클래스 예제를 사용하고 ES5와 ES6 모두에 대해 JavaScript를 생성한다. 다음은 TypeScript의 클래스 정의이다.

```
1    class News{
2        public channelNumber : number;
3        public newsTitle: string;
4        private author: string = "ESPN";
5
6        format():string{
7            return `${this.channelNumber} : ${this.newsTitle} was written by ${this.author}`;
8        }
9    }
10   let espn = new News();
11   espn.channelNumber = 1;
12   espn.newsTitle = 'NFL Today';
13   console.log(espn.format());
```

이 클래스는 "클래스의 이해"섹션에서 클래스를 도입할 때 보았던 코드와 같다. 여기에 News라는 이름의 클래스가 있다. 이 클래스에는 3개의 멤버가 있으며, 그 중 2개는 public이고 하나는 private이다. News 클래스에는 멤버 변수를 연결된 문자열로 반환하는 format 메서드도 있다.

그런 다음 10행에서 News 클래스의 객체를 만들고 public 프로퍼티에 값을 할당한다. 마지막 행에서는 format 메서드를 호출하여 결과를 출력한다.

이제 이 클래스에 대해 TypeScript 컴파일러가 변환한 JavaScript를 살펴보자.

ES6 JavaScript

ES2015라고도 알려진 ES6은 비교적 최근에 공개된 JavaScript로, ES5 위에 많은 새로운 기능을 제공한다. 클래스는 이러한 기능 중 하나이다. ES6 이전의 JavaScript에는 클래스가 없었다. 다음은 앞서 살펴본 TypeScript 클래스에서 생성된 코드이다.

```
1    class News {
2        constructor() {
3            this.author = "ESPN";
4        }
5        format() {
6            return `${this.channelNumber} : ${this.newsTitle} was written by ${this.author}`;
7        }
8    }
9    let espn = new News();
10   espn.channelNumber = 1;
11   espn.newsTitle = 'NFL Today';
12   console.log(espn.format());
13
```

앞의 코드를 TypeScript 코드와 비교하면 사소한 차이가 있음을 알 수 있다. 이는 TypeScript와 JavaScript의 클래스가 유사하지만, TypeScript에는 타입과 접근 제어자가 추가되었기 때문이다. JavaScript에서는 public 멤버를 선언하는 개념이 없다. private으로 선언되고 선언 시 초기화된 author 변수는 JavaScript의 생성자에서 초기화하는 것으로 변환된다. 초기화된 author가 아니었다면 변환된 JavaScript의 생성자에는 author가 없었을 것이다.

ES5 JavaScript

ES5는 브라우저에서 지원되는 가장 보편적인 JavaScript 버전이며 대부분의 브라우저를 지원해야하는 애플리케이션을 개발하는 경우 ES5 버전으로 변환해야 한다. 이 JavaScript 버전에는 클래스가 없으므로 변환된 코드는 클래스를 함수로 변환하고 클래스 내부의 메서드는 함수의 프로토타입 형태로 정의된 메서드로 변환된다.

다음은 TypeScript 컴파일러 옵션에서 대상을 ES5로 설정했을 때 변환된 코드이다.

```
 1  var News = (function () {
 2      function News() {
 3          this.author = "ESPN";
 4      }
 5      News.prototype.format = function () {
 6          return this.channelNumber + " : " + this.newsTitle + " was written by " + this.author;
 7      };
 8      return News;
 9  }());
10  var espn = new News();
11  espn.channelNumber = 1;
12  espn.newsTitle = 'NFL Today';
13  console.log(espn.format());
14
```

앞에서 설명한 것처럼 가장 큰 차이점은 클래스가 함수로 변환된다는 점이다. 이 변환에서 흥미로운 점은 News 클래스가 즉시 호출 함수 표현식(IIFE)으로 변환된다는 것이다. IIFE는 앞의 코드 9행에서 볼 수 있듯이 함수 선언 끝에 괄호로 식별할 수 있다. IIFE를 사용하면 함수가 즉시 실행되고 전역 범위에서 함수를 선언하는 대신 함수의 올바른 범위를 유지하는 데 도움이 된다. 또 다른 차이점은 ES5 JavaScript에서 format 메서드를 정의하는 방법이다. prototype 키워드는 함수에 부가적인 동작을 추가하는 데 사용한다.

또 다른 점은 let 키워드가 var로 변경된다는 점이다. let은 ES5에서 지원되지 않기 때문이다. ES5의 모든 변수는 var 키워드로 정의된다. 또한 format 메서드는 템플릿 문자열을 사용하지 않고 표준 문자열 연결을 사용하여 출력한다.

TypeScript는 모범 사례를 따르는 경우 JavaScript로 변환하는 작업을 잘 수행한다. 모범 사례를 따르면 오류를 최소화하고 견고하며 재사용 가능한 코드를 만드는 데 도움이 된다.

SNC - 개요

이제 첫 번째 애플리케이션을 만들어 볼 차례이다. 이번 장의 시작 부분에서 애플리케이션이 무엇인지, 완성된 제품이 어떻게 보일지에 대해 간략히 살펴보았다. 이 장에서 시작하여 "3장 Sports News Combinator - 기능 추가", "4장 Sports News Combinator - 최종 버전"까지 차례로 기능을 추가하겠다. 새로운 기능이 있을 때마다 추가되는 기능에 대해 먼저 논의한 다음 구현한다.

SNC는 Angular와 TypeScript로 제작된 SPA이다. Angular4를 프론트엔드 프레임워크로 사용하고 Angular 코드는 모두 TypeScript로 작성된다. 이 책에서는 독자가 Angular에 능숙하지 않다고 가정하기 때문에 Angular의 개념을 먼저 설명한다.

이 장의 중간 이후 부분에는 SNC 애플리케이션의 다음 항목에 중점을 둘 것이다.

▶ Angular 소개 : 우리의 애플리케이션은 Angular 프레임워크로 개발하였으므로 Angular의 기본 사항을 먼저 이해하는 것이 좋다.

▶ 첫 번째 단계 : 애플리케이션 빌드를 시작하려면 먼저 코드 구조를 설정해야 한다. Angular 코드를 설정하는 여러 가지 방법에 대해 간단히 설명한다. 자세한 내용은 "8장 Trello - Angular CLI 사용"을 참조한다.

▶ 첫 번째 컴포넌트 빌드 : 일단 기본 코드가 준비되면 첫 번째 컴포넌트를 빌드하여 애플리케이션 개발을 시작한다.

이번 장의 끝에서는 이미지가 있는 데이터 목록을 표시하는 간단한 컴포넌트를 하나 만들 것이다. Angular와 TypeScript의 개념에 좀 더 집중하고 싶기 때문에 이번 장에서는 의도적으로 애플리케이션에 많은 기능을 추가하지 않는다. 기본 사항을 명확히 하면 다른 기능을 보고 애플리케이션에서 구현하는 것이 매우 쉬울 것이다.

Angular - superhero 프레임워크

이 책에서는 세 개의 애플리케이션을 만들고 모든 애플리케이션은 Angular와 TypeScript 프레임 워크로 작성된다. 따라서 Angular가 무엇인지 기본 개념을 이해하는 데 시간을 할 애하는 것이 좋다.

이 섹션에서는 첫 번째 애플리케이션을 시작하는 데 도움이 되는 개념만 배울 것이다. 다음 장에서는 애플리케이션에 기능을 추가하면서 TypeScript와 함께 Angular의 다른 기능을 자세히 살펴보자.

SPA

지난 수십 년 동안 웹 애플리케이션은 정적인 웹 애플리케이션에서부터 JavaScript를 사용 한 웹 애플리케이션 그리고 jQuery를 사용한 동적인 웹 애플리케이션에 이르기까지 먼 길 을 왔다. 웹 애플리케이션에 대한 필요성이 커짐에 따라 끊임없이 변화하는 요구를 처리하 기 위한 기술 또한 발전했다. 이전에는 페이지 이동 요청이 있을 때마다 서버에 요청하는 것이 좋았다. 그러나 요구사항이 바뀌면서 웹 애플리케이션을 보다 유동적으로 만들고 로 드 시간을 줄이며 서버에 대한 요청 수를 줄이는 방법을 찾게 되었다. SPA는 애플리케이션 성능을 향상시키는 데 적합한 개념을 제공한다.

SPA의 기본 전제는 하나의 HTML 페이지를 가지고, 항상 새로운 페이지 전체를 로드하는 대신 사용자가 애플리케이션과 상호 작용할 때 HTML의 내부 컨텐츠를 교체하는 것이다. 이 방법을 사용하면 요청 횟수를 줄이고 애플리케이션의 크기를 줄이며 애플리케이션의 응 답 속도를 높일 수 있다.

Angular가 현재 시장에 있는 유일한 SPA 프레임워크는 아니다. React, Aurelia 및 Vue와 같은 다른 프레임 워크가 있으며 SPA를 생성하는 메커니즘을 제공하기도 하지만 Angular 가 가장 많이 사용된다.

Angular - 개념

Angular는 풍부한 클라이언트측 애플리케이션을 작성하기 위한 오픈 소스 JavaScript/TypeScript 프레임 워크이다. Angular는 HTML, CSS 및 TypeScript 또는 JavaScript를 구성 요소로 사용한다. 이전에 jQuery를 사용했고 Angular가 jQuery와 어떻게 차별화되어 있는지 궁금하다면 Angular가 제공하는 기능을 살펴보면 된다. Angular는 jQuery와 달리 본격적인 웹 애플리케이션 개발을 위한 것으로 jQuery를 보다 추상화하여 다양한 브라우저에 대응하기 위한 공통 API를 제공한다.

Angular는 HTML 페이지를 작성하고 CSS를 삽입하는 기능, 페이지를 탐색하는 데 도움이 되는 라우팅 기능, 백엔드와 상호 작용할 수 있는 인터페이스를 제공하는 서비스 그리고 이들 모두를 결합하는 컴포넌트를 제공한다. Angular는 웹 애플리케이션을 어떻게 만들어야하는지에 대한 지침을 제공한다는 점에서 독창적인 프레임 워크이다.

우리의 웹 애플리케이션은 Angular 프레임워크를 사용하지 않고 순수한 JavaScript로도 쉽게 구축할 수 있지만, 프레임워크를 사용함으로써 애플리케이션을 개발하는 데 도움이 되는 기본 기능을 모두 사용할 수 있다. Angular는 다음 다이어그램에서 보이는 것처럼 웹 애플리케이션을 위해 필요한 사용자 정의 프레임워크를 만드는 데 뛰어난 기능을 많이 제공한다.

▶ HTML를 보다 강력하게 한다 : Angular는 HTML에 유연성을 추가하는 구조 지시자(structural directive)를 제공한다. Angular를 사용하면 HTML을 더욱 이해하기 쉽게 표현할 수 있다.

▶ 모델 데이터 바인딩 개선 : Angular는 UI로 데이터 모델을 바인딩하고 변경 내용을 추적하는 데 도움이 되는 메커니즘을 제공한다. 여기에는 단방향 바인딩이나 애플리케이션이 모델과 해당 UI 요소 사이에 채널을 설정할 수 있도록 하는 단방향 바인딩이나 양방향 바인딩과 같은 기능이 있다.

▶ 빠른 로드 시간 : Angular는 가장 빠른 로드 시간을 가진 것 중에 하나이어서 더 나은 렌더링과 보다 우아하게 애플리케이션을 만들 수 있게 해준다.

▶ 재사용성 : Angular 디자인의 기본 원리 중 하나는 모듈형 디자인을 하도록 하는 것이다. Angular 는 모듈 방식으로 설계되며 Angular의 각 기능은 의존성을 관리하는 데 도움이 되도록 별도의 모듈로 사용할 수 있다.

▶ 백엔드 시스템과의 쉬운 통합 : Angular는 백엔드 서버와 통신하는 데 필요한 특별한 인터페이스를 제공한다.

▶ 미래 보장성(futureproof) : Angular는 모든 최신 모범 사례를 따른다. 클래스, 인터페이스, 데코레이터와 같은 JavaScript와 TypeScript의 최신 기능을 활용한다.

▶ 생산성 향상 : Angular의 모든 기능을 잘 사용하면 웹 애플리케이션을 개발의 생산성이 기하급수적으로 향상된다. Angular는 여러 기능들을 쉽게 시작하고 구현할 수 있는 프레임 워크를 제공한다.

Angular - 아키텍쳐

Angular는 기능과 기술에 관련된 관심사를 분리할 수 있는 모듈형의 프레임워크이다. 모든 Angular 기능은 별도의 모듈로 관리된다. 컴포넌트 및 NgModule과 같은 기본 기능을 담당하는 핵심 모듈이 있고 서비스, 파이프와 국제화 모듈이 있다. 이렇게 함으로써 재사용성과 사용편의성이 보다 높은 모듈형 애플리케이션을 만들 수 있다.

Angular 애플리케이션을 전체적으로 보면 기능을 만들어 애플리케이션에 통합하는 데 도움이 되는 컴포넌트와 서비스로 구성된다. 특정 기능을 제공하기 위해 여러 컴포넌트를 모듈에 함께 묶어서 사용할 수 있다. 예를 들어 보고서 필터 컴포넌트와 보고서 결과 컴포넌트가 있는 경우, 이 두 컴포넌트는 하나의 모듈로 묶을 수 있다. 다음 그림은 Angular 애플리케이션이 어떻게 구성되어 있는지 보여준다.

컴포넌트는 세 가지 주요 부분으로 나뉜다.

▶ HTML : 컴포넌트의 UI를 구성하며 템플릿이라 불린다. 이러한 UI 템플릿은 애플리케이션의 화면를 구성한다. 템플릿은 컴포넌트와 1:1 관계를 가지며 인라인 또는 별도의 HTML 파일로 정의할 수 있다.

▶ TypeScript로 작성되고 뷰에 필요한 모든 프로퍼티와 메서드를 포함하는 클래스. 프로퍼티는 뷰에 바인딩된 데이터 멤버로 데이터를 표시하는 데 사용된다. 메서드는 버튼 클릭과 같이 뷰에서 수행되는 실행 이벤트이다.

▶ Angular는 위에 정의된 클래스를 컴포넌트로 식별하여 화면에 표시할 수 있는 방법이 필요하다. 이 정보는 메타데이터 형식으로 Angular에 제공된다.

다음은 컴포넌트의 그래픽 표현이다.

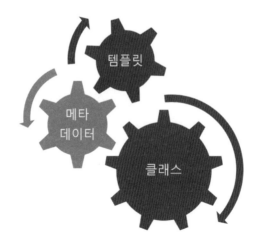

여러 컴포넌트로 모듈을 구성하고 또다시 여러 모듈을 사용해 애플리케이션을 구성하는 이러한 접근 방식을 통해 서로 다른 애플리케이션에서 재사용 가능한 컴포넌트를 만들 수 있다.

Angular 애플리케이션의 URL을 조회할 때 로드되는 첫 번째 컴포넌트는 항상 루트 애플리케이션 컴포넌트이며 Angular 라우터는 정의된 라우팅 구성을 사용하여 URL과 매칭되는 해당 컴포넌트를 로드한다. 그 다음 컴포넌트 템플릿이 브라우저에 표시되고 서버에서 데이터를 가져온다. 컴포넌트는 여러 개의 작은 컴포넌트로 구성될 수 있으며 차례로 로드된다.

█ SNC - 아키텍처

애플리케이션을 개발하기 전에 개발하려는 것에 대한 전체 아키텍처를 그려보는 것이 좋다. 이 아키텍처는 애플리케이션을 디자인하기 위한 청사진을 제공한다. 여기서는 컴포넌트와 그 계층을 정의한다. 다음은 SNC의 아키텍처 다이어그램이다.

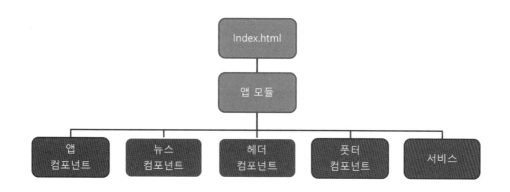

이 애플리케이션은 index.html을 시작점으로 하는 컴포넌트와 모듈로 구성된다. index. html에서 부모 컴포넌트인 app 컴포넌트를 얻는다. 그리고 공통 콘텐츠를 제공하는 두 가지 컴포넌트 헤더와 풋터가 있다. 그리고 기본 사용자 인터페이스를 제공하는 뉴스 컴포넌트가 있다. 또한 특정 채널에 대한 상위 10개 뉴스 기사를 가져오기 위해 백엔드 호출을 하는 서비스 계층이 있다. 뉴스 컴포넌트는 모든 기사를 목록으로 표시한다. 이를 구현하기 위해 news를 상위 컴포넌트로 하고 story를 하위 컴포넌트로 하여 계층적으로 구현한다.

이번 장에서는 간단히 하나의 컴포넌트만을 개발하여 story 목록을 만든다. "3장 Sports News Combinator - 기능 추가"와 "4장 Sport News Combinaor - 최종 버전"에서 컴포넌트와 컴포넌트 간 통신 기능을 추가할 것이다.

SNC - 코드 설정

Angular는 초기 코드 구조를 설정하는 여러 가지 방법을 제공하며 https://github.com/angular/quickstart의 빠른 시작 프로젝트부터 Angular Command Line Interface (Angular CLI)까지 다양한 옵션을 제공한다. Angular CLI는 npm 패키지이며 즉시 실행할 수 있는 애플리케이션을 만들 수 있다. 또한 Angular의 열혈 팬들이 만든 약간씩 다른 기능을 제공하는 시작 프로젝트가 있다. Angular는 서버 위에서 실행해야 하는 프론트엔드 프레임워크이다. Node.js나 IIS 심지어 Tomcat과 같은 다양한 서버를 지원한다.

이전에서 보았듯이 Angular는 컴포넌트들을 로드하는 여러 모듈로 구성된다. Angular는 SystemJS 및 Webpack과 같은 모듈 로더를 지원한다. 모듈 로더를 사용하는 시작 프로젝트도 찾을 수 있다. 우리 애플리케이션은 Angular CLI를 사용하여 초기 프로젝트 구조를 만들 것이다. Angular CLI 및 다른 시작 프로젝트에 대해서는 "8장 Trello - Angular CLI 사용"을 참조한다. 여기에서는 빠르게 애플리케이션을 실행할 수 있도록 다음에 나오는 단계를 따라 하기만 하면 된다.

수동으로 프로젝트를 설정하려면 다음 단계를 수행해야 한다.

1 첫 번째, 애플리케이션 폴더를 만든다. 전통적으로 app을 폴더명으로 한다.

2 패키지 세부 정보를 입력한 파일과 기타 설정 파일을 추가한다.

3 npm을 사용해 위 패키지를 설치한다.

4 그런 다음 Angular 루트 모듈을 만들어야한다. "SNC - 아키텍쳐" 섹션에서 논의했듯이 애플리케이션을 로드하려면 하나의 루트 모듈이 필요하다.

5 모듈을 로드할 main.ts라는 파일을 만든다.

6 유일한 HTML 파일인 index.html 파일을 만든다.

7 첫 번째 컴포넌트를 만든다. 이 컴포넌트는 app 컴포넌트에서 호출될 것이다.

8 Angular 라우트를 정의하여 Angular가 URL에 대응하여 로드할 컴포넌트를 식별할 수 있게 한다.

해보면 알겠지만 이렇게 하는 것은 몇 단계의 작업을 거쳐야 하고 수동으로 수행하는 것은 시간 소모적이고 오류가 발생하기 쉽다. 이것이 Angular CLI가 필요한 이유이다. Angular CLI는 이러한 모든 파일을 만들고 첫 번째 컴포넌트에 대한 일반적인 코드도 만들어 준다. Angular CLI는 새로운 컴포넌트/서비스/파이프/지시자를 생성하는 명령을 제공한다. Angular CLI에는 개발 모드에서 애플리케이션을 실행하는 데 도움이 되는 Node.js 내장 서버가 함께 제공된다.

T.I.P.

Angular CLI 패키지는 Webpack과 Node.js 내장 서버가 있어서 Angular 초기 웹 애플리케이션을 만드는데 도움이 된다. Angular CLI는 공식 Angular 팀에 의해 정의된 모범 사례를 따르고 코드를 관리하는데 올바른 폴더 구조를 제공한다.

Angular CLI 셋업

Angular CLI를 사용하려면 npm에서 Angular CLI 패키지를 설치해야한다. npm(Node Package Manager)은 모든 클라이언트 저장소의 패키지 관리자이다. 시스템에 npm과 node가 없다면 Node.js의 웹 사이트 https://nodejs.org/ko/download/에서 실행 파일을 다운로드하여 설치할 수 있다. 이미 노드와 npm이 있는 경우 터미널 창에서 다음 명령을 실행하여 가지고 있는 버전을 확인할 수 있다.

```
node -v
npm -v
```

이 명령은 이미 시스템에 설치한 버전을 확인한다. Angular CLI를 사용하여 웹 애플리케이션을 개발하려면 먼저 터미널 창에서 다음 명령을 사용하여 npm에서 Angular CLI 자체를 설치해야 한다.

```
npm install -g angular-cli
```

이 명령은 angular-cli 패키지를 글로벌 범위에 설치한다.

▎애플리케이션 셋업

CLI가 설치되면 애플리케이션을 만들 수 있다. CLI를 사용하여 애플리케이션을 만드는 것은 터미널 창에서 간단히 다음 명령을 실행하면 된다.

```
ng new <<projectname>>
```

projectname은 프로젝트 이름으로 여기에서는 SportsNewsCombinator가 된다. 다음 스크린샷은 커맨드창과 결과를 보여준다.

```
[Sachins-MacBook-Pro:Git sachin$ ng new SportsNewsCombinator
installing ng
  create .editorconfig
  create README.md
  create src/app/app.component.css
  create src/app/app.component.html
  create src/app/app.component.spec.ts
  create src/app/app.component.ts
  create src/app/app.module.ts
  create src/assets/.gitkeep
  create src/environments/environment.prod.ts
  create src/environments/environment.ts
  create src/favicon.ico
  create src/index.html
  create src/main.ts
  create src/polyfills.ts
  create src/styles.css
  create src/test.ts
  create src/tsconfig.app.json
  create src/tsconfig.spec.json
  create src/typings.d.ts
  create .angular-cli.json
  create e2e/app.e2e-spec.ts
  create e2e/app.po.ts
  create e2e/tsconfig.e2e.json
  create .gitignore
  create karma.conf.js
  create package.json
  create protractor.conf.js
  create tsconfig.json
  create tslint.json
Installing packages for tooling via npm.
Installed packages for tooling via npm.
Project 'SportsNewsCombinator' successfully created.
```

스크린샷에서 볼 수 있듯이 CLI는 프로젝트의 파일과 폴더를 생성한다. 이전 섹션에서 설명한 파일들을 새 프로젝트에서 생성한 폴더에서 모두 찾을 수 있다. 또한 e2e 테스트 케이스를 위한 파일이 있는데, 여기서는 그 부분은 살펴보지 않을 것이다. 앞에서 설명한 것처럼 CLI는 애플리케이션을 실행하기 위해 내장 노드 서버를 제공한다. 다음 명령이 정확히 그 역할을 한다.

```
ng serve
```

이 명령은 프로젝트를 빌드하고 웹 서버를 시작한다. 이 명령을 실행하면 이제 브라우저에서 URL http://localhost:4200을 열어 애플리케이션을 확인할 수 있다.

다음과 비슷한 페이지가 나타난다.

프로그램이 구동되었다. 이것은 최종 애플리케이션의 모습과는 거리가 멀지만 애플리케이션의 초기 구조를 잡는데 도움이 된다.

SNC - 폴더 구조

Angular CLI는 Angular 팀에서 권장하는 폴더 구조 중 하나로 폴더 구조를 만든다. 조직의 관행에 따라 사용자 고유의 폴더 구조를 만들어도 되지만 Angular CLI를 사용하면 최소한의 노력으로 시작할 수 있다. 다음 스크린샷은 이번 프로젝트를 위해 생성된 폴더 구조를 보여준다.

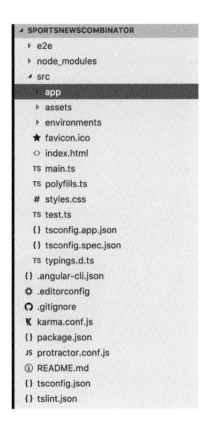

다음은 Angular CLI로 만든 폴더이다.

- ▶ e2e : 이 폴더는 애플리케이션의 종단간(end-to-end) 테스트 케이스를 만들고 관리하는 데 사용된다. 이 예제에서 테스트 케이스를 작성하는 것은 관심사가 아니다. 테스트 케이스를 작성하는 방법은 나중에 다룰 것이다.

- ▶ node_modules : package.json에서 정의한 모든 패키지가 npm에 의해 이 폴더 아래에 다운로드된다. 이 폴더에 체크인하면 안되고 항상 npm install을 실행하여 패키지를 다운로드 해야 한다.

GitHub에서 코드를 다운로드 받았다면 npm install 명령을 실행해야 한다는 것을 기억해야 한다.

- ▶ src : 모든 애플리케이션 코드는 이 폴더에 있다. src 폴더에는 app 폴더와 모든 애플리케이션 관련 아이콘과 이미지 같은 외부 리소스가 있는 assets 폴더가 있다.
- ▶ environments : 이 폴더의 용도는 애플리케이션을 빌드할 때 환경 설정을 제공하는 것이다. 환경 별로 서로 다른 구성을 가질 수 있으며, 이 폴더는 이를 관리하는 데 도움이 된다.
- ▶ 다른 파일들 : main.ts, index.html, tsconfig.app.json과 같이 처음 시작에 사용되는 파일들이 src 폴더에 있다. 애플리케이션을 개발하면서 이 파일들을 살펴볼 것이다.

모델 만들기

첫 번째 컴포넌트를 만들기 전에 먼저 모델을 만들어 보자. 모델은 어떤 논리 데이터를 나타내는 엔티티이다. 여기에서는 두 가지 기본 모델, 즉 news와 article을 만들 것이다. article 모델은 특정 웹 사이트에서 가져온 기사를 나타내고 news 모델은 기사를 감싸고 있는 모델로 기사 배열을 갖고 있다.

이번 장에서는 기사를 가져오기 위해 실시간 웹 서비스를 호출하지는 않지만 애플리케이션의 초기 바인딩을 보여주기 위해 데이터를 하드 코딩했다. 그러나 웹 서비스 응답으로부터 만들어지는 데이터 포맷을 이해하고 생성될 모델 구조를 살펴보는데 도움을 준다. 다음은 NFL 뉴스 응답의 하나이다.

```json
{
"status": "ok",
"source": "nfl-news",
"sortBy": "top",
"articles": [
  {
  "author": "Lakisha Jackson",
  "title": "Mike Williams denies report on season    ending surgery",
  "description": "Los Angeles Chargers first-round pick    Mike Williams is
  denying reports that he might need    season-ending back surgery. The
  rookie wideout    addressed the rumors during Alshon Jeffery's camp
  on Saturday.",
  "url": "http://www.nfl.com/news/story/
```

```
0ap3000000821316/article/mike-williams-denies-
report-on-seasonending-surgery",
"urlToImage": "http://static.nfl.com/static/content/
public/photo/2017/07/22/   0ap3000000821315_thumbnail_200_150.jpg",
"publishedAt": "2017-07-22T23:21:00Z"
},
{
"author": "Jeremy Bergman",
"title": "Tamba Hali, upset with snaps, launches   tweetstorm",
"description": "We've got ourselves a Saturday   afternoon tweetstorm in
late July, courtesy of   Chiefs pass rusher Tamba Hali. The veteran
bemoaned   his lack of snaps in the Chiefs' playoff loss to   Pittsburgh.",
"url": "http://www.nfl.com/news/story/   0ap3000000821309/article/
tamba-hali-upset-with-snaps-launches-tweetstorm",
"urlToImage": "http://static.nfl.com/static/content/
public/photo/2017/07/22/   0ap3000000821310_thumbnail_200_150.jpg",
"publishedAt": "2017-07-22T20:30:00Z"
}
]
}
```

JSON에는 크게 두 가지 내용이 있다. 첫 번째 부분은 상태(status), 소스(source), 정렬기준(sortBy)과 같은 웹 서비스 호출의 기본 정보를 제공한다. 두 번째 부분은 새 웹 사이트에서 반환하는 기사의 배열이다. 기사 배열은 다음과 같은 속성을 갖는 기사 개체로 구성된다.

- author
- title
- description
- url
- urlToImage
- publishedAt

src 폴더 아래에 models라는 새 폴더를 추가한다. 이 폴더에는 애플리케이션의 데이터를 관리하는 데 필요한 모든 모델이 포함된다. 폴더가 생성되면 첫 번째 파일인 article.ts를 만든다.

Article 모델은 다음과 같은 모습이다.

```
export class Article {
    author:string;
    title:string;
    description: string;
    url:string;
    urlToImage:string;
    publishedAt:Date;
}
```

여기에서 웹 서비스 응답에서 확인한 모든 프로퍼티를 Article 클래스로 만들었다. 모든 프로퍼티는 TypeScript의 기본 접근 제어자인 public이다.

다음은 news.ts 파일이다. 이 파일은 Article의 상위 모델이며 기사 배열과 세부 상태 정보를 갖는다. 생성한 모델은 다음과 같다.

```
export class News {
    status:string;
    source:string;
    sortBy:string;
    articles: Article[];
}
```

다른 파일(article)을 참조해야 하므로 News 클래스 news.ts 파일의 맨 위에 다음 코드를 작성하여 import해야 한다.

```
import Article from './Article';
```

이렇게 모델을 관리한다. 이제 첫 번째 컴포넌트를 만들어 보자.

첫 번째 컴포넌트 - NewsComponent

컴포넌트는 Angular 애플리케이션의 기본 구성 요소이다. 각 컴포넌트는 다른 컴포넌트와 결합하여 풍부한 사용자 경험을 제공한다. Angular 컴포넌트는 네 부분으로 구성된다.

- ▶ 템플릿
- ▶ TypeScript로 쓰여진 클래스
- ▶ Angular에서 클래스에 대해 알려주는 메타데이터
- ▶ 애플리케이션의 다른 컴포넌트와 서비스에 대한 참조를 제공하는 Import 구문

다음은 컴포넌트의 구성을 그래픽으로 나타낸 것이다.

```
1   import { Component, OnInit } from '@angular/core';        ◀── Import
2   import {News} from '../../../models/news';
3   import {Article} from '../../../models/article';
4
5
6   @Component({
7     selector: 'snc-news',                                   ◀── 메타데이터
8     templateUrl: './news.component.html',
9     styleUrls: ['./news.component.css']
10  })
11  export class NewsComponent implements OnInit {
12    latest_news: News = new News();                         ◀── 클래스
13
14    constructor() {
15    }
16
17    ngOnInit() {
18    }
19
20  }
```

템플릿

템플릿은 컴포넌트에 사용자 인터페이스를 제공한다. HTML로 작성되며 해당 컴포넌트에 표현된 엘리먼트를 자세히 설명한다. 컴포넌트의 템플릿은 인라인 또는 별도의 파일로 정의할 수 있다. 다음 두 가지 방법으로 인라인 템플릿을 만들 수 있다.

▶ @Component 데코레이터 안에 template 속성을 사용하고 작은 따옴표나 큰 따옴표로 안에 HTML을 정의한다. 다음 장에서 @Component 데코레이터에 대해 알아볼 것이다. 다음은 인라인 템플릿의 예이다.

```
template: "<h1>article.title</h1>"
```

▶ HTML이 두 줄 이상인 경우 ES2015 백틱(엔터키 왼쪽의 작은 따옴표가 아니고 키보드 왼쪽 상단에 있는 1번 왼쪽의 키를 눌러야 함)을 사용하여 HTML을 여러 줄로 정의할 수 있다. 가독성을 제외하고는 앞의 방법과 차이는 없다. 백틱이 있는 인라인 템플릿을 정의하면 더 가독성이 좋은 멀티라인 문자열을 만들 수 있다.

```
template: `
  <li>
    <div>
      article.description
    </div>
  </li>`
```

하나의 파일에서 뷰와 로직을 정의하면 한 곳에서 HTML 프로퍼티 바인딩을 추적할 경우 도움이 된다. 그러나 HTML이 몇 줄 이상 길어지면 인라인 템플릿으로 하는 것이 큰 장점이 없을 수 있다. 인라인 템플릿은 문자열이므로 HTML 태그 및 구문 검사에 대한 인텔리센스 기능이 지원되지 않는다. HTML이 커질수록 인라인 템플릿으로 정의하는 것이 더 어려워진다.

이 경우 HTML을 별도의 HTML 파일에 정의하고 templateUrl 속성을 사용하여 컴포넌트에 연결하는 것이 좋다. templateUrl 속성에서 HTML 파일의 경로를 정의한다. 이 경로는 index.html과의 상대 경로이다. 다음은 templateUrl 속성의 예이다.

```
templateUrl: './news.component.html'
```

▌컴포넌트 클래스

컴포넌트 클래스는 컴포넌트의 두뇌라고 할 수 있다. 이 클래스는 TypeScript로 작성되며 프로퍼티와 메서드를 포함한다. 이 프로퍼티는 컴포넌트의 데이터 멤버를 정의하며

Angular 바인딩 구문을 사용하여 템플릿에 바인딩된다. 메서드는 사용자 인터페이스를 통해 호출되는 이벤트에 대한 인터페이스를 제공한다.

이미 배운 것처럼 클래스는 class 키워드와 그 뒤의 클래스 이름으로 정의된다. 컴포넌트 클래스를 개발하는 모범 사례 중 하나는 클래스에 newsComponent와 같은 component 키워드를 붙이는 것이다. 클래스 앞에 export 키워드를 사용하면 클래스를 애플리케이션의 다른 컴포넌트에서 사용할 수 있다. 다음은 이러한 클래스의 예이다.

```
export class itemComponent {
    item: string;
    itemCount: number;
    constructor()
        console.log('Constructor called');
    }
    printItemDetail(){
        console.log('${this.item} has total ${this.itemCount}  copies');
    }
}
```

컴포넌트 메타데이터

메타데이터는 데이터에 대한 정보를 의미한다. 즉, 우리가 사용하는 데이터의 세부 정보를 제공할 때 이 세부 정보를 메타데이터라고 한다. Angular에게 클래스를 컴포넌트로 인식시키려면 해당 클래스가 어떤 것인지 메타데이터를 제공해야한다. 또한 메타데이터는 Angular에게 해당 컴포넌트의 템플릿, HTML의 CSS 스타일 그리고 컴포넌트를 나타내는 데 사용되는 selector와 같은 세부 정보를 제공한다.

메타데이터는 클래스 상단에 데코레이터를 사용하여 정의한다. 데코레이터는 ES7에서 제안된 JavaScript 개념으로 TypeScript에 구현되어 있다. @ 기호로 데코레이터를 식별할 수 있다. 컴포넌트 데코레이터는 Angular에 의해 정의되며 컴포넌트에 대한 세부 정보를 제공할 수 있는 옵션이 있다. 자주 사용되는 옵션은 다음과 같다.

▶ template/templateUrl : 이전 섹션에서 설명한 것처럼 이 속성을 사용하면 컴포넌트의 템플릿을 정의할 수 있다.

▶ selector : 컴포넌트의 선택자 이름을 정의한다. 이 이름을 사용하여 Angular는 로드할 HTML을 식별한다.

▶ styleUrl : 이 속성은 해당 컴포넌트에 대한 CSS 파일의 경로를 정의하는 데 도움이 된다. 템플릿의 경우와 마찬가지로 CSS를 인라인 또는 별도의 파일로 정의할 수 있다.

다음은 메타데이터 샘플이다.

```
@Component({
    selector: 'snc-news',
    templateUrl: './news.component.html',
    styleUrls: ['./news.component.css']
})
```

다른 HTML 파일에서 이 컴포넌트를 참조하려면 selector 속성을 HTML 태그에 사용한다.

Import

대부분의 경우 개발하려는 컴포넌트는 어느 정도 외부 함수 또는 클래스를 참조한다. 이러한 클래스는 다른 컴포넌트, 사용자 정의 데이터 타입을 정의하는 모델 또는 외부 라이브러리일 수 있다. 이러한 기능을 사용하려면 컴포넌트로 import해야 한다. Angular는 import 키워드를 사용하여 가져오기를 수행한다.

import 키워드는 C# 언어의 using 문과 비슷하다. 이것을 사용해 외부 메서드와 프로퍼티에 접근할 수 있다. 컴포넌트 클래스에서 가져오게 될 import 중의 하나는 Angular에서 가져오게 될 것이다. Angular 코어 모듈에서 클래스에서 데코레이터로 사용할 Component 키워드를 import한다. 다음은 import 키워드의 문법이다.

```
import  Component, OnInit  from '@angular/core'
```

import 구문을 사용하려면 필요한 멤버를 중괄호로 묶고 그 뒤에 멤버를 포함하는 모듈의 경로가 필요하다. 위의 경우 Angular 코어 모듈에서 Component와 OnInit 멤버를 가져온다.

newsComponent

SNC 애플리케이션의 경우 newsComponent라는 첫 번째 컴포넌트를 만들 것이다. 이 컴포넌트는 뉴스 소스에서 읽은 최신 뉴스를 표시한다. 이 컴포넌트는 애플리케이션을 시작할 때 로드할 주요 컴포넌트가 될 것이다. 이번 장에서는 결정한대로 하드 코딩된 데이터가 포함된 기본 컴포넌트만 갖게 될 것이므로 몇 줄의 뉴스 기사를 추가하고 사용자 인터페이스에 표시한다.

Angular CLI는 애플리케이션용 컴포넌트를 생성하는 명령을 제공한다. 컴포넌트의 기본 클래스를 생성할 뿐만 아니라 외부 템플릿도 생성하고 app 모듈에 컴포넌트에 대한 참조도 추가한다. 새 컴포넌트를 생성하는 구문은 다음과 같다.

```
ng generate component <<componentname>>
```

다음 스크린샷은 newsComponent를 생성하는데 필요한 명령을 보여준다. app 폴더 밑의 dashboard 폴더 안에 컴포넌트를 생성할 것이다.

```
[Sachins-MacBook-Pro:SportsNewsCombinator sachin$ ng generate component dashboard/news --spec false
installing component
  create src/app/dashboard/news/news.component.css
  create src/app/dashboard/news/news.component.html
  create src/app/dashboard/news/news.component.ts
  update src/app/app.module.ts
Sachins-MacBook-Pro:SportsNewsCombinator sachin$ ▮
```

여기서 news 컴포넌트는 dashboard 폴더 안에 있고 Angular CLI는 세 개의 파일을 생성한다. Angular CLI는 컴포넌트 이름(이 경우에는 news)으로 폴더를 만들어 확실히 관심사를 분리하도록 한다.

spec false 옵션은 Angular CLI에게 테스트 케이스에 대한 spec 파일을 생성하지 않도록 지시한다. 기본적으로 Angular CLI는 컴포넌트나 서비스 또는 파이프를 생성할 때 테스트 케이스를 작성하기 위한 추가 파일을 생성한다. 테스트 케이스를 작성하는 방법은 "8장, 트렐로 – Angular CLI 사용"에서 살펴볼 것이다.

여러분은 아마도 app.module 파일이 업데이트되었음을 알게 되었을 것이다. 이 파일은

app 모듈 아래에 있는 모든 컴포넌트를 정의한다. 모듈에 대해서는 다음 장에서 더 자세히 설명하겠다. 여기서는 생성된 컴포넌트가 모듈 파일에 참조되어야만 한다는 것을 이해하면 된다. Angular는 이 모듈 파일을 사용하여 연관된 컴포넌트를 식별하고 적절히 로드한다.

이제 새로 생성된 컴포넌트에 코드를 추가해 보겠다.

newsComponent 비즈니스 로직

news 컴포넌트는 매우 간단하며 다음과 같은 논리를 가진다.

1 먼저 필요한 모델, 즉 news와 Article에 대한 참조를 가져온다.

```
import News from '../../../models/news';
import Article from '../../../models/article';
```

2 그런 다음 newComponent 클래스 내에 News 모델의 객체를 만든다.

```
latest_news: News = new News();
```

우리의 클래스는 news 객체를 생성하는 private 메서드를 갖는다. 이 메서드는 화면에 표시할 하드 코드된 객체를 생성할 뿐이다.

```
private seedNewsData(): News{
    let news:News= new News();
    news.status = "ok";
    news.source = "nfl";
    news.sortBy = "top";
    news.articles = this.seedArcticles();
    return news;
}
private seedArcticles():Article[] {
    let articles:Article[] = new Array();
    articles.push({
    ......
    return articles;
}
```

이 private 메서드는 ngOnInit 메서드에서 호출된다. ngOnInit 메서드는 Angular에서 제공하는 라이프 사이클 후크 중 하나이다. 라이프 사이클 후크는 컴포넌트 로드 및 언로드 이벤트에 논리를 추가하기 위해 Angular가 노출하는 메서드이다. ngOnInit 메서드는 Angular 코어 모듈에서 노출하며 다음 코드는 이 메서드를 사용하는 방법을 보여준다.

```
ngOnInit(){
    this.latest_news = this.seedNewsData();
}
```

3 뉴스 데이터를 새 객체에 할당하면 이 뉴스 프로퍼티를 새 컴포넌트의 HTML 템플릿에 바인딩할 수 있다.

newsComponent template 로직

Angular CLI에서 컴포넌트를 만들었을 때 템플릿용으로 별도의 파일이 생성되었음을 눈치 챘을 것이다. 이 파일을 사용하여 뉴스 세부 정보에 대한 HTML을 정의하고 컴포넌트에서 정의한 뉴스 속성을 바인딩하여 데이터를 표시한다.

뉴스 기사가 목록 형태이므로 내장 Angular 구조 지시자 중 하나인 *ngFor를 사용할 것이다. Angular의 내장 구조 지시자를 사용하여 입력에 따라 런타임 시 HTML 구조를 변경할 수 있다. 이러한 지시자는 for 루프나 if 로직과 같은 기능을 제공하여 HTML에 강력함과 유연성을 제공한다. 여기서는 ngFor를 사용하여 뉴스 기사 목록을 반복하고 각 기사를 별도 엘리먼트에 출력한다. 다음은 뉴스 기사에서 ngFor를 사용하는 코드이다.

```
<li *ngFor="let article of latest_news.articles">
```

위의 명령문은 Angular가 뉴스 개체의 모든 기사를 반복하고 각 기사를 let 문장 다음에 정의한 변수 article에 할당하도록 지시한다. 이렇게 하면 도트(.) 구문을 사용하여 article 프로퍼티에 접근할 수 있다.

Angular는 이중 중괄호 구문을 사용하여 클래스의 프로퍼티 값을 HTML에 바인딩하는 삽입식(interpolation)을 제공한다. Angular는 이러한 이중 중괄호를 찾으면 HTML 내부의 표현식을 평가하고 그 결과를 HTML 엘리먼트의 값으로 표시한다. 예를 들어

newComponent 파일에는 다음과 같은 HTML이 있다.

```
<div class="para">
{{article.description}}
</div>
```

여기서 Angular는 article.description 표현식을 평가하고 결과를 화면에 출력한다. GitHub에서 전체 HTML을 확인할 수 있다.

이제 컴포넌트와 해당 HTML을 정의했으니 애플리케이션을 실행하고 결과를 확인할 차례이다.

SNC – 코드 실행

이전에 설명했듯이 Angular CLI는 애플리케이션을 빌드하고 로컬 Node.js 서버에서 호스트하는 내장 서버를 제공한다. 이제 npm serve 명령을 사용하여 애플리케이션을 실행할 수 있다. 이 명령을 실행하고 브라우저에서 http://localhost:4200으로 이동하면 다음 스크린샷과 같이 SNC 웹 사이트의 첫 번째 화면이 표시된다.

요약

이번 장에서는 첫 번째 애플리케이션을 만들면서 TypeScript와 Angular의 몇 가지 기능을 살펴보았다. TypeScript의 데이터 타입과 TypeScript의 타입 추론 기능을 사용해 TypeScript에서 정의된 변수에 대해 암시적으로 타입을 식별할 수 있었다. 그런 다음 TypeScript에서 제공하는 클래스와 더 나은 코드를 생성하는 데 도움이 되는 객체지향 기능을 TypeScript에서 어떻게 사용하는지 살펴보았다.

우리의 애플리케이션은 Angular와 TypeScript로 제작되었으므로 Angular의 개념에 대해 이해해야 했다. Angular 아키텍처를 살펴보고 컴포넌트가 무엇인지, 컴포넌트가 어떻게 구성되는지를 확인했다. 필요한 모든 구성을 갖춘 기본 프로젝트를 생성해주는 커맨드 인터페이스인 Angular CLI를 사용하여 애플리케이션을 구축해 보았다.

그런 다음 전체적인 아키텍처를 정의하고 코드를 설정하여 개발을 시작했다. 컴포넌트 및 템플릿 생성, 기본 데이터 바인딩과 같은 몇 가지 개념을 살펴본 후 이들 컴포넌트를 사용하여 첫 번째 애플리케이션 컴포넌트인 newsComponent를 개발했다.

이번 장의 초점은 기본 틀을 구성하는 것이므로 newsComponent는 많은 기능을 가지고 있지 않았다. 단지 정적 데이터를 생성하고 이를 메인 페이지에 표시할 뿐이다.

다음 장에서는 기본 라우팅과 데이터 포맷을 SNC 애플리케이션에 추가하는 것과 같은 기능을 추가해볼 것이다. 이를 통해 TypeScript의 인터페이스와 같은 기능을 사용하여 보다 객체지향스러운 코드를 작성하는 데 집중할 것이다. 생성자, 함수 및 선택적 파라미터와 같은 클래스의 상세한 부분을 살펴본다. Angular 관점에서 컴포넌트, 템플릿 및 바인딩에 대해 보다 자세히 알아보겠다.

Sports News Combinator
− 기능 추가

이전 장에서 첫 번째 애플리케이션인 Sports News Combinator(SNC)를 만들어보았다. 그리고 한 페이지에 뉴스 기사를 표시하는 간단한 컴포넌트를 만들었다. 데이터는 하드코딩으로 생성하고 Angular와 TypeScript의 기본에 더 집중했다. TypeScript의 타입, 타입 생성자 및 타입 추론을 다루었으며 클래스, Angular 프레임워크와 컴포넌트에 대해 간략하게 살펴보았다.

이전 장의 목표는 기본부터 시작하여 주요 개념을 살펴보는 것이었다. 이번 장에서는 애플리케이션을 기반으로 TypeScript와 Angular의 다른 기능을 살펴본다.

이번 장에서는 다음 내용을 중점적으로 다룬다.

- ▶ TypeScript의 함수 : 타입을 사용하여 TypeScript 함수 규칙을 유연하게 설정한다.
- ▶ 클래스와 인터페이스에 대한 깊이 있는 고찰 : 생성자와 스코핑 및 멤버 선언과 같은 클래스의 기능을 살펴본다. 인터페이스를 사용하면 보다 객체지향적으로 코드를 작성할 수 있다.
- ▶ SNC 기능 추가 : 헤더와 풋터를 위해 몇 가지 다른 컴포넌트를 추가하여 기존 애플리케이션을 개선한다.
- ▶ Angular 템플릿과 모듈 : 애플리케이션에서 Angular의 템플릿과 데이터 바인딩이 어떻게 동작하는지 살펴본다. Angular의 모듈을 살펴보고 애플리케이션에서 모듈을 정의하는 방법을 살펴본다.

마지막 부분에서는 애플리케이션에 새로운 기능을 추가하고 TypeScript와 Angular의 몇 가지 기능을 더 살펴볼 것이다.

함수

함수는 JavaScript 프로그래밍 언어의 기본 요소이며 가독성이 좋고 유지 보수가 쉽고, 재사용 가능한 코드를 작성할 수 있게 해준다. 함수는 수행할 어떤 동작을 정의한다. JavaScript 개발을 해봤다면 함수를 작성해봤을 것이다. TypeScript 함수는 JavaScript 함수와 크게 다르지 않으며 더 이해하기 쉽고 오류가 없는 코드를 작성할 수 있도록 몇 가지 새로운 기능을 추가했다.

다음은 TypeScript 함수가 정의된 예제이다.

```
function printFullName(firstName:string,lastName:string):string{
    return firstName + " " + lastName;
}
```

이 예제는 TypeScript에서 함수가 정의되는 방법을 보여준다. 함수 이름 앞에 function 키워드 접두사를 붙이고 그 뒤에 파라미터 목록이 따라온다. TypeScript에서는 주로 클래스내부의 메서드를 작성하기 위해 함수를 사용한다. 클래스 내부에서 사용 시 단 하나의 차이점은 function 키워드가 필요하지 않다는 것이다.

다음 섹션에서는 보다 유연하고 오류 검출이 쉬운 코드를 작성하도록 도와주는 TypeScript 함수의 기능에 대해 설명한다.

함수의 타입

TypeScript의 함수는 파라미터와 반환 값을 정의하기 위해 타입을 사용한다. 이를 통해 함수를 호출하는 모든 사람이 따라야하는 함수의 구체적인 규약을 가질 수 있다. 기본적으로 JavaScript는 형식을 지원하지 않으므로 JavaScript에서는 비슷한 일을 할 수 없다. 앞의 예제에서 printFullName이라는 함수를 살펴보면 firstName과 lastName이라는 두 개의 문자열 파라미터가 있다.

이 함수를 호출하면 컴파일러는 전달된 값의 타입을 확인하여 함수 선언에 정의된 타입과 일치하는지 확인한다. 이러한 타입은 함수 안에서도 유효하므로 자동 완성 및 타입 체크와 같은 기능에 사용된다. TypeScript는 파라미터에 정의된 타입 외에도 반환 값의 타입을 정의할 수 있다. 그러면 각 return문을 검사하여 함수 서명에 정의된 것과 동일한 타입인지 여부를 확인한다.

타입은 함수의 작성과 사용을 보다 직관적이게 하며 JavaScript에서 제공하지 않는 체크를 가능하게 한다.

화살표 함수(Arrow Function)

뚱뚱한(fat) 화살표 또는 람다(lambda) 함수라고도 하는 화살표 함수가 ES6에서 새로 도입되었다. 화살표 함수는 간단한 익명 함수를 작성하게 해준다. 화살표 함수를 사용하면

function 키워드를 사용할 필요가 없이 직접 함수를 정의할 수 있다. 전통적인 방식으로 작성된 함수는 다음과 같다.

```
function printFullName (firstName : string, lastName : string) : string{
    return firstName + ""+ lastName;
}
```

이 함수는 아래에 표시된 것처럼 화살표 표기법을 사용하여 간결하게 작성할 수 있다.

```
(firstName : string, lastName : string) => firstName + ""+ lastName;
```

화살표 함수는 등호(=)기호 뒤에 큰 부등호(>)가 온다. 화살표의 왼쪽에는 함수의 파라미터가 있다. 이 경우 두 개의 파라미터가 있다. 화살표 오른쪽에 함수 본문이 있는데 이 경우 firstName과 lastName의 연결 문자열을 반환한다. function 키워드를 사용하거나 함수를 중괄호로 묶거나 return 키워드를 입력할 필요가 없다.

다음에 설명하는 것처럼 화살표 함수에서 파라미터를 관리하는 방법에는 약간의 차이가 있다.

▶ 빈 파라미터 : 다음 예제는 입력 파라미터가 없다. 따라서 화살표의 왼쪽에 괄호가 비어 있어야 한다.

```
() => console.log("Hello World !!");
```

▶ 단일 파라미터 : 화살표 함수에서 전달할 단일 파라미터가 있는 경우 아래에 표시된 것처럼 파라미터를 괄호로 묶을 필요가 없다.

```
id => console.log(id);
```

▶ 다중 파라미터 : 파라미터가 여러 개 있는 경우 화살표 함수의 첫 번째 예에서 보았듯이 파라미터를 괄호로 묶어야 된다.

```
(firstName : string, lastName : string) => firstName + " " + lastName;
```

▶ 다중 행 함수 본문 : 앞의 모든 예제는 함수 본문이 한 줄로 되어 있다. 함수 본문이 여러 줄에 걸쳐있는 경우 다음에 표시된 것처럼 중괄호로 묶을 수 있다.

```
(firstName, lastName, age) : number => {
    console.log (firstName + ''+ lastName);
    return age +1;
    // 중략
};
```

JavaScript의 스코프(scope)

scope는 어떤 활동을 함에 있어서 활동 가능한 범위나 기회 또는 그 범위를 살펴보는 것을 뜻하는데 프로그래밍에서의 scope는 변수의 유효범위를 뜻한다. 이렇게 변수가 유효한 영역을 scope block이라고 부르고, 동일한 변수명이라 하더라도 scope block을 벗어난 경우 다른 것을 가리키거나 아무 것도 가리키지 않을 수 있다.

이렇게 변수가 실제로 어떤 범위 안에서 유효한지 범위를 지정하는 작업을 scoping이라고 하는데, 언제 구분하는지에 따라 lexical scoping과 dynamic scoping으로 나뉜다. 컴파일러가 어휘 분석(lexical analysis) 중에 범위를 지정하는 것을 lexical scoping이라 하고, 실행(runtime) 중에 범위를 지정하는 것을 dynamic scoping이라 한다. lexical scoping은 소스 코드가 있는 상태 그대로 작업을 하기 때문에 정적(static) scoping이라고도 한다. lexical scoping은 소스 코드를 분석하여 계층 구조의 유효 범위를 설정하고 각 범위마다 변수 테이블을 유지한다. 동일한 변수명이 있다면 유효 범위 계층구조의 가장 안쪽 변수를 사용한다. dynamic scoping은 하나의 global 변수 테이블을 가지고 있고 동일한 변수명이 있다면 stack 형태로 push한다. 두 개의 scoping 방식을 비교하기 위한 예제를 살펴보자.

```
x=1 // bash에서 변수 선언은 띄어쓰기가 없어야 한다.
function g() { echo $x; x=2; }
function f() { local x=3; g; } // 지역변수를 선언하는 local 키워드 가정
f // 함수 f 호출
echo $x
```

lexcial scoping 방식에서는 local x=3;이 g에 아무 영향을 주지 않기 때문에 1과 2가 출

력될 것이다. 그러나 dynamic scoping 방식에서는 local x=3;에 의해 3의 값을 가진 x가 x라는 global stack에 push될 것이므로 3이 출력되고, local을 선언한 함수가 return될 때 다시 pop되기 때문에 마지막 echo문에서는 처음에 선언한 1이 출력될 것이다. 실제로 Bash는 dynamic scoping을 사용하기 때문에 위 스크립트를 실행하면 3, 1이 출력되는 것을 확인할 수 있다.

dynamic scoping을 사용하면 하위 모듈에서도 자유롭게 변수의 의미를 재정의할 수 있는 장점이 있지만, 동일한 모듈이 호출 당시의 상황에 따라 다르게 동작하므로 오류를 찾기가 어려운 단점이 있다. 때문에 현대의 프로그래밍 언어는 대부분 코드만을 보고 분석과 이해가 쉬운 lexical scoping을 사용한다.

그렇다면 JavaScript는 어떤 방식을 따를까? JavaScript는 함수 또는 블록 레벨에서 유효 범위를 결정하는 lexical scope 규칙을 따르지만 this는 dynamic scope 방식을 따르기 때문에 주의해야 한다.

▶ 참고 사이트
- https://en.wikipedia.org/wiki/Scope_(computer_science)
- https://msujaws.wordpress.com/2011/05/03/static-vs-dynamic-scoping/
- https://www.emacswiki.org/emacs/DynamicBindingVsLexicalBinding

JavaScript의 this

JavaScript의 this는 함수의 호출 방식에 따라 값이 달라진다.

▶ 함수에서 호출

▶ 메서드에서 호출

▶ 생성자에서 호출

▶ apply에서 호출

▶ bind에서 호출

함수 호출 시 this는 상위 스코프가 따로 없기 때문에 전역 객체를 가리키는데, 웹 브라우저에서의 전역 객체는 window이다. 다만 ECMAScript 5.1에서 코드 안정성과 오류 검증을 용이하게 하기 위해 만든 엄격모드(use strict)를 사용하면 함수에서의 this는 undefined이다.

메서드 호출은 객체 안에서 정의한 함수를 호출하는 것으로 C#이나 Java에 익숙한 개발자에게 크게 이상한 점이 느껴지지 않는 형태이다. 다만 메서드 호출을 사용하려면 반드시 속성 접근자를 사용해야 한다는 점에 주의해야 한다. obj.myFunc(); 형태로 호출하면 메서드가 실행되지만 var someFunc = obj.myFunc; someFunc(); 형태로 호출하거나 setTimeout(obj.myFunc, 1000); 형태로 호출하면 메서드가 객체로부터 분리되어 함수 형태로 호출된다. 또한 myFunc 메서드 안에 innerFunc를 정의한 경우 역시 innerFunc는 메서드가 아니라 함수가 되기 때문에 주의해야 한다.

생성자 호출은 Pascal 형태의 대문자로 시작하는 함수를 만들고 new 키워드를 사용해 해당 함수를 호출하여 객체를 만드는 것이다. 이렇게 new로 만든 객체에는 this가 바인딩된다. 생성자 함수를 만들 때 함수명이 꼭 대문자일 필요는 없지만, 생성자를 호출하려면 반드시 new 키워드를 사용해야 한다.

```javascript
function ConstructorFunc(msg){
  this.msg = msg;
}
ConstructorFunc.prototype.hello = function(){
  console.log(this.msg); // 생성자 호출 패턴에 의해 this를 사용할 수 있다.
}
var obj = new ConstructorFunc("Hello World!");
obj.hello(); // Hello World!
```

apply 호출은 apply 함수를 사용해 호출하여 함수 내부에서 사용할 this를 지정하는 것이다. apply 함수의 첫 번째 인자로 null을 넘기면 전역 객체인 window가 this가 된다.

bind 호출은 이러한 불편을 해소하기 위해 ES5에서 소개된 것으로 함수가 어떻게 호출되었는지 상관없이 this 값을 직접 정하는 방식이다.

▶ 참고사이트

https://developer.mozilla.org/ko/docs/Web/JavaScript/Reference/Operators/this

화살표 함수에서의 this 키워드

JavaScript의 this 키워드는 항상 개발자에게 혼란을 야기했다. 전통적인 JavaScript에서 this 키워드의 스코프는 함수가 실행될 때를 기준으로 한다. 이 변경의 중요성을 이해하기 위해 다음 예제를 살펴보자.

```
function Book(title) {
  this.title = title;
  this.printTitle = function () {
    this.title = this.title + " by Sachin Ohri";
    console.log(this.title);
  }
}
var typeScript = new Book("TypeScript By Example");
setTimeout(typeScript.printTitle, 1000); // 함수 호출
setTimeout(function() {typeScript.printTitle();},2000); // 메서드 호출
```

앞의 함수가 실행되면 다음과 같은 결과가 나온다.

```
undefined by Sachin Ohri
TypeScript By Example by Sachin Ohri
```

첫 번째 setTimeout 함수에서 printTitle은 객체로부터 분리된 메서드이기 때문에 함수 호출이므로 this는 window를 가리킨다. 그런데 window의 title은 한 번도 설정된 적이 없으므로 undefined이다. 그러나 두 번째 setTimeout 함수에서의 printTitle은 메서드 호출이므로 this는 메서드의 상위 스코프인 typeScript 객체를 가리키고, title은 앞의 생성자 호출에 의해 설정된 "TypeScript By Example" 값을 더해 "TypeScript By Example by Sachin Ohri"가 된다.

화살표 함수는 이렇게 실행 시에 범위를 지정하는 것이 아니라 선언 시에 this를 할당해 버림으로써 this의 스코핑 문제를 해결한다. 다음은 화살표 함수를 사용하는 경우의 예인데 모두 "TypeScript By Example by Sachin Ohri"를 반환한다.

```
function Book(title) {
  this.title = title;
  this.printTitle = () => console.log(this.title + " by Sachin Ohri");
}
var typeScript = new Book("TypeScript By Exmaple");
setTimeout(typeScript.printTitle, 1000);
setTimeout(function () { typeScript.printTitle(); }, 2000);
```

실행 당시의 컨텍스트 위에서 this 키워드를 사용해야 하는 경우 화살표 함수를 사용하지 않아야
한다.

선택적(Optional)/기본(default) 파라미터

JavaScript는 매우 유연한 언어이며 그 중에 한 예는 함수의 모든 파라미터가 선택적이라
는 점이다. 파라미터를 받을 수도 있고 안 받을 수도 있지만 JavaScript는 어떻게 하더라도
불평하지 않는다. 반면 TypeScript에서는 옵션이라고 명시적으로 선언하지 않으면 파라미
터가 반드시 필요하다. 다음 예제에서 length는 선택적(optional) 파라미터 length를 사용
한다.

```
function Book(title: string, length?:number){
}
```

앞의 코드에서 볼 수 있듯이 선택적 파라미터로 지정하려면 파러미터 뒤에 물음표(?)만 추
가하면 된다. 한 가지 주의해야 할 점은 선택적 파라미터는 모든 필수 파라미터가 정의된
후에 마지막에만 허용된다는 것이다.

기본(default) 파라미터를 사용하면 선택적 파라미터 또는 필수 파라미터에 기본 값을 지정
할 수 있다. 필수 파라미터에 기본 값을 지정하려면 undefined를 전달하면 된다. 다음 예제
는 length 파라미터에 기본 값을 할당한다.

```
function Book(title: string, length:number=300){
}
```

따라서 length 파라미터를 지정하지 않고 호출하면 함수는 300 값으로 가정한다. 기본 파
라미터가 필수 파라미터의 마지막에 있을 경우 TypeScript는 해당 파라미터를 선택적 파라
미터로 간주한다.

나머지(Rest) 파라미터

나머지 파라미터를 사용하면 함수에 가변 개수의 파라미터를 전달하고 배열로 사용할 수 있다. rest 파라미터는 파라미터 이름 앞에 생략 부호(세 개의 점)를 붙임으로써 정의한다. 함수를 호출할 때 여러 개의 파라미터를 전달할 수 있으며, 함수는 그것들을 배열 형식으로 받아들인다. 나머지 파라미터는 다음과 같이 정의한다.

```
function School (name: string, ...id:number[]){}
let harvard = new School("Harvard", 1,2,3,4,5);
```

두 번째 이후 전달된 모든 파라미터는 number 배열에 합쳐진다.

함수 오버로딩

함수 오버로드는 이름은 같지만 구현이 다른 여러 함수를 정의할 수 있게 해준다. 이 개념은 전통적인 객체지향 언어에서는 매우 보편적이지만 JavaScript에서는 그다지 중요하지 않았다. TypeScript도 함수 오버로드를 지원하지만 구문과 구현이 다소 어색하다.

TypeScript에서 함수 오버로드는 동일한 이름의 여러 함수를 정의하되 하나만 구현하여 이뤄진다. 구현된 함수는 모든 형태의 다른 함수 정의를 처리하고 호출된 형태에 따라 처리한다. 다음 예제에서는 두 개의 함수 오버로드와 모든 오버로드를 처리하는 하나의 구현을 정의한다.

```
function getCustomer(name:string):string;
function getCustomer(id:number):string;
function getCustomer(property:any):string{
    if(typeof property == 'string'){
        // 고객 이름에 따라 고객 정보 반환
    }
    else if(typeof property == "number"){
        // 고객 ID에 따라 고객 정보 반환
    }
    return "customer";
};
```

앞의 예는 getCustomer 함수에 두 가지 오버로드가 있다. 하나는 문자열을 입력 파라미터로 사용하고 다른 하나는 숫자를 입력 파라미터로 사용한다. 세 번째 함수는 입력 파라미터의 타입으로 any를 취하는 함수이다. 이 함수는 전달된 파라미터를 typeof 기준으로 구분하여 적절한 getCustomer 구현을 제공한다. TypeScript가 이렇게 동작하는 이유는 JavaScript에 함수 오버로드 기능이 없기 때문이다. 앞의 예제를 JavaScript로 변환한 코드는 다음과 같다.

```javascript
function getCustomer(property) {
  if (typeof property == 'string') {
    // 고객 이름에 따라 고객 정보 반환
  }
  else if (typeof property == "number") {
    // 고객 ID에 따라 고객 정보 반환
  }
  return "customer";
};
```

오버로드 함수 자체는 그대로인 것을 눈여겨보자.

타입스크립트의 클래스

클래스는 TypeScript에서 가장 인기 있는 기능 중 하나이다. 클래스와 인터페이스는 객체지향 코드를 작성하기 위한 주춧돌이다. 객체지향 프로그래밍은 다음과 같은 기능을 제공한다.

- ▶ 상속
- ▶ 다형성
- ▶ 캡슐화
- ▶ 추상화

이 섹션에서는 TypeScript의 클래스를 살펴보고 객체지향적인 방식으로 코드를 작성하는 방법을 살펴보겠다. 먼저 TypeScript에서 클래스가 무엇인지, 클래스를 어떻게 정의하는지 살펴보자. 그런 다음 클래스의 속성을 초기화하는 데 사용되는 constructor라는 특수 키워드를 살펴보겠다. 그리고 클래스의 프로퍼티와 메서드에 접근하는 방법을 살펴본다. 이해를 높이기 위해 class를 만들고 class의 모든 기능을 살펴본다.

TypeScript의 클래스에는 정적 프로퍼티, 추상 클래스, 상속과 같은 추가 기능이 있다. 이 섹션에서 그 주제도 살펴본다.

클래스 정의

C#이나 Java와 같은 프로그래밍 언어에 대한 배경 지식이 있다면 클래스에 대한 개념을 잘 알고 있을 것이다. JavaScript ES6 버전을 사용해 보았어도 클래스가 무엇인지 이해할 수 있을 것이다. 그러나 ES5 버전만 사용했던 JavaScript 개발자는 이전에 클래스를 사용하지 않았을 것이다.

클래스는 관련된(related) 프로퍼티와 메서드로 구성된 논리적 컨테이너와 같다. 여기에 관련된(related)이라는 단어는 특별한 의미가 있다. 만약 Book이라는 클래스를 정의하면 이 클래스에는 저자, 제목, 출판사 등과 같은 책과 관련된 것들이 포함된다. TVShow라는 클래스를 정의하면 이 클래스에는 캐스팅, 설명, 방영 시간처럼 TV 프로그램과 관련 항목들이 포함된다. 이렇게 클래스는 독립적인 구조를 가진 모든 항목들을 논리적으로 묶어서 코드를 조직화하는데 도움을 준다.

클래스는 객체를 만드는 데 사용되는 프로퍼티와 메서드를 포함하여 템플릿 형태로 구성된다. 각 객체는 동일한 프로퍼티와 메서드를 가진다. 클래스의 가장 중요한 기능은 애플리케이션 전체에서 사용할 수 있는 재사용 가능한 코드를 캡슐화하여 제공하는 것이다.

TypeScript는 기본적으로 클래스를 지원하여 코드를 논리적으로 캡슐화하기 쉽게 해준다. 이전 장에서 보았듯이 TypeScript는 ES5 또는 ES6 형식으로 변환할 수 있으므로 브라우저의 JavaScript 지원 여부를 걱정하지 않아도 된다.

TypeScript 클래스는 상속 및 추상 클래스를 지원하고 동시에 생성자나 접근 제어자 또한 지원한다. JavaScript 함수형 프로그래밍의 장점을 모두 유지하면서도 TypeScript는 많은 개발자에게 익숙한 객체지향 구조를 추가한다. 다음은 클래스 정의의 간단한 예이다.

```
class Book{
  public author:string;
  public title: string;
  public length: number;
  getFullTitle():string{
    return `${this.title} by ${this.author}`;
  }
}
let typeScript = new Book();
typeScript.title = "TypeScript by Example";
typeScript.author = "Sachin Ohri";
typeScript.length = 300;
```

클래스는 class 키워드와 그 뒤의 클래스 이름으로 정의한다. 그 다음 중괄호 안에 클래스와 관련된 프로퍼티와 메서드가 있다. 앞의 예제에서와 같이 세 개의 프로퍼티와 한 개의 메서드가 있는 Book이라는 클래스를 만들었다.

클래스의 객체를 생성하려면 new 키워드와 함께 객체의 이름을 사용한다.

T.I.P.

앞의 코드에서 볼 수 있듯이 모든 public 프로퍼티와 메서드에 도트(.) 연산자를 사용하여 객체에 액세스할 수 있다.

생성자

생성자는 클래스의 새 인스턴스를 초기화하는 데 사용된다. 객체 생성 시 클래스의 프로퍼티에 초기 값을 전달해야한다면 생성자를 사용한다. 생성자는 이름을 제외하면 클래스의 여느 다른 메서드와 비슷하다. 생성자의 이름은 항상 constructor이어야 한다. 다음 예제에서는 Book 클래스의 생성자를 사용하여 프로퍼티를 초기화한다.

```
class Book {
  public author: string;
  public title: string;
  public length: number;
```

```
    constructor(author:string, title:string, length: number){
      this.author = author;
      this.title = title;
      this.length = length;
    }
    getFullTitle(): string {
      return `${this.title} by ${this.author}`;
    }
  }
  let typeScript = new Book("Sachin Ohri", "TypeScript by Example", 300);
```

클래스의 새 인스턴스를 만들 때 생성자가 예상하는 파라미터를 전달한다. 생성자는 직접
호출하는 것이 아니라 클래스 이름과 new 키워드를 사용해 호출한다. 그러면 생성자 함수
를 실행하고 클래스의 새 인스턴스를 반환한다.

TypeScript에서는 파라미터가 다른 여러 개의 생성자를 사용할 수 있는 전통적인 언어와
달리 클래스당 하나의 생성자만을 만들 수 있다. TypeScript에서는 선택적 파라미터를 사
용하여 비슷한 효과를 낼 수 있다. 다음 예제에서는 세 개의 파라미터를 사용하는 생성자가
있다. 그러나 마지막은 물음표(?)를 사용했기 때문에 마지막 파라미터는 선택적 파라미터
이다.

이렇게 하면 하나의 생성자가 여러 형식을 가진 것처럼 작동할 수 있다.

```
  constructor(author:string, title:string, length?: number){
  }
```

생성자 파라미터

앞의 예에서 생성자를 사용하여 객체를 생성할 때 프로퍼티를 초기화하는 방법을 살펴보았
다. 파라미터를 클래스에 전달한 다음 생성자 내부에서 이러한 파라미터를 클래스의 프로
퍼티에 할당했다. 생성자 파라미터를 사용하면 간단한 방법으로 클래스에서 프로퍼티를 정
의하고 할당할 수 있다.

다음 예제에 title, author 및 length라는 세 가지 프로퍼티를 가진 클래스가 있다. 생성자
는 3 개의 파라미터를 취하고 프로퍼티에 할당한다.

```
class Book {
  public author: string;
  public title: string;
  public length: number;
  constructor(author:string, title:string, length: number){
    this.author = author;
    this.title = title;
    this.length = length;
  }
}
```

훨씬 짧은 다음 코드를 사용하여 동일한 작업을 수행할 수 있다. 여기서는 명시적으로 새 프로퍼티를 선언하지 않고 public 키워드를 생성자 파라미터 이름 앞에 배치한다. 이렇게 하면 TypeScript 컴파일러에게 파라미터와 이름이 같은 프로퍼티를 생성하길 원하며 생성자에 전달된 값과 같게 설정해야한다고 알려준다.

```
class Book {
  constructor(public author:string,
  public title:string, public length: number) {
  }
}
```

프로퍼티와 메서드

클래스에는 데이터와 동작을 제공하는 프로퍼티와 메서드가 포함될 수 있다. 다음 섹션에서 인터페이스를 살펴보겠지만 클래스와 인터페이스의 중요한 차이점 중 하나는 클래스에 메서드의 실제 구현이 포함되어 있는지 여부이다.

프로퍼티

클래스의 프로퍼티를 정의하는 두 가지 방법이 있다. 첫 번째 방법은, 이전 예제에서 사용한 것처럼 author, title, length 같은 프로퍼티를 정의하는 것이다. 이미 살펴본 바와 같이 도트(.) 구문을 사용하여 이러한 프로퍼티의 값을 설정하고 가져올 수 있다.

두 번째 방법은 사용자 지정 접근자를 사용하여 프로퍼티를 정의하는 것이다.

● 접근자(accessor)

접근자는 프로퍼티에 어떻게 접근할 수 있는지를 제어해주는 getter 및 setter 함수이다. 이것들은 특별한 구문을 가지고 있다. 다음 예제에서는 title 프로퍼티에 접근자를 사용한다. get, set 키워드를 사용하여 정의한다. 상위 레벨에서 접근자는 함수일 뿐이지만 둘 다 같은 이름을 가지고 있다.

```
class Book {
  private _title:string;
  get title():string{
    return this._title;
  }
  set title(value:string){
    if(value != ""){
      this._title = value;
    }
  }
}
let typeScript = new Book();
typeScript.title = "TypeScript By Example";
```

getter는 항상 이름 뒤에 빈 괄호를 포함한다. setter는 정확히 하나의 파라미터를 전달해야하며 반환 타입을 지정할 수 없다. 접근자 내부에서 프로퍼티에 필요한 특수한 작업을 할 수 있다. 클래스의 객체는 도트(.) 구문을 사용하여 프로퍼티에 접근한다.

● 메서드

메서드는 매우 직관적이다. 클래스 안에서 정의된 함수일 뿐이다. 다음은 앞서 Book 클래스에서 정의한 메서드의 예이다.

```
getFullTitle(): string {
  return `$this.title by $this.author`;
}
```

여기서 getFullTitle 메서드도 동일하게 클래스에서 도트(.) 구문을 사용하여 접근할 수 있다.

정적(static) 프로퍼티

정적 프로퍼티는 앞의 Book 클래스 예제에서 본 것처럼 클래스 인스턴스가 아닌 클래스 자체의 프로퍼티이다. 정적 프로퍼티의 장점은 클래스에 고유한 데이터를 저장할 수 있고 다른 인스턴스에서도 변경되지 않는다는 것이다. 다음 예제는 publisher라는 정적 프로퍼티가 있는 Book 클래스이다.

```
class Book {
  public author: string;
  public title: string;
  public length: number;
  static publisher: string = "Packt Pub";
  constructor(author:string, title:string, length: number){
    this.author = author;
    this.title = title;
    this.length = length;
  }
  getFullTitle(): string {
    return `${this.title} by ${this.author}`;
  }
}
let typeScript = new Book("Sachin Ohri","TypeScript by Example",300);
let publisher = Book.publisher; //Publisher property is available on the
class
```

title, author, length 프로퍼티는 클래스의 모든 인스턴스에서 사용할 수 있다. 각 인스턴스는 해당 인스턴스에 적합한 프로퍼티를 설정할 수 있다.

publisher 속성은 static 프로퍼티로 static 키워드를 접두사로 붙여 정의한다. 따라서 이 클래스는 class에서만 유효하며 인스턴스에서는 사용할 수 없다. publisher 속성을 참조하려면 Book 클래스 자체를 통해 참조해야한다.

▌상속

상속은 객체지향 프로그래밍의 기능 중 하나로 TypeScript를 사용하면 이 기능을 JavaScript 코드에서도 사용할 수 있다. 상속은 하위 클래스에 추가 기능을 만들어 기존 클래스를 확장할 수 있게 해준다. 상속의 이점은 코드 재사용이다. 부모 클래스에 공통된 프로퍼티와 메서드를 만들어 놓으면 자식 클래스는 그 프로퍼티와 메서드를 상속받는다. 그런 다음 특정 기능을 자식 클래스에 추가할 수 있다.

TypeScript에서 자식 클래스를 작성하려면 extends 키워드 뒤에 부모 클래스의 이름을 적으면 된다. 다음은 상속을 구현하는 예제이다.

```
1   class Book {
2       constructor(public author:string, public title:string, public length: number){
3       }
4       getFullTitle(): string {
5           return `${this.title} by ${this.author}`;
6       };
7   }
8
9   class TypeScript extends Book{
10      public releaseDate:string;
11  }
12
13  let typeScript = new TypeScript("Sachin Ohri","TypeScript by Example",300);
14  typeScript.
15          author              (property) Book.author: string ⓘ
16          getFullTitle
17          length
18          releaseDate
19          title
20
```

9행에서 볼 수 있듯이 부모 클래스인 Book을 확장하는 새로운 클래스 TypeScript를 만들었다. TypeScript 클래스에는 releaseDate라는 하나의 프로퍼티만 있지만 14행에서 볼 수 있듯이 TypeScript 클래스의 객체를 만들면 부모 클래스의 프로퍼티에도 접근할 수 있다.

이 예제와 같은 방법으로 부모 클래스에서 상속한 여러 자식 클래스를 만들 수 있으며, 이렇게 정의한 자식 클래스들은 자신의 프로퍼티와 메서드 외에도 부모 클래스의 모든 프로퍼티와 메서드에 접근할 수 있다.

Super

Super는 부모 클래스를 참조하는 TypeScript 키워드이다. 만약 자식 클래스에서 생성자를 정의했다면 반드시 super 키워드를 사용하여 명시적으로 부모 클래스의 생성자를 호출해야만 한다. 다음 예제에서 TypeScript 자식 클래스는 생성자를 가지고 있다.

```
class Book {
  constructor(public author:string,
    public title:string, public length: number) {
  }
  getFullTitle(): string {
    return `${this.title} by ${this.author}`;
  };
}
class TypeScript extends Book{
  constructor(author:string, title:string,
    length: number, public releaseDate:string) {
    super(author, title, length);
  }
}
```

이 경우 상위 클래스의 생성자에 필요한 파라미터를 전달할 수 있도록 super를 호출해야만 한다.

T.I.P.

부모의 생성자가 필요로 하는 파라미터가 있는데 자식 클래스에서 모든 파라미터를 정의하지 않은 경우 자식 클래스 인스턴스 생성 시 적절한 값으로 파라미터를 넘겨야 한다.

추상(Abstract) 클래스

추상 클래스는 정의한 모든 메서드를 구현할 필요가 없는 특별한 타입의 클래스이다. 추상 클래스의 주요 목적은 부모 클래스에서 공통적인 동작을 정의하고 하위 클래스에서 차이를 관리 할 수 있게 하는 것이다. 이 개념은 대규모 객체지향 애플리케이션 작성 시 매우 유용하다.

다음 예제는 추상 클래스와 추상 메서드를 정의하는 방법을 보여준다.

```
abstract class Book {
  constructor(public author:string, public title:string,
    public length: number) {
```

```
    }
  abstract getFullTitle(): string;
  }
```

클래스를 추상 클래스로 정의하려면 클래스 이름 앞에 abstract 키워드를 추가하기만 하면 된다. 앞에서 보았듯이 클래스의 메서드에도 동일하게 적용할 수 있다. 여기서는 세 개의 프로퍼티와 추상 메서드가 있는 추상 Book 클래스가 있다. 이제 부모 클래스를 확장하여 다음 코드처럼 getFullTitle 메서드를 구현한 하위 클래스를 만들 수 있다. TypeScript 하위 클래스 객체를 만들어 프로퍼티와 메서드에 접근할 수 있다.

```
class TypeScript extends Book{
  getFullTitle(): string {
    return `${this.title} by ${this.author}`;
  }
}
```

■ T.I.P. ▬▬▬▬▬▬▬▬▬▬▬▬▬▬▬▬▬▬▬▬▬▬▬▬▬▬▬▬▬
추상 클래스에서도 일반 클래스처럼 프로퍼티, 생성자, 메서드와 접근자를 똑같이 구현할 수 있다.

인터페이스

인터페이스는 TypeScript에만 있는 개념이며 JavaScript에는 없는 개념이다. 따라서 인터페이스를 작성해도 JavaScript로 변환되지 않는다. 인터페이스는 클래스에 강제할 수 있는 계약을 제공한다는 점에서 TypeScript에서 중요한 역할을 한다. TypeScript에서 인터페이스를 사용하여 고유한 사용자 정의 타입을 만들고 타입을 올바르게 사용했는지 컴파일 타임에 검사를 할 수 있다.

인터페이스는 프로퍼티와 메서드의 모음으로 구현이 없다. 이렇게 하는 기본 목적은 객체의 모양을 제공하는 것이다. 즉, 두 개의 프로퍼티와 하나의 파라미터를 사용하는 메서드를 가진 인터페이스가 있을 수 있다. 인터페이스는 메서드의 구현 방법을 지정하지 않고 메서드 서명만 지정한다. 메서드를 구현하는 것은 이 인터페이스를 구현하는 클래스의 책임이다.

인터페이스 정의

다음은 TypeScript에서 인터페이스를 정의하는 한 예이다.

```
interface IArticle{
    // 프로퍼티
    author:string;
    title:string;
    description: string;
    // 선택적 프로퍼티
    url?: string;
    // 메서드
    getFormattedDate():string;
}
```

인터페이스는 interface 키워드와 그 뒤에 오는 이름으로 정의한다. 인터페이스의 정의는 중괄호 안에 위치한다. 앞의 예제에서 볼 수 있듯이 인터페이스에 정의된 세 가지 프로퍼티가 있으며 각 프로퍼티에는 자체 데이터 형식이 있다.

함수의 선택적 파라미터와 마찬가지로, 위 예제의 url 프로퍼티에서 볼 수 있듯이 물음표(?)를 사용하여 선택적 프로퍼티를 정의할 수 있다.

인터페이스는 또한 앞의 예에서와 같이 메서드의 정의를 제공하지만 구현은 없다. getFormattedDate 메서드는 파라미터를 사용하지 않고 문자열을 반환하는 인터페이스 메서드이다.

덕 타이핑(duck typing)

덕 타이핑이라는 용어는 덕 테스트(duck test)에서 유래한다. 덕 테스트는 "만약 어떤 새가 오리처럼 걷고, 헤엄치고, 꽥꽥거리는 소리를 낸다면 나는 그 새를 오리라고 부를 것이다."라는 명제를 통해 대상을 확인하는 과정이다. 컴퓨터 프로그래밍 분야에서 덕 타이핑은 어떤 타입이 정의한 것과 동일한 프로퍼티와 메서드를 갖는 객체를 발견하면 해당 타입으로 취급할 수 있으며 명시적으로 해당 타입으로 표시할 필요가 없다는 것을 말한다. 다음 예제에서 볼 수 있듯이 TypeScript의 인터페이스는 덕 타이핑을 지원한다.

```
1   interface IArticle {
2     // 프로퍼티
3     author: string;
4     title: string;
5     // 메서드
6     formatdDate(): void;
7   }
8   class Article {
9     author: string;
10    title: string;
11    // 메서드
12    formatdDate(): void {
13      // 상세 구현
14    }
15  }
16  function news (article: IArticle) {
17    // 구현
18  }
19  let espn = new Article;
20  news(espn);
```

여기서는 두 개의 프로퍼티와 하나의 메서드를 가진 인터페이스를 정의했다. 또한 인터페이스와 동일한 서명을 가진 Article 클래스가 있다. 그리고 news라는 이름의 함수가 있다. 이 함수는 IArcticle 타입의 파라미터 한 개를 취한다. 20번째 행에서 볼 수 있듯이 명시적으로 Article클래스가 IArticle 인터페이스 타입이라고 선언하지 않았음에도 Article 클래스의 객체를 이 함수에 전달할 수 있다. 이것은 덕 타이핑(duck typing)이라고 하며 타입의 유연성을 제공하여 TypeScript에서 애플리케이션을 개발하는 데 매우 유용하다.

▍인터페이스 확장

클래스처럼 인터페이스도 다른 인터페이스로 확장될 수 있다. 이를 통해 기존 타입에서 새로운 사용자 정의 타입을 생성하여 재사용성을 높일 수 있다. 인터페이스를 확장하면 하위 인터페이스는 클래스와 마찬가지로 부모 인터페이스의 모든 프로퍼티와 메서드를 자동으로 상속받는다. 다음 예제는 인터페이스를 확장하는 방법을 보여준다.

```
interface IArticle{
  author:string;
  title:string;
}
interface IEspn extends IArticle{
  description: string;
}
let news: IEspn = {
  author:"ESPN",
  title: "Latest news",
  description:"Latest ESPN news"
}
```

TypeScript에서 인터페이스를 확장하려면 extends 키워드 뒤에 인터페이스 이름을 붙이면
된다. 앞의 예제에서 볼 수 있듯이 IEspn 인터페이스는 IArticle 인터페이스를 확장하므로
IArticle의 모든 프로퍼티를 포함한다. 인터페이스를 확장하면 다른 사용자 정의 타입에서
파생된 여러 사용자 정의 타입을 정의할 수 있다.

인터페이스 구현

인터페이스를 사용하여 정의한 사용자정의 타입이 있으면 다음 단계는 클래스를 사용하여
이러한 인터페이스를 구현하는 것이다. TypeScript에서는 클래스에 implements 키워드를
사용하여 인터페이스를 구현할 수 있다. 클래스가 인터페이스를 구현하면 TypeScript 컴파
일러는 모든 프로퍼티와 메서드가 클래스에 구현되었는지 여부를 확인한다. 이 검사는 클
래스가 인터페이스에서 정의한 계약을 준수하는지 확인하는 데 도움이 된다.

다음 예제는 클래스에서 인터페이스를 구현하는 방법을 보여준다.

```
interface IArticle{
  author:string;
  title:string;
  formatdDate():void;
}
```

```
class Article implements IArticle{
   author:string;
   title:string;
   formatdDate():void
      // 상세 구현
   }
}
let espn:IArticle = new Article();
```

앞의 예제에서 Article 클래스는 IArticle 인터페이스를 구현한다. 이 인터페이스는 TypeScript 컴파일러에 Article이 적어도 IArticle에 정의된 모든 프로퍼티와 메서드를 가져야한다고 지시한다. Article 클래스에는 다른 프로퍼티와 메서드도 있을 수 있지만 IArticle에서 정의한 프로퍼티와 메서드는 반드시 있어야 한다.

SNC에 기능 추가

이전 장에서 Sports News Combinator 애플리케이션에 하나의 컴포넌트를 만들고 그 안에 데이터를 채웠다. 예제 프로젝트는 Angular CLI(명령줄 인터페이스)로 만들어진 Angular와 TypeScript를 사용하고 있다. 다음은 이전 장에서 정의한 Sports News Combinator 아키텍처이다.

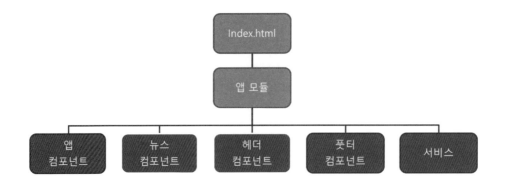

이전 장에서는 NewsComponent와 AppComponent를 개발했다. 이 섹션에서는 인터페이스와 함수를 사용해 기존 코드를 리팩토링하여 앱을 좀더 견고하게 만들어볼 것이다. 먼저 애플리케이션에 더 나은 모양과 느낌을 주기 위해 헤더와 풋터 같은 몇 가지 컴포넌트를 추가 할 것이다. Angular 관련해서는 바인딩과 삽입식 기법도 살펴볼 것이다.

모델 재구성

이전 장에서는 기사와 뉴스라는 두 가지 모델을 정의했다. 뉴스 모델은 3개의 프로퍼티와 기사 모델에 대한 참조가 포함되었다. 이제는 인터페이스를 사용하여 기사 인터페이스를 정의하고 Article 클래스에서 해당 인터페이스를 구현하도록 하겠다.

Article 클래스에 인터페이스 추가

먼저 모델 폴더에 IArticle이라는 새 파일을 만들고 IArticle 인터페이스에 다음 코드를 추가한다.

```
export interface IArticle{
  author:string;
  title:string;
  description: string;
  url:string;
  urlToImage:string;
  publishedAt:string;
  getFormattedDate():string;
}
```

IArticle 인터페이스에는 Article 클래스에 필요한 모든 속성과 ISO 형식에서 yyyy-mm-dd 형식으로 날짜를 변환하는 getFormattedDate 함수가 포함되어 있다. 첫 번째 라인에서 interface 키워드 앞에 export라는 또 다른 키워드가 있음을 알 수 있다. 다음 장에서 export에 관해 논의할 것이지만 여기서 export 키워드의 기본 정의와 사용 이유를 살펴보겠다. 인터페이스는 구현이 아닌 정의만을 제공해야 하기 때문에 이 인터페이스는 클래스에서 구현해야 한다.

특정 클래스/인터페이스가 다른 곳에서 참조된다면 해당 엔티티를 외부에 노출할 것이라고 알리는 방법이 필요한데, 클래스/인터페이스 앞에 export 키워드를 붙이면 된다. 여기서는 Article 클래스가 IArticle 인터페이스를 참조할 것이므로 IArticle 인터페이스를 export하고, Article 클래스에서는 IArticle 인터페이스를 import 하면 된다.

인터페이스가 구현이 아닌 정의만을 제공해야 하므로 이 인터페이스를 클래스에서 구현해야 한다.

이미 이전 장에서 작성한 Article.ts 클래스가 있다. 이제 Article 클래스에 IArticle 인터페이스를 구현해 보겠다. 이것은 클래스 이름 다음에 implements 키워드를 추가하고 인터페이스 이름을 정의하면 된다.

```
export class Article implements IArticle
  .....
}
```

앞에서 설명한 것처럼 Article 클래스의 IArticle 인터페이스를 import해야 한다. 따라서 Article.ts 파일 위에 다음 코드 줄을 추가한다.

```
import IArticle from './IArticle';
```

이렇게 하여 IArticle 인터페이스에 미리 정의된 계약을 따르는 클래스를 작성할 수 있다. 인터페이스를 정의할 때의 이점은 필요한 경우 동일한 인터페이스를 사용하여 다른 클래스에 형태를 제공하거나 IArticle 인터페이스를 확장하여 코드를 재사용할 수 있다는 점이다.

뉴스 모델 수정

뉴스 모델 클래스의 목적은 각 뉴스 채널에 있는 기사 모음을 캡슐화하는 것이다. 이제 이 클래스를 리팩토링하여 IArticle 인터페이스와 생성자를 사용해보겠다. 다음은 원본 news. ts 파일의 코드이다.

```
import Article from './article';
export class News {
  status:string;
```

```
    source:string;
    sortBy:string;
    articles: Article[];
}
```

우리는 네 가지 속성을 가지고 있는데 그 중 하나는 기사 배열을 위한 것이다. 첫 번째 작업은 이 장에서 배웠던 생성자 함수를 사용하여 세 개의 프로퍼티 값을 받아들이는 것이다.

```
constructor(public status:string, public source:string, public
sortBy:string ){}
```

이미 배운 것처럼 TypeScript는 생성자 파라미터를 통해 간편하게 프로퍼티를 정의하고 초기화할 수 있다. 앞의 코드는 TypeScript 컴파일러에게 객체 생성 시 전달된 세 개의 public 프로퍼티를 정의하고 값을 할당하라고 알려준다.

다른 작업은 기사 배열 속성을 접근자를 통해 수정하도록 하는 것이다. 이렇게 하면 Article 배열에 대한 get, set 프로퍼티를 정의할 때 예상된 값만 할당하도록 특별한 논리를 지정할 수 있다. 먼저 IArticle 타입의 private 프로퍼티를 정의한 다음 값을 할당하고 반환하는 setter와 getter를 만들 것이다.

수정된 News 클래스의 코드는 다음과 같다.

```
1    import {IArticle} from './IArticle';
2
3    export class News {
4
5        private _articles: IArticle[];
6        constructor(public status:string, public source:string, public sortBy:string ){}
7
8        get Articles():IArticle[] {
9            return this._articles;
10       }
11
12       set Articles(value: IArticle[]){
13           if(value.length > 0 ){
14               this._articles = value;
15           }
16       }
17   }
18
```

첫 번째 행에서 보듯이 IArticle 인터페이스를 import하면 IArticle 타입을 참조하고 할당할 수 있다. 8행과 12행에서 private 변수 _articles에 대한 getter와 setter를 정의한다.

인터페이스, 프로퍼티, 생성자, 접근자, 타입과 같은 기능을 사용하면 더 강력하고 이해하기 쉽고 오류가 없는 코드를 작성할 수 있다.

코어 컴포넌트

이전 섹션에서는 객체지향적이고 재사용이 가능하도록 코드를 리팩토링했다. 이러한 변경사항은 애플리케이션의 사용자 인터페이스에 아무런 영향을 미치지 않지만 코드를 보다 강력하고 유지하기 쉽도록 만든다. 이 섹션에서는 두 개의 새로운 컴포넌트인 헤더와 풋터를 애플리케이션에 추가해보겠다.

이전 장에서는 애플리케이션에 대한 헤더가 있었지만 뉴스 컴포넌트의 일부였다. 이 방법은 애플리케이션에 새로운 컴포넌트나 기능을 추가해야 할 때마다 헤더 HTML이 잘 포함되어 있는지 확인해야 하므로 그다지 확장적이지 않은 방법이다. Angular는 한 페이지에 여러 컴포넌트가 함께 결합될 수 있게 함으로써 이러한 문제를 해결한다.

헤더 컴포넌트

헤더 컴포넌트는 애플리케이션 이미지, 이름 그리고 4개의 뉴스 아울렛에 대한 내비게이션 기능을 가지고 있다. 사용자가 애플리케이션에 접근하면 기본 값으로 NFL 뉴스를 제공한다. 이전 장에서 보았듯이 Angular CLI는 템플릿 및 스타일시트와 함께 컴포넌트를 생성하는 ng generate 명령을 제공한다. Angular CLI는 app 모듈의 컴포넌트에 대한 참조를 추가한다. 이번에는 CLI를 사용하지 않고 대신 CLI를 통해 실행되는 단계를 보여주기 위해 다음 파일과 참조 사항을 수동으로 추가하여 컴포넌트를 생성해보겠다.

- ▶ 첫 번째 단계는 헤더 컴포넌트를 만드는 것이다. 헤더와 풋터 컴포넌트는 core 폴더 밑에 놓을 것이다. 먼저 core 폴더를 만든다. 그리고 core 폴더 안에는 header라는 폴더를 만든다.
- ▶ 컴포넌트는 세 부분으로 구성되며 각 부분에 대해 별도의 파일을 만든다.
  - 컴포넌트 파일 : header.component.ts라는 새 파일을 만든다. 이 파일은 헤더 컴포넌트의 클래스와 컴포넌트 HTML 및 스타일시트에 대한 참조를 포함한 코드를 가지고 있다.
  - HTML 파일 : 다음 파일은 탐색기능과 관련된 내용이 들어 있는 HTML 파일이다. 이 파일의

이름은 header.component.html이다.
- 스타일시트 파일 : HTML 파일과 유사하게 header.component.css라는 이름의 스타일시트 파일을 하나 갖게 된다.

▌ T.I.P.

HTML과 CSS를 컴포넌트 파일에 인라인으로 추가할 수 있었지만 HTML과 CSS가 여러 줄이기 때문에 이를 별도의 파일로 만들고 컴포넌트 데코레이터에서 참조하는 것이 더 좋다.

이제 각각의 파일을 살펴보고 헤더가 정상적으로 동작하도록 app 모듈을 변경해보자.

● 컴포넌트 파일

HTML과 일부 라우팅 링크를 제외하고 지금의 헤더 파일에는 별다른 로직이 없다. 따라서 단지 컴포넌트 파일에 컴포넌트 데코레이터를 정의하고 HTML과 CSS를 컴포넌트에 바인딩하기만 하면 된다. 컴포넌트 파일은 다음과 같다.

```
import { Component, OnInit } from '@angular/core';
@Component({
    selector: 'snc-header',
    templateUrl: './header.component.html',
    styleUrls: ['./header.component.css']
})
export class HeaderComponent implements OnInit {
    constructor() { }
    ngOnInit() {
    }
}
```

여기에서 흥미로운 점은 Angular CLI를 사용하여 헤더 컴포넌트를 생성하면 앞의 코드가 자동 생성된다는 것이다. 앞의 코드에서 컴포넌트 데코레이터에는 컴포넌트 선택자(selector), HTML 템플릿파일과 스타일시트 파일만을 정의하고 있다.

선택자는 다른 컴포넌트 파일에서 헤더 컴포넌트를 참조할 때 지시자로 사용된다. 이 장의 뒷부분에서 app 컴포넌트 파일은 헤더 컴포넌트를 참조할 것이다.

헤더 컴포넌트에는 코드만 가득하다. 네비게이션 바는 애플리케이션 로고와 뉴스 아웃렛의
링크로 구성된다. header.component.html 파일의 코드는 다음과 같다.

```html
<nav class="navbar navbar-light" style="background-color:whitesmoke">
  <a class="navbar-brand" href="#" style="padding: 10px">
    <img src="assets/Logo.png" width="35" height="35" alt="">
  </a>
  <div class="container-fluid">
    <div class="navbar-header">
      <a class="navbar-brand" href="#">Sports News Combinator</a>
    </div>
    <ul class="nav navbar-nav">
      <li><a routerLink="/nfl" routerLinkActive="active" >NFL</a></li>
      <li><a routerLink="/espn" routerLinkActive="active" >ESPN</a></li>
      <li><a routerLink="/fox" routerLinkActive="active" >FOX</a></li>
      <li><a routerLink="/bbc" routerLinkActive="active" >BBC</a></li>
    </ul>
  </div>
</nav>
```

스타일링은 트위터 부트스트랩을 사용했다. 따라서 헤더를 탐색 막대의 형태로 표시하려면
nav 태그를 사용하면 된다. 나머지 HTML은 앵커 태그에서 볼 수 있는 두 가지 속성을 제
외하고는 매우 간단하다. routerLink 및 routerLinkActive 속성은 Angular에서 라우팅을
할 때 사용한다.

라우팅은 내비게이션 규칙을 정의하는 한 가지 방법이다. Angular는 라우팅 기술을 사용
하여 URL을 index.html에서 로드해야 하는 컴포넌트와 매핑한다. routerLink는 사용자
가 링크를 클릭할 때 연결되는 URL을 정의한다. Angular는 routingLink와 @angular/
route에서 정의한 모듈을 통해 라우팅한다. 다음 장에서 라우팅에 대해 설명한다.

풋터(footer) 컴포넌트

풋터 컴포넌트는 HTML에서 단 하나의 차이점만 제외하고는 헤더 컴포넌트와 매우 유사하
다. 헤더 컴포넌트처럼 core 폴더에 footer 컴포넌트를 만든다. 풋터의 HTML과 CSS에 대
해서는 GitHub에서 코드를 참조할 수 있다.

앱(app) 컴포넌트

Angular는 모듈에 필요한 모든 종속성과 시작 컴포넌트를 지정하는 시작 모듈을 가지고 있다. 여기서는 app.module.ts 파일이 있다. app.module.ts 파일을 보면 NgModule의 bootstrap 프로퍼티를 볼 수 있는데, 이 프로퍼티에서 정의한 컴포넌트는 Angular에서 시작 컴포넌트로 사용한다. 다음은 app 모듈 파일의 코드이다.

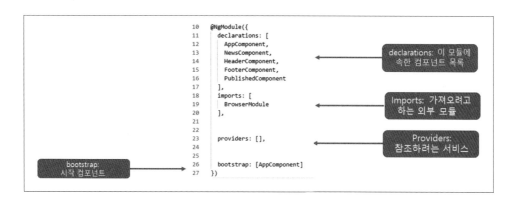

이 스크린샷은 NgModule의 다양한 컴포넌트와 용도를 보여준다. Angular가 app.module 파일을 로드하면 부트스트랩 컴포넌트를 확인한 다음 이 컴포넌트를 렌더링한다. 여기서는 AppComponent이다. 따라서 appcomponent.html 파일에 있는 뉴스 컴포넌트와 함께 헤더와 풋터 컴포넌트를 선언하여 Angular가 세 가지 컴포넌트를 모두 로드하여 단일 웹 페이지를 구성하게 한다.

템플릿과 삽입식(interpolation)

Angular에는 구현의 대부분을 차지하는 두 가지 기본 항목이 있다. 바로 컴포넌트와 템플릿이다. 이전 장에서 컴포넌트를 자세히 살펴보았고 다음 장에서도 컴포넌트와 관련 기능에 대해 심도 있게 다룰 것이다. 여기에서는 템플릿, 데이터 바인딩, 삽입식에 대해 설명한다.

Angular로 사용자 인터페이스를 만들기 위해 HTML을 정의하지만 기본 HTML만 가지고 는 풍부하고 강력한 사용자 인터페이스를 만들기가 어렵다. Angular는 사용자 인터페이스에 힘을 실어 줄 수 있는 데이터 바인딩과 지시자(directive)를 제공한다. Angular 데이터 바인딩은 정보 표시와 사용자 액션에 응답하는 기능을 제공하며 Angular 지시자를 사용해 if 문이나 for 루프도 사용할 수 있다.

템플릿

이전 장에서 템플릿에 대해 논의했으므로 여기서는 템플릿의 개요를 살펴보겠다. 여기서는 데이터 바인딩과 지시자에 초점을 두고 살펴본다.

컴포넌트를 만들 때 HTML 컴포넌트에 대해 별도의 파일이 있는 것을 확인했다. 이 파일에 대한 참조는 컴포넌트 클래스의 메타데이터 중 templateUrl 속성에서 정의한다. Angular가 컴포넌트를 로드하면 컴포넌트 메타데이터에서 템플릿의 위치나 CSS 위치와 같은 다양한 속성을 확인한다. 템플릿을 식별하면 Angular가 페이지에서 컴포넌트의 HTML을 처리하고 렌더링한다.

Angular는 컴포넌트에 대한 템플릿을 정의하는 몇 가지 방법을 제공한다.

- ▶ 인라인 템플릿 : 이는 컴포넌트 파일 내부에 정의된 HTML 컴포넌트이며 사용자 인터페이스에 대해 별도의 파일을 만들지 않는다. 이 HTML이 몇 줄 안 되는 경우 컴포넌트 데코레이터에서 쉽게 관리할 수 있으므로 유용하다.
- ▶ 링크 템플릿 : HTML이 여러 줄이 되는 경우 템플릿을 별도의 파일로 정의하는 것이 좋다. 이 파일에 대한 링크는 컴포넌트 메타데이터의 templateURL 프로퍼티에 정의한다. HTML을 별도의 파일에 저장하면 코드를 관리하기 쉽고 HTML에 적절한 인텔리센스를 제공할 수 있다.

지시자(Directive)

지시자는 처음부터 Angular에 포함되어 있었다. Angular1(AngularJS)에는 많은 지시자가 있지만 Angular 2/4에서는 일부만 선택했다. 지시자는 HTML을 확장할 수 있는 사용자 정의 HTML 태그이다. Angular 지시자를 사용하면 작은 HTML 컴포넌트를 만들 수 있다. 이 컴포넌트를 함께 사용하여 전체 웹 페이지를 만들 수 있다. 이러한 방법으로 여러 개의 재사용 가능한 템플릿을 만들어 애플리케이션에서 공유할 수도 있다. 지시자는 플러그 앤 플레이 템플릿처럼 사용할 수 있는 사용자 지정 컨트롤로 생각할 수 있다.

현재 애플리케이션에서도 Angular 지시자를 사용하고 있다. 현재 구현을 살펴보고 지시자의 작동 방식을 이해해 보자.

NewsComponent, HeaderComponent, FooterComponent처럼 컴포넌트 메타데이터에서 선택자를 정의한 경우 컴포넌트를 지시자로 사용할 수 있다. 즉, 선택자를 HTML 태그로 사용하여 해당 컴포넌트를 다른 컴포넌트에 삽입할 수 있다. 다음 코드는 컴포넌트 선택자를 정의하는 방법을 보여준다.

```
7   @Component({
8     selector: 'snc-news',
9     templateUrl: './news.component.html',
10    styleUrls: ['./news.component.css']
11  })
12  export class NewsComponent implements OnInit {
```

이 코드는 NewsComponent에서 가져온 것으로 8행에서 컴포넌트 선택자를 정의한다. 선택자 snc-news는 뉴스 컴포넌트와 관련된 HTML을 나타낸다. 이 선택자를 다른 컴포넌트에서 참조하면 이 선택자는 지시자로서 참조될 수 있다.

다음은 snc-news를 지시자로 사용한 AppComponent HTML 파일의 코드이다. 뉴스 컴포넌트 지시자의 3행을 확인한다.

```
1   <div>
2   <snc-header></snc-header>
3   <snc-news></snc-news>
4   <snc-footer></snc-footer>
5   </div>
6
```

비슷하게 헤더와 풋터 지시자도 있다.

따라서 지시자를 사용하는 첫 번째 단계는 컴포넌트의 선택자 이름을 다른 컴포넌트의 HTML 태그로 사용하는 것이다. 컴포넌트의 템플릿을 표시할 때 Angular는 해당 이름의 선택자가 있는 컴포넌트를 찾는다. 이 경우 Angular가 AppComponent 템플릿을 표시하면 컴포넌트가 헤더, 풋터 그리고 뉴스 컴포넌트를 확인한다. 이렇게 하면 수백 개의 작은 템플릿을 정의할 수 있으며, 이 템플릿을 사용하여 재사용 가능하고 유지 보수가 용이하며 느슨하게 결합된 코드를 만들 수 있다.

그렇다면 Angular는 이 지시자를 어디에서 찾으며 그리고 어떻게 지시자가 나타내는 HTML을 불러들일 수 있을까?

Angular의 지시자 로드 절차

앞서 본 것처럼 app 컴포넌트 HTML 페이지에서 snc-news 지시자를 사용하지만 snc-news가 무엇인지, 이 지시자를 어디서 참조해야 하는지, 이 지시자에 대한 HTML은 무엇인지 어떻게 알 수 있을까? 이러한 질문에 대한 답은 Angular가 모듈을 검색하는 방법에 있다.

앞에서 설명한 것처럼 Angular 애플리케이션은 여러 모듈로 구성되며 각 모듈은 여러 컴포넌트와 지시자를 포함하고 있다. 이러한 모듈은 컴포넌트가 지시자와 종속성을 해결하는 경계점으로 작동한다. 따라서 Angular는 지시자를 로드해야 할 때 컴포넌트 모듈 안에서 해당 지시자가 있는지 확인한다.

모든 Angular 애플리케이션에는 적어도 하나의 모듈, 즉 AppModule이라 불리는 root 모듈이 있어야 한다. 우리 애플리케이션에서 AppModule은 루트 컴포넌트, 즉 AppComponent를 가지고 있다. 이것은 AppComponent가 이제 AppModule에 속한다는 것을 의미한다.

> **T.I.P.**
>
> Angular 컴포넌트는 하나의 Angular 모듈에만 속할 수 있다.

AppModule 파일을 보면 이 모듈에는 AppComponent뿐만 아니라 NewComponent, HeaderComponent와 FooterComponent도 포함되어 있다. 따라서 Angular가 AppComponent를 로드하고 AppComponent 템플릿에서 참조되는 지시자를 찾으면 먼저 AppComponent가 있는 모듈, 즉 AppModule에서 해당 지시자가 있는지 검색을 한다.

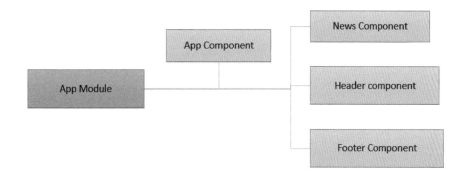

Angular 모듈에서 지시자를 표시하는 데는 두 가지 방법이 있다. 하나는 NewComponent, HeaderComponent, FooterComponent에서와 마찬가지로 Angular 모듈에서 컴포넌트를 선언하는 것이다. 또 다른 방법은 컴포넌트가 이미 다른 Angular 모듈에서 선언된 경우 NgModule에서 BrowserModule을 import한 것처럼 해당 모듈을 import하는 것이다.

Angular 내장 지시자

애플리케이션에서 작성한 지시자처럼 Angular도 내장 지시자를 제공한다. 여기서는 내장된 지시자 중 *ngIf와 *ngFor 두 가지를 살펴본다.

이러한 지시자는 기존 요소를 추가, 제거 및 수정하여 기존 템플릿의 구조를 수정하기 때문에 구조 지시자(structural directive)라고 한다. 이러한 지시자는 BrowserModule에 포함되어 있으므로 AppModule처럼 BrowserModule을 import한 모듈이라면 아무 곳에서나 참조 및 사용할 수 있다. 지시자 앞에 있는 별표(*) 기호는 구조 지시자를 식별하기 위해 Angular에서 사용하는 용어이다.

● *ngIf 지시자

이름에서 알 수 있듯이 *ngIf는 if 표현식이 true인지 false인지에 따라 HTML에 요소를 추가하거나 제거하는 데 사용할 수 있는 if 조건을 제공한다. 표현식이 true로 평가되면 dom에 엘리먼트를 추가한다. 만약 표현식이 false로 평가되면 엘리먼트를 제거한다. 다음 예제에서는 *ngIf의 사용법을 보여준다.

```
<div class='table-responsive'>
  <table class='table' *ngIf='articles && articles.length'>
    <thead> ...
      </thead>
        <tbody> ...
      </tbody>
    </table>
</div>
```

여기에서 두 번째 행에서는 기사 배열의 표현식을 평가하기 위해 *ngIf를 사용했다. if 조건을 사용하여 article 배열이 null이 아니며 배열의 요소가 1개 이상이 있는지 확인한다. 그렇다면 HTML 엘리먼트를 조건에 표시하고 그렇지 않으면 HTML 엘리먼트를 무시한다.

● *ngFor 지시자

*ngFor 지시자는 dom에 있는 엘리먼트 집합을 반복하는 데 사용된다. HTML 블록을 정의하고 *ngFor로 감싼다. Angular가 *ngFor 지시자를 발견하면 평가된 표현식을 기반으로 HTML 블록을 여러 번 반복한다. *ngFor를 사용하는 다음 예제를 살펴보자.

```
<tbody>
  <tr *ngFor='let article of latest_news.Articles'>
    <td></td>
    <td>{{ article.urlToImage }}</td>
    <td>{{ article.title }}</td>
    <td>{{ article.description }}</td>
    <td>{{ article.author }}</td>
    <td>{{ article.publishedAt }}</td>
  </tr>
</tbody>
```

앞의 예제는 테이블의 행에 기사를 표시하려고 한다. 하나의 테이블 행에 자식 엘리먼트를 정의했다. 기사의 개수만큼 테이블 행 엘리먼트와 하위 엘리먼트가 반복된다. 반복되는 각각의 객체는 let 키워드를 사용해 참조할 수 있다. let 키워드로 정의한 객체는 엘리먼트, 형제 엘리먼트 또는 자식 엘리먼트 어디에서나 참조할 수 있다.

바인딩

고도의 대화형 애플리케이션을 구축하려면 컴포넌트의 데이터를 템플릿에 바인드할 수 있는 메커니즘이 필요하다. 또한 템플릿의 데이터 값이 변경되거나 이벤트가 발생하는 경우 애플리케이션에서 관련된 프로퍼티를 식별하거나 메서드를 호출할 수 있어야 한다. Angular에서 이 모든 것은 데이터 바인딩 기술을 사용하여 이루진다.

Angular는 여러 타입의 바인딩을 제공하며 각각의 유형을 살펴보자.

● 삽입식

삽입식은 컴포넌트와 템플릿 간에 단방향 바인딩을 제공한다. 단방향 바인딩은 데이터 흐름이 컴포넌트 속성에서 연관된 템플릿 태그까지만 발생한다는 것을 의미한다. 템플릿에 변경 사항이 있는 경우 컴포넌트에는 이러한 값이 업데이트되지 않는다. 다음은 템플릿에서 삽입식을 사용하는 방법에 대한 몇 가지 예이다.

```
1    <h4>{{source}}</h4>
2    <h4>{{'News Outlet: ' + source}}</h4>
3    <h4 innerText={{source}}></h4>
4    <h4>{{getSource()}}</h4>
```

해당 컴포넌트 코드는 다음과 같다.

```
12   export class NewsComponent implements OnInit {
13
14     source:string = "nfl";
15
16     getSource():string {
17       return this.source;
18     };
```

앞의 예에서 보이는 것처럼 삽입식을 구현하는 방법은 여러 가지가 있다. 네 가지 모두 nfl이 사용자 인터페이스에 표시된다. 1행은 컴포넌트의 프로퍼티(14행)가 HTML 엘리먼트에 직접 매핑되는 가장 간단한 삽입식 형태이다.

삽입식은 중괄호로 묶인 프로퍼티나 표현식으로 정의된다.

2행과 같이 문자열 연결 작업을 수행하거나, 4행처럼 컴포넌트 클래스에서 메서드를 호출할 수도 있다. 3행처럼 삽입식을 사용하여 HTML 엘리먼트 속성에 값을 채울 수도 있다.

Angular가 삽입식 구문을 찾으면 템플릿은 정의된 컴포넌트에서 표현식을 평가한다. 표현식을 평가한 후에 Angular는 이 값을 HTML 엘리먼트에 지정한다.

● 프로퍼티 바인딩

프로퍼티 바인딩은 삽입식의 또 다른 형태이다. 이를 통해 HTML 엘리먼트의 기존 프로퍼티를 컴포넌트에 정의된 프로퍼티나 메서드에 바인딩할 수 있다. 다음은 프로퍼티 바인딩 구문이다.

```
<img [src] ='article.url'></img>
```

앞의 예에서는 img 태그의 소스 프로퍼티를 article 객체의 URL 프로퍼티에 바인딩했다. 다음은 삽입식으로 동일한 바인딩을 하는 방법의 예이다.

```
<img src ={{article.url}}></img>
```

여기 삽입식에서는 속성이 대괄호가 아닌 중괄호로 묶는다. 삽입식과 마찬가지로, 프로퍼티 바인딩도 단방향 바인딩이다.

● 양방향 바인딩

삽입식을 사용하면 HTML 템플릿과 컴포넌트 프로퍼티 간에 단방향 바인딩을 할 수 있다. 단방향 바인딩으로는 요구 사항을 만족시키지 못하는 경우가 있다. 사용자가 사용자 인터페이스에서 수정한 값을 컴포넌트에 반영하고 싶은 경우도 있다. 이런 것을 양방향 바인딩이라고 한다.

Angular에서는 ngModel 지시자를 사용하여 양방향 바인딩을 할 수 있다. 다음은 ngModel의 샘플 구문이다.

```
<input [(ngModel)]="name">
```

ngModel 지시자는 대괄호로 묶여 있으며 괄호로 모델 이름을 묶는다. 대괄호-[]는 컴포넌트에서 HTML 입력 엘리먼트로의 프로퍼티 바인딩을 나타내며 괄호-()는 사용자 액션 알림을 관리하기 위한 이벤트 바인딩을 나타낸다.

이 경우 입력 상자 안의 값이 수정될 때마다 이벤트가 생성되어 컴포넌트에 발생 사실을 알려준다. 컴포넌트 프로퍼티에 변경이 발생하면 사용자 인터페이스로 전파된다.

이전의 모든 변경 사항을 통해 이제 헤더와 풋터 컴포넌트가 있는 애플리케이션을 갖게 되었다. 다음 스크린샷은 애플리케이션이 지금 어떻게 보이는지 보여준다.

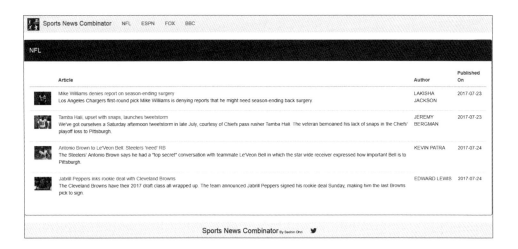

애플리케이션 레이아웃이나 데이터가 크게 변경되지 않았음을 알 수 있다. 다음 장에서 최종 버전을 만들 것이다.

요약

이번 장에서는 TypeScript와 Angular의 새로운 개념을 학습하는 데 중점을 두었다. TypeScript의 함수, 클래스, 인터페이스 그리고 Angular의 템플릿과 삽입식에 대해 살펴보았다. 헤더와 풋터를 추가하여 애플리케이션의 사용자 인터페이스를 향상시켰으며 인터페이스를 사용하고 클래스의 코드 구조를 수정하여 코드를 객체지향적으로 만들었다. 이제 웹 서비스 호출 및 라우팅과 같은 기능을 제외하면 TypeScript와 Angular로 웹 애플리케이션을 만들 수 있는 충분한 지식을 쌓았다.

다음 장에서는 스포츠 뉴스를 가져오기 위한 웹 서비스 호출을 포함하여 Sports News Combinator 애플리케이션에 더 많은 기능을 추가할 것이다. 데코레이터 패턴이 무엇인지 그리고 Angular에서 어떻게 사용되는지 살펴보고 HTTP 모듈과 라우팅에 대해 배워 보도록 하자.

Sports News Combinator

이번 장에서는 Sports News Combinator(SNC) 애플리케이션의 마무리 작업을 할 것이다. 지금까지는 실행중인 애플리케이션의 데이터는 모든 데이터가 하드코딩되었으며 다른 뉴스 소스에 대한 라우팅도 없었다.

이전 장에서는 TypeScript 함수, 클래스, 인터페이스와 기타 객체지향 코드를 작성하는 방법에 대해 배웠다. 또한 컴포넌트의 데이터를 표시할 수 있는 방법의 핵심인 Angular 템플릿과 바인딩을 중점적으로 살펴보았다.

이번 장에서는 다음 내용을 중점적으로 살펴보도록 하자.

> ▶ TypeScript의 데코레이터 : @Component와 @NgModule라는 이름으로 애플리케이션에서 데코레이터를 사용했다. 여기서는 데코레이터가 무엇인지, 어떻게 만들 수 있는지 살펴본다.
>
> ▶ SNC 기능 추가 : 애플리케이션의 마지막 기능인 서비스를 추가할 것이다. 서비스는 웹 서비스를 호출하여 실시간 데이터를 가져오고, 다른 탭 사이의 탐색을 제공하는 라우팅을 가능하게 해준다.
>
> ▶ Angular 서비스 : 애플리케이션에 기능을 추가함과 동시에 Angular의 서비스 개념에 대해 알아본다.
>
> ▶ Angular 라우팅 : 라우팅을 구현하기 위해 URL을 기반으로 하는 Angular 내장 라우팅을 사용할 것이다. 여기서 라우팅 개념을 간단히 살펴볼 것이다.

이 장의 끝에서 모든 준비를 마치고 서비스가 가능한 애플리케이션을 만들 것이다.

데코레이터

데코레이터는 새로운 프로그래밍 개념이 아니지만 파사드 패턴(facade pattern : facade는 건물의 정면을 의미한다. 파사드 패턴은 소프트웨어 디자인 패턴의 하나로 통일된 인터페이스를 통해 복잡한 서브 시스템을 간단히 사용하도록 만든 패턴이다)이나 플라이웨이트 패턴(flyweight pattern : flyweight는 권투, 레슬링 등의 스포츠에서 50Kg 내외의 경량급 선수를 말한다. 소프트웨어 디자인 패턴에서는 객체 내부에서 참조하는 객체를 매번 만드는 것이 아니라, 없다면 만들고 있으면 기존 객체를 공유하여 메모리 사용을 최소화하는 패턴이다)과 같은 구조적 디자인 패턴의 하나이다. JavaScript에서 데코레이터는 현재 Stage 2 단계에 있기는 하지만 아직 공식 JavaScript 버전에서는 데코레이터 패턴이 없다. TypeScript에서도 데코레이터는 실험적 기능으로, ECMA가 JavaScript에서 구현을 마무리하는 방법에 따라 구현이 변경될 수 있다.

데코레이터 디자인 패턴의 상태가 어떤지 살펴보고 어떻게 적용할 수 있는지 살펴보겠다. 그런 다음, 데코레이터 패턴의 TypeScript 구현을 살펴볼 것이다. Angular에는 @Component, @NgModel, @Injectable과 같은 데코레이터가 있으며 간단히 살펴보겠다.

데코레이터 디자인 패턴

데코레이터 디자인 패턴은 클래스를 수정하지 않고 클래스의 기능을 확장할 수 있는 구조적 패턴의 하나이다. 이것은 별도의 클래스를 생성하고 이 새로운 클래스로 메인 클래스를 래핑하여 새로운 기능을 추가할 수 있게 함으로써 가능하다. 이 패턴은 클래스에서 단일 책임 원칙을 지킬 수 있는지 확인하도록 한다. 클래스는 계속해서 본인의 주요 책임에 초점을 맞출 수 있으며 클래스가 초기화될 때 활성화되는 데코레이터를 사용하여 새로운 기능들을 추가할 수 있다. 데코레이터 클래스의 로직은 객체 생성 시 실행되기 때문에 데코레이터 패턴을 사용하면 전체 기능에 신경 쓰지 않고 특정 인스턴스에 초점을 맞출 수 있다. Java 또는 C#과 같은 언어로 작업한 경우 어노테이션이나 속성 형식으로 데코레이터를 사용했을 것이다. 이러한 어노테이션이나 속성은 데코레이팅된 클래스 또는 메서드에 확장된 기능을 제공한다.

TypeScript는 데코레이터 패턴을 래핑(wrapping)하여 영향을 받는 클래스에 어노테이션을 추가하여 기능을 추가할 수 있다. 래핑 패턴의 장점은 기존 코드에서 눈에 띄지 않으며 특정 클래스에서 플러그 앤 플레이로 사용할 수 있다는 것이다. 관점 지향(aspect-oriented) 프로그래밍은 클래스와 함수에만 어노테이션을 추가하는 데코레이터 패턴에 기반하고 있으며 로깅이나 예외 처리와 같은 외부 기능을 제공한다.

데코레이터 디자인 패턴에 대해 심층적으로 알아보려면 다음 페이지를 참조한다.

▶ http://www.dofactory.com/net/decorator-design-pattern

이제 TypeScript가 데코레이터를 어떻게 사용하는지 살펴보자.

TypeScript 데코레이터

데코레이터는 JavaScript에서 제안된 기능으로 현재 Stage 2 단계에 있으며 확정되기까지는 몇 년 정도 더 소요될 가능성이 크다. 현재로서는 데코레이터의 기능이 변경될 가능성이 있다. TypeScript에서는 데코레이터가 1.5 버전에서 도입되었다. TypeScript는 데코레이터를 정확하게 그대로 사용한다. 따라서 최신의 TypeScript를 사용하면 데코레이터를 사용할 수 있으며 브라우저와의 호환성에 대해 걱정하지 않아도 된다.

> **NOTE**
>
> 데코레이터는 TypeScript가 얼마나 미래 지향적인지 보여주는 사례이며 브라우저에서 아직 사용할 수 없는 JavaScript의 기능을 사용할 수 있게 해준다.

TypeScript에서 데코레이터는 함수로 정의되며 클래스, 프로퍼티, 메서드에 추가하여 기능을 더할 수 있다. TypeScript의 데코레이터에는 여러 가지 형태가 있다. 각각의 형태는 클래스나 메서드와 같은 특정 타깃에 중점을 둔다. 이러한 데코레이터 간의 주요 차이점은 데코레이터 서명에 있다. 데코레이터는 실험적인 기능이므로 TypeScript 프로젝트에서 데코레이터를 명시적으로 활성화해야 한다. tsconfig.json 파일에서 compilerOptions 속성에 프로젝트에서 데코레이터를 사용할 것임을 명시하는 다음 플래그를 추가해야 한다.

```
"compilerOptions": {
  "experimentalDecorators": true,
  .....
}
```

SNC 애플리케이션에서 이 플래그가 이미 켜져 있음을 알 수 있다. Angular는 컴포넌트를 차별화하기 위해 데코레이터를 광범위하게 사용하기 때문이다. 그리고 Angular CLI로 프로젝트를 만들면 기본적으로 이 플래그가 추가된다.

TypeScript 데코레이터 정의

TypeScript의 데코레이터는 함수 정의일 뿐이므로 이론상으로 단지 TypeScript 함수를 작성하기만 하면 된다. 유일한 차이점은 데코레이터가 받는 파라미터의 타입이다. 다음은 데코레이터 함수의 가장 간단한 가능한 예제와 클래스에서의 사용 방법이다.

```
1    //데코레이터 정의
2    function logger (target:Function) {
3        // 데코레이터 로직 구현
4    }
5
6    // 데코레이터 Class에 적용
7    @logger
8    class Book {
9        constructor(private title: string){}
10   }
11
```

두 번째 행에서 하나의 파라미터를 취하는 표준 TypeScript 함수를 정의한다. 이 경우 파라미터는 Function 타입이다. 그런 다음 7번째 행에서 이 데코레이터를 사용한다. 이름 앞에 @ 기호가 붙는다. @(at) 기호는 TypeScript에게 이것이 데코레이터임을 알려주고 TypeScript는 클래스 실행 시 플러그인 형태로 실행한다.

이런 유형의 데코레이터를 클래스 데코레이터라고 한다. 클래스 데코레이터는 단 하나의 파라미터로 클래스의 생성자를 취한다. 알고 있는 것처럼 생성자는 함수일 뿐이며 때문에 target의 타입은 Funcion이다. TypeScript가 클래스를 실행할 때 클래스의 생성자를 데코레이터의 파라미터로 전달하므로 7번째 행처럼 데코레이터를 사용할 때 파라미터를 명시적으로 전달할 필요가 없다.

데코레이터 팩토리

앞의 예에서 간단한 데코레이터를 만들고 클래스에 주석을 다는 방법을 살펴보았다. 그러나 이것이 TypeScript에서 유일한 방법이었다면 매우 제한적으로 밖에 사용할 수 없었을 것이다. 실제 애플리케이션에서는 클래스 또는 함수의 데코레이터에 일부 사용자 정의 값을 전달할 수 있는 유연성이 필요하다. 이것 때문에 데코레이터 팩토리가 필요하다.

데코레이터 팩토리를 사용하면 클래스의 값을 데코레이터로 전달할 때 추가로 파라미터를 정의할 수 있다. 먼저 파라미터를 전달하기 위해 앞서 정의한 로거 데코레이터를 리팩토링

해보자. 첫 번째 단계는 이전에 로거용으로 작성한 것과 유사한 함수를 작성하는 것이지만 이제는 데코레이터가 클래스에서 받기를 원하는 파라미터를 갖고 있다. 두 번째 단계는 이 함수에서 클래스 타입 데코레이터의 서명이 있는 함수를 반환하는 것이다. 다음은 로거에 대한 리팩토링 코드이다.

```
1   //데코레이터 정의
2   function logger (name: string) {
3       return function(target:Function){
4           console.log('클래스: ${name}');
5       }
6   }
7
8   // 데코레이터 Class에 적용
9   @logger("Book")
10  class Book {
11      constructor(private title: string){}
12  }
```

앞의 코드에서 데코레이터가 Function 타입의 파라미터가 아닌 문자열을 파라미터로 받는 것을 알 수 있다. 즉, 클래스가 데코레이터에 전달해야 하는 파라미터가 있다면 원하는 만큼 파라미터를 추가로 정의하면 된다. 이 함수는 클래스 데코레이터를 정의하는 데 필요한 서명이 있는 함수를 반환하기 때문에 팩토리 함수라고 한다. 알고 있는 것처럼 클래스 데코레이터는 TypeScript의 클래스 생성자를 전달하는 function 타입의 파라미터 하나를 가지고 있으므로 내부 함수는 3행에서처럼 단일 파라미터를 허용하는 서명을 갖는다.

JavaScript와 TypeScript에서는 클로저(closure)라는 기능이 있기 때문에 factory 함수 내부에서도 데코레이터 함수에서 정의한 파라미터를 참조할 수 있다. 따라서 네 번째 행에서 name 속성에 접근할 수 있다.

이 파라미터는 9번째 행에서 볼 수 있듯이 클래스에 어노테이션이 달릴 때 파라미터로 전달된 값이다.

따라서 데코레이터 팩토리는 어노테이션이 달린 클래스, 함수 또는 프로퍼티에 추가로 파라미터를 전달할 수 있게 해준다. 이것은 데코레이터 함수를 반환하는 팩토리 함수를 통하여 가능한 일이다.

클래스 데코레이터

정의할 수 있는 모든 유형의 데코레이터 중에서 클래스 데코레이터가 가장 일반적이다. TypeScript가 구현된 로직을 해당 클래스의 생성자에 삽입하여 클래스의 기능을 향상시킬 수 있기 때문이다. SNC 애플리케이션과 나머지 장에서 빌드할 애플리케이션은 Angular 가 @Component로 정의한 데코레이터를 사용한다. 이것들은 클래스 데코레이터이며 Angular가 특정 클래스를 컴포넌트로 식별하고 런타임에 특정 행동을 할 수 있게 해준다.

클래스 데코레이터는 두 가지 방법으로 정의할 수 있다. 하나는 생성자 함수를 대체하는 데코레이터이고 다른 하나는 그렇지 않은 데코레이터이다. 이 둘은 클래스 데코레이터 함수에서 정의한 리턴 타입으로 구분할 수 있다.

다음 코드에서처럼 클래스 데코레이터는 클래스 생성자 타입의 파라미터 한 개를 받는다.

```
function logger (target: Function): void{
  console.log("로깅 기능 구현");
}
```

위 코드는 Function 타입의 파라미터 하나를 받아서 문자열을 출력하는 logger 함수이다. 이 데코레이터를 클래스에 사용하면 TypeScript는 클래스의 생성자를 파라미터로 데코레이터에 전달한다. 이 유형의 데코레이터는 아무것도 반환하지 않고 내부 코드를 실행한 뒤 클래스의 생성자로 흐름을 넘겨준다. 그렇기 때문에 반환 타입이 void이다.

클래스 생성자에 대한 반환 타입으로 void를 사용하면 생성자의 동작을 바꾸지 않고 추가 동작을 실행할 수 있다. 반면 데코레이터가 리턴 타입을 가지고 있다면 클래스의 생성자에서 정의한 동작을 데코레이터의 동작으로 대체하게 된다.

위 데코레이터는 단순히 데코레이터 함수가 성공적으로 호출되었음을 알려주는 기능만을 가지고 있다. 이제 다음과 같이 데코레이터를 클래스에 사용해보자.

```
// 클래스 데코레이터
@logger
class Book {
  constructor(private title: string) {}
}
```

데코레이터를 사용하려면 엔터티(클래스/함수/프로퍼티) 앞에 @기호와 데코레이터 이름을 지정하기만 하면 된다. 이렇게 하면 TypeScript에게 데코레이터 함수를 호출하고 Book 클래스의 생성자를 파라미터로 전달하여 함수를 실행하고 생성자로 돌아오라고 지시하게 된다. 위 코드를 실행하면 콘솔 창에 Logging Implemented 메시지가 출력된다.

데코레이터를 데코레이터 팩토리로 구현하지 않았기 때문에 데코레이터에 사용자 정의 값을 전달할 수는 없다. 다음 섹션에서 어떻게 할 수 있는지 살펴보자.

● 데코레이터에 파라미터 전달

이전 예제를 통해 TypeScript에서 데코레이터를 만드는 방법을 간단히 살펴보았다. 이제 데코레이터를 좀 더 유연하게 만들어보자. TypeScript는 이전에 보았듯이 데코레이터 팩토리라는 개념을 통해 사용자 정의 값을 데코레이터에 전달하여 처리할 수 있도록 하였다. 이 기능은 데코레이터가 클래스에서 정의한 다양한 기준에 따라 실행되도록 하기 때문에 매우 중요한 기능이다.

다음은 기존 코드를 리팩토링하여 하나의 name 파라미터를 받는 로거 데코레이터이다.

```
// 데코레이터 정의
function logger (name:string) {
  return function(target:Function) {
    console.log ('Class is: ${name}');
  }
}
```

여기서는 name을 파라미터로 받는 메인 함수 안에 데코레이터 함수가 래핑되어 있다. 이제 Book 클래스에 데코레이터를 사용하면 TypeScript는 다음 스크린샷과 같이 name 문자열 파라미터를 전달해야 한다고 알려준다.

```
 7
 8    // 데코레   logger(name: string): (target: Function) => void
 9    @logger()
10    class Book {
11        constructor(private title: string){}
12    }
```

TypeScript는 이 파라미터 값을 클래스의 생성자 함수와 함께 데코레이터로 전달한다. 다음은 Book 클래스의 업데이트 코드이다.

```
// 클래스 데코레이터
@logger("TypeScript")
class Book {
  constructor(private title: string){}
}
```

● 데코레이터 생성자 오버로딩

기본적으로 TypeScript의 클래스 데코레이터는 생성자를 재정의하지 않고 생성자 구현 위에 논리를 추가한다. 그러나 기존 생성자를 재정의하고 새로운 생성자 구현을 반환하는 데코레이터를 사용하려는 경우가 있다. 이것이 TypeScript의 장점이다. 생성자의 현재 구현을 오버라이드하는 데코레이터 구문은 이전 섹션에서 살펴본 구문과 매우 비슷하며 데코레이터의 반환 타입에 큰 차이점이 있다.

다음은 클래스의 생성자를 새로운 생성자로 대체하는 클래스 데코레이터의 구문이다.

```
1    //데코레이터 정의
2    function logger (name: string) {
3        return function <newFunction extends Function> (target: newFunction): newFunction{
4            let newConstructor: Function
5            // 새로운 constructor 구현
6            return <newFunction> newConstructor;
7        }
8    }
```

앞의 코드는 생성자를 오버라이드하고 데코레이터가 문자열 파라미터를 가진다. 2행은 생성자를 오버라이드하지 않았을 경우와 완전히 동일하다. 데코레이터로 어노테이션할 때 넘겨준 파라미터가 하나 있다. 마술은 3행부터 시작된다.

앞에서는 클래스의 생성자를 받아들이는 Function 타입의 단일 입력 파라미터가 있는 함수를 사용했는데 이 함수의 반환 타입은 void였다. 다음 코드는 그러한 예를 보여준다.

```
1    //데코레이터 정의
2    function logger (name: string) {
3        return function (target: newFunction){
4            console.log('클래스: ${name}');
5        }
6    }
```

생성자를 오버라이드하고 싶은 경우, 반환 값은 데코레이터로 전달된 생성자의 값과 같은 타입이어야 한다. 따라서 함수 타입을 newFunction이라는 제네릭(Generic : 코드 재사용성과 타입 안정성을 위해 클래스나 함수에서 사용할 타입을 인스턴스화 할 때 결정하는 기법) 타입으로 확장해야 한다. 이 newFunction은 반환되는 생성자의 타입을 나타낸다.

생성자를 오버라이드할 경우 반환되는 타입은 데코레이터 함수에서 파라미터로 받은 클래스 생성자와 같은 타입이어야 한다. 따라서 target 속성도 newFunction 타입이다. 이제 데코레이터에서 새로운 생성자를 반환하고 적절한 값을 할당했다. 이 데코레이터를 사용하는 것은 생성자를 오버라이드하지 않은 데코레이터를 사용하는 것과 정확히 동일하다.

메서드 데코레이터

클래스 데코레이터와 마찬가지로 메서드 데코레이터는 메서드에 어노테이션을 붙여서 추가 기능을 제공하는데 사용된다. 다음은 메서드 데코레이터 구문이다.

```
function writable(target: Object,
    propertyKey: string,
    descriptor: PropertyDescriptor) {
    console.log(`Setting ${propertyKey}.`);
    descriptor.writable = true;
}
```

파라미터가 한 개인 클래스 데코레이터와 달리 메서드 데코레이터에는 세 개의 파라미터가 있다. 첫 번째 파라미터는 클래스 데코레이터의 파라미터와 동일하며 정적 메서드인 경우 생성자를 가리키고 인스턴스 멤버인 경우 클래스의 프로토타입이다. 두 번째 파라미터는 데코레이팅 할 메서드의 이름이다. 세 번째 파라미터는 데코레이팅 메서드의 프로퍼티를 제어하는 데 사용할 수 있는 프로퍼티 설명자(descriptor)이다.

프로퍼티 설명자는 TypeScript 인터페이스이며 JavaScript ES5에서 소개된 기능이다. 프로퍼티 설명자는 메서드의 동작을 제어하는 데 사용할 수 있는 여러 속성을 가지고 있다. 다음은 이러한 속성의 일부이다.

```
interfacePropertyDescriptor {
  configurable?: boolean;
  enumerable?: boolean;
  value?: any;
  writable?: boolean;
  get? ():any;
  set? (v:any): void;
}
```

메서드 데코레이터를 사용하는 것은 매우 직관적이다. 메서드 위에 @와 함께 데코레이터 이름을 붙이면 된다.

```
class Book {
  constructor(private title: string){}
  @writable
  getDetails(name:string){}
}
```

메서드 데코레이터도 클래스 데코레이터에서 했던 것과 같은 방법으로 사용자 파라미터를 받을 수 있다. 똑같이 메인 함수에서는 사용자 파라미터를 받고 메서드 데코레이터를 반환하는 래퍼 함수를 만들면 된다. 다음은 한 개의 파라미터를 가진 writable 함수의 수정된 버전이다.

```
function writable (name:string) {
  return function (target: Object,
    propertyKey: string,
    descriptor: PropertyDescriptor) {
    console.log(`Setting ${propertyKey}.`);
    descriptor.writable = true;
  }
}
```

프로퍼티 데코레이터

프로퍼티 데코레이터는 클래스 데코레이터와 매우 유사하며 구문의 유일한 차이점은 데코레이팅된 속성의 이름을 나타내는 파라미터가 추가되었다는 것이다. 다음은 프로퍼티 데코레이터의 예제이다.

```
function propertyDecorator(target: Object, propertyKey: string) {
  // 데이터 로직 구현
}
```

프로퍼티 데코레이터에는 두 개의 파라미터가 있다. 첫 번째 파라미터는 static 객체인 경우 클래스의 생성자이며, 그렇지 않은 경우 프로퍼티를 포함하는 클래스의 프로토타입이다. 두 번째 파라미터는 데코레이팅된 프로퍼티의 이름을 정의하는 문자열이다.

프로퍼티 데코레이터의 사용법은 클래스와 메서드 데코레이터와 비슷한다. 프로퍼티에 @ 기호를 접두사로 하여 데코레이터 이름을 달기만 하면 된다.

파라미터 데코레이터

파라미터 데코레이터와 프로퍼티 데코레이터의 유일한 차이점은 세 번째 파라미터가 추가되었다는 것이다. 파라미터 데코레이터는 함수의 특정 파라미터에 적용된다. 함수의 어떤 파라미터에 데코레이팅되었는지 확인하기 위해 세 번째 파라미터를 사용한다. 다음은 TypeScript의 파라미터 데코레이터 구문이다.

```
function parameterDecorator(target: Object, propertyKey: string,
index:number) {
  // 데이터 로직 구현
}
```

처음 두 파라미터는 프로퍼티 파라미터와 완전히 동일하다. 첫 번째 파라미터는 클래스의 생성자를 나타내고, 두 번째 파라미터는 파라미터가 속한 함수의 이름이다.

세 번째 파라미터인 index는 데코레이팅된 함수에서 파라미터의 위치를 지정한다. 이 인덱스는 0부터 시작하는 인덱스이다. 따라서 첫 번째 파라미터의 인덱스는 0이 된다.

SNC 데코레이터

데코레이터 최고의 적용 사례는 Angular 구현에서 찾을 수 있다. 2장 첫 번째 애플리케이션 – Sports News Combinator에서 첫 번째 컴포넌트인 NewsComponent를 만들었을 때부터 데코레이터를 사용했다. Angular에서 컴포넌트와 메타데이터를 식별하도록 하기 위해 클래스 데코레이터를 사용했다. 다음은 NewsComponent에서 사용하는 데코레이터이다.

```
@Component({
  selector: 'snc-news',
  templateUrl: './news.component.html',
  styleUrls: ['./news.component.css']
})
export class NewsComponent
```

앞의 코드에서 보듯이 Component라는 클래스의 데코레이터가 있으며 여러 파라미터가 연결되어 있다. 자주 사용하는 파라미터로 selector, templateUrl와 styleURL가 있다.

SNC 추가 기능

이제 Sports News Combinator 애플리케이션의 최종 작업을 할 시간이다. 지금까지는 하나의 주요 컴포넌트인 NewsComponent를 만들었다. NewsComponent는 최신 스포츠 뉴스를 보여준다. 그리고 HeaderComponent와 FooterComponent 같은 몇 가지 핵심 컴포넌트를 만들어 애플리케이션의 표준 헤더와 풋터를 제공하도록 했다.

NewsComponent는 하드코딩된 데이터를 가져와서 해당 데이터를 사용자 인터페이스에 바인딩했다. 다음 다이어그램은 지금까지 개발해온 애플리케이션 아키텍처를 보여준다.

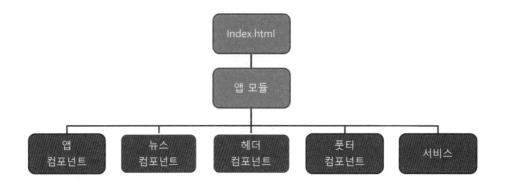

그리고 유일한 모듈인 App 모듈에 대한 참조를 가진 index.html 파일을 만들었다. 모든 컴포넌트는 이 App 모듈의 일부이다. AppComponent는 기본적으로 NewsComponent, HeaderComponent 및 FooterComponent와 같은 다른 컴포넌트의 조합으로 만들어진다. 애플리케이션에 최종적으로 다음 기능을 구현해야한다.

- ▶ 서비스 : 애플리케이션에 웹 서비스 호출을 담당할 서비스를 추가한다.
- ▶ HTTP 호출 : 서비스 레이어에서 Angular의 HTTP 인터페이스를 사용하여 Get 메서드로 최신 스포츠 뉴스를 가져온다.
- ▶ 라우팅 : 사용자가 서로 다른 뉴스 소스를 탐색할 수 있도록 Angular 라우팅을 사용한다.

다음 세 섹션에서 이러한 주제를 살펴보고 애플리케이션에 코드를 추가한다.

SNC에 서비스 추가

컴포넌트는 Angular로 작성된 모든 애플리케이션의 필수 기능이지만 지금까지의 요구사항만을 처리하기에 적당하다. 컴포넌트의 목적은 사용자 인터페이스 및 해당 논리에 대한 저장소를 제공하는 것이다. 컴포넌트는 UI 템플릿, 스타일 및 데이터를 표시하는 UI 논리의 조합이다. 의미 있는 애플리케이션의 경우 특정 뷰와 직접 관련이 없는 비즈니스 로직 또는 여러 컴포넌트 간에 데이터를 공유하는 비즈니스 로직이 있으며 이 때문에 서비스가 필요하다.

애플리케이션 로직은 크게 두 가지로 나눌 수 있다. 컴포넌트에 상주하는 UI 로직과 서비스에 상주하는 비즈니스 로직이다. 비즈니스 로직은 데이터 퍼시스턴스(data persistence : 프로그래밍에서 persistence는 어떤 상태 값이 해당 상태를 생성한 프로세스가 종료되더라도 사라지지 않고 유지되는 특성을 말한다. 주로 파일이나 DB에 저장된다. 이 과정에서 데이터를 저장하거나 자료 구조에 매핑하는 등의 로직이 필요한데 이런 작업들의 관리자를 데이터 퍼시스턴스라고 한다)나 HTTP 호출과 같이 컴포넌트 간에 공통적으로 적용되는 로직을 캡슐화한다.

서비스는 매우 특정한 목적을 가진 클래스이며 컴포넌트와 독립적인 기능을 구현하는데 사용된다. 이러한 접근 방식을 통해 컴포넌트와 서비스의 책임을 명확히 분리하여 단일 책임 원칙(single responsibility principle)을 효과적으로 준수할 수 있다. 이를 통해 강력하고 테스트와 재사용이 쉬운 코드를 작성할 수 있다.

서비스 생성

Angular로 서비스를 생성하는 과정은 다음 그림과 같이 3 단계로 나뉜다. 이 단계는 컴포넌트를 만드는 단계와 매우 흡사하다. 이제 다음 단계들을 논의할 것이다.

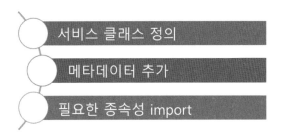

서비스를 구현하는 첫 번째 단계는 서비스 클래스를 만드는 것이다. 이제 app 폴더 아래에 service라는 새 폴더를 만든다. 이 폴더에는 newsapi.service.ts라는 새 서비스 파일이 들어 있다. 이 파일에서 다음과 같이 NewsapiService라는 표준 TypeScript 클래스를 정의한다.

```
export class NewsapiService {
}
```

export 키워드는 애플리케이션의 다른 곳에서 이 서비스에 액세스할 수 있도록 해준다. NewsapiService는 선택한 뉴스 소스를 기반으로 웹 서버에서 최신 스포츠 뉴스를 가져 오는 메서드 한 개를 제공한다.

다음으로 이 클래스를 Angular에서 사용하기 위한 서비스로 정의할 필요가 있다. 이를 위해 Angular에서 정의한 데코레이터가 있다. 바로 @Injectable() 데코레이터이며 이것을 사용해 간단히 클래스를 서비스로 만들 수 있다.

마지막 세 번째 단계는 필요한 종속성을 클래스에 import하는 것이다. 우리 서비스는 @Injectable() 데코레이터를 참조하기 위해 Angular core 모듈이 필요하다.

이제 서비스 클래스가 준비되었지만 아직 메서드는 하나도 없다. SNC 애플리케이션의 경우 데이터 가져오는 것을 담당할 주요 메서드가 하나 있다. 이제 이 메서드의 뼈대를 클래스에 추가하고 웹 서비스 요청을 해서 데이터를 가져오는 작업을 해보자.

우리의 서비스 클래스는 다음과 같다.

```
import {Injectable} from '@angular/core';
@Injectable()
export class NewsapiService{
  constructor(){}
  // 웹 서버에서 데이터를 가져오는 역할을 하는 메서드
  public fecthNewsFeed(){}
}
```

앞의 코드에서 알 수 있듯이 데이터 액세스 레이어를 캡슐화하는 서비스를 사용하므로 데이터와 표시 기능에 대한 책임을 분리할 수 있다.

서비스를 만들었으니 이제 Angular 서비스를 등록하고 컴포넌트에 해당 서비스를 주입해보자.

서비스 등록

Angular는 내장 주입기를 사용하여 애플리케이션에 서비스를 등록할 수 있는 방법을 제공한다. Angular 주입기는 서비스의 단일 인스턴스를 생성하여 싱글턴(singleton : 소프트웨어 디자인 패턴에서 싱글턴 패턴은 클래스의 최초 생성자 호출 시 객체 인스턴스를 만들고 다음 생성자 호출부터는 해당 인스턴스를 반환하도록 하는 패턴이다) 형태로 제공한다. Angular 주입기는 Angular로 등록한 모든 서비스의 컨테이너 역할을 한다. 다음 다이어그램은 단일 인스턴스를 갖는 여러 서비스를 관리하는 주입기의 예를 보여준다.

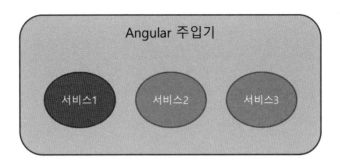

서비스 인스턴스를 유지하는 주입기의 장점은 두 가지이다. 먼저 인스턴스 관리의 책임을 Angular에게 넘길 수 있다. 두 번째로 단일 인스턴스를 사용하면 서비스를 컴포넌트 간에 데이터를 공유하는 용도로 사용할 수 있다.

Angular 주입기를 사용하여 서비스를 등록하려면 공급자(provider)가 필요하다. 공급자는 서비스 인스턴스를 만들고 반환하는 역할을 한다. 공급자는 컴포넌트 또는 모듈에 정의할 수 있다. 서비스는 공급자를 등록한 곳을 기준으로 접근 가능하다. 따라서 NewsComponent에 공급자를 등록하면 NewsComponent와 하위 컴포넌트에서 서비스에 접근할 수 있다. 앱 모듈에 공급자를 등록한 서비스는 애플리케이션 전체에서 사용할 수 있으며 전역 서비스로 동작한다. 따라서 어디서 서비스를 등록할지 결정하는 것이 중요하다.

T.I.P.

공급자를 여러 컴포넌트에 등록하면 Angular는 해당 서비스의 인스턴스를 여러 개 만들어 싱글턴으로 작동하지 않게 된다. 따라서 공급자가 애플리케이션의 올바른 위치에 등록되어 있는지 확인해야 한다.

우리는 공급자를 앱 모듈에 등록하여 모든 곳에서 사용할 수 있도록 할 것이다. 다음 코드는 NgModule 데코레이터에 배열 형태의 providers 속성이 있는 앱 모듈을 보여준다.

```
@NgModule({
  declarations: [
    AppComponent,
    NewsComponent,
```

```
      HeaderComponent,
      FooterComponent
    ],
    imports: [
      BrowserModule,
      routing,
      HttpModule
    ],
    providers: [NewsapiService],
    bootstrap: [AppComponent]
  })
```

이 공급자 배열에 NewsapiService에 대한 참조를 추가했다. 참조를 추가하려면 다음과 같이 앱 모듈에서 NewsapiService를 import해야 한다.

```
import NewsapiService from './service/newsapi.service';
```

이제 Angular에 등록된 서비스를 애플리케이션의 어느 곳에서든 주입할 수 있다.

서비스 주입(Injecting)

서비스 사용의 마지막 단계는 그것을 필요로 하는 컴포넌트에 주입하는 것이다. 컴포넌트가 서비스 인스턴스를 필요로 하는 경우 해당 서비스에 대한 의존성을 정의하기만 하면 Angular가 의존성을 해결해준다. 이 프로세스를 **의존성 주입**(dependency injection)이라고 하며, 클래스는 인스턴스를 직접 생성할 필요 없이 외부에서 필요한 의존성을 가져올 수 있다.

Angular는 서비스의 단일 인스턴스를 만들고 이를 컴포넌트에 주입하는 역할을 하므로 서비스를 사용하여 컴포넌트 간에 데이터를 공유할 수 있다. Angular는 컴포넌트의 객체 생성 시 컴포넌트에 의존성을 주입한다. 따라서 클래스의 생성자에서 의존성 주입을 하는 것이 좋다.

NewsComponent 클래스에서 서비스를 사용할 필요가 있으므로 생성자에서 NewsapiService를 주입할 것이다.

```
constructor(private _service:NewsapiService){}
```

NewComponent 클래스에 서비스 공급자를 추가할 필요는 없다. 이미 앱 모듈에 추가했기 때문이다. Angular는 앱 모듈에 포함된 모든 컴포넌트에서 이 서비스를 주입할 수 있다.

이전 코드에서는 NewsapiService 타입의 로컬 _service 변수를 만들었다. 이 변수에는 NewsComponent 클래스의 객체가 만들어 질 때 값이 할당된다. 마지막으로 해야 할 일은 NewsComponent 클래스에 NewsapiService에 대한 import문을 추가하는 것이다.

이제 NewsComponent의 새 인스턴스가 만들어지면 Angular는 NewsapiService 인스턴스를 _service 프로퍼티에 삽입한다. 이 프로퍼티는 서비스 클래스의 메서드를 호출하는 데 사용할 수 있다.

다음 단계는 HTTP를 사용하여 웹 서비스 호출을 하는 것이다. 이것은 서비스 클래스의 기능을 사용할 것이다.

SNC에서 HTTP 호출 구현

대부분의 웹 애플리케이션은 HTTP를 사용하여 웹 서버에서 데이터를 가져온다. SNC 애플리케이션도 마찬가지이다. 30개 이상의 뉴스 아울렛에서 피드를 제공하는 newsapi 웹 서버에서 데이터를 가져올 것이다. Newsapi는 최신 뉴스 기사를 가져오는 편리한 API 인터페이스를 제공한다.

HTTP 흐름을 보면 애플리케이션(여기서는 SNC)이 웹 서버(newsapi)에 웹 요청을 보낸다. 이 웹 요청은 작업의 유형에 따라 GET, POST, PUT 또는 DELETE 메서드를 사용한다. 웹 서버는 데이터 저장소에서 데이터 유형을 검색하고 HTTP 응답을 웹 애플리케이션에 다시 보낸다. 그러면 웹 애플리케이션은 이 데이터를 사용하여 웹 페이지에 컨텐츠를 표시한다.

Angular는 HTTP에서 데이터를 가져오기 위해 observable을 사용한다. 비동기로 데이터를 가져오는 다른 방법으로 Promise도 있지만 Angular에서는 observable을 사용할 것을 권장한다. 이제 observable을 소개하고 observable을 사용하여 웹 요청을 보내는 방법을 살펴보자. 웹 요청을 보내면 HTTP 응답을 확인할 수 있도록 observable을 구독(subscribe)해야 한다. 또한 웹 서비스 호출을 할 때 예외를 처리하는 방법도 살펴볼 것이다.

HTTP Observable

Observable은 백엔드 서버에서 비동기적으로 오는 데이터 스트림을 나타낸다. 데이터 스트림은 알림(notification) 또는 처리될 일련의 이벤트와 같은 어떤 형태도 가능하다. Angular는 observable을 구현하기 위해 외부 라이브러리인 **Reactive Extensions(Rx)**를 사용한다. Observable은 백엔드에서 요소가 채워지는 비동기 배열로 생각할 수 있다. 그래서 응답으로 첫 번째 요소를 얻을 수 있으며, 잠시 후 다음 다이어그램에 표시된 것처럼 두 번째 요소가 들어올 수 있다.

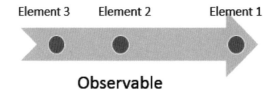

이러한 유형의 동작을 사용하면 전체 응답을 한꺼번에 보내는 대신 덩어리(chunk : 일반적으로 HTTP 요청을 하면 응답 시 Content-Length 헤더를 통해 응답 데이터의 길이를 알려준다. 그러나 chunked 방식으로 응답을 하면 body의 길이를 알려주지 않고 전체 body를 덩어리(chunk)로 잘라서 조금씩 전달할 수 있다. Chunked 방식으로 응답을 할 때에는 Content-Length 헤더 대신 Transfer-Encoding을 사용한다)로 전송되는 웹 응답을 처리할 수 있다. 그리고 observable을 배열의 형태로 관리하면 map, catch, do와 같은 연산자를 사용하여 효과적으로 응답을 처리할 수 있다. Reactive Extension을 사용하면 HTTP에서 새로운 데이터 스트림이 도착할 때 알림을 받을 수 있는 observable을 구독할 수 있다. 데이터가 도착하면 Reactive Extension 라이브러리에서 제공하는 연산자를 사용하여 애플리케이션에 맞게 데이터를 수정할 수 있다.

비동기 HTTP 호출을 처리하기 위해 promise를 사용해 본 경험이 있다면 여기서 약간의 차이를 발견할 것이다. 첫째, promise가 웹 서비스 호출의 단일 응답을 처리하는 데 사용되지만 observable은 일정 기간 동안 들어오는 여러 값(데이터 스트림)을 처리한다는 것이다. 둘째, promise는 취소할 수 없지만 observable은 취소가 가능하다. 때문에 사용자 입력에 따라 지속적으로 여러 웹 서비스 호출을 수행하는 기능을 개발할 때 꽤 유용하다. 예를 들어, 사용자의 입력에 따라 인텔리센스를 통해 자동 완성을 제공하려는 경우 observables를 사용하여 이전 요청을 취소하고 가장 최근 요청에 대한 응답만 처리하도록 할 수 있다.

observable을 사용한 HTTP 요청

최신 스포츠 뉴스를 가져오기 위해 HTTP 요청을 하는 웹 서비스를 구현하기 시작했다. 이 구현에는 두 가지 부분이 있다.

- ▶ GET 호출을 위한 HTTP 요청 구현
- ▶ HTTP 응답 구독과 UI를 채우기 위한 데이터 사용

이 두 단계는 서로 다른 파일에서 구현된다. 하나는 newapi.service.ts 파일에서 HTTP 호출을 구현하고 NewsComponent.ts에서 HTTP 응답에 대한 구독을 한다.

● HTTP 요청 구현

서비스 클래스에서 HTTP GET 요청을 하려면 Angular의 HttpModule이 필요하다. 이 모듈을 사용하려면 NewsapiService 클래스에서 Http를 의존성으로 주입해야 한다. 우리가 알고 있듯이 TypeScript에서 의존성을 주입하려면 클래스의 생성자 함수를 사용한다. 그러면 Angular는 클래스의 인스턴스를 만들 때 HttpModule의 인스턴스를 클래스에 전달한다. 다음은 NewsapiService 클래스의 업데이트된 코드이다.

```
import {Injectable} from '@angular/core';
import {Http} from '@angular/http';
@Injectable()
export class NewsapiService{
  constructor(private _http:Http){}
}
```

NOTE

서비스 호출에서 HTTP 클라이언트 모듈을 사용하기 때문에 Angular HTTP 모듈에 있는 HttpModule 클래스를 import해야 한다. 이것은 AppModule의 NgModule 데코레이터에서 imports 섹션에 추가하면 된다.

코드에 두 가지 주요 변경 사항이 있다. 하나는 HTTP 생성자에 의존성을 추가한 것이고 다른 하나는 주어진 모듈을 가져오기 위해 import문을 추가한 것이다. HTTP 클라이언트 는 웹 서비스 호출을 위한 인터페이스를 제공한다. 이 인터페이스에는 GET, PUT, POST 및 DELETE와 같은 메서드가 있다. GET 메서드를 사용하여 최신 뉴스를 가져온다. HTTP 클라이언트의 GET 메서드는 뉴스 모델로 변환될 observable을 반환한다. 웹 서비스 호출 을 하기 위해 클래스에 새로운 메서드인 fetchNewsFeed를 추가한다. fetchNewsFeed는 source 파라미터 한 개를 사용한다. 이 파라미터는 스포츠 뉴스를 가져오는 뉴스 아울렛이 다. HTTP GET이 observable을 반환하기 때문에 fetchNewsFeed 메서드는 News 타입의 observable을 반환한다. 다음은 업데이트된 코드이다.

```typescript
import { Injectable } from '@angular/core';
import { Observable } from 'rxjs/Observable';
import { Http, Response } from '@angular/http';
import 'rxjs/add/operator/map';
import 'rxjs/add/operator/catch';
import 'rxjs/add/operator/do';
import { News } from '../../models/news';
@Injectable()
export class NewsapiService {
  baseUrl: string;
  static apiKey: string = "b07f98f6575d47d99fd6057668f21cb2";
  constructor(private _http: Http) {
    this.baseUrl = 'https://newsapi.org/v1/articles';
  }
  public fetchNewsFeed(source: string): Observable<News> {
    return this._http.get(`${this.baseUrl}/?source=
      ${source}&sortBy=top&apiKey=${NewsapiService.apiKey}`)
      .map((response: Response) => <News>response.json())
      .do(data => console.log('All: ' + JSON.stringify(data)))
      .catch(this.handleError);
  }
  private handleError(error: Response) {
    console.error(error);
    return Observable.throw(error.json().error || 'Server error');
  }
}
```

코드에 대한 변경 사항을 살펴보자.

1 첫 번째는 apiKey와 baseUrl이다. newsapi 웹 서버에서 뉴스 기사를 가져오려면 이것들을 등록하고 서비스 호출에 사용할 고유 키(unique key)를 발급 받아야 한다.

2 다음은 fetchNewsFeed 메서드이다. 여기서는 URL을 전달하여 get 메서드로 호출한다. URL은 baseUrl, source, sortBy와 apiKey로 구성된다. 상위 10개 뉴스를 가져올 것이므로 sortBy 값은 항상 "top"이다.

3 GET 메서드가 observable을 반환한다는 것을 알고 있으므로 map 연산자를 사용한다. fetchNewFeed 메서드에서 호출하여 받은 응답은 뉴스 모델로 형 변환한다.

4 do 함수에서는 응답 데이터를 디버깅 용도로 콘솔에 출력한다.

5 웹 서비스 호출을 할 때는 예외처리를 하는 것이 좋다. 이것이 HTTP GET의 마지막 줄에서 하고 있는 일이다. Reactive Extensions(rxJs) 라이브러리는 catch 연산자를 제공해 핸들러 함수를 받을 수 있도록 한다. 웹 서비스 호출에 실패하면 catch 블록으로 이동하고 핸들러 함수가 실행된다.

6 마지막으로 오류 내용을 기록한 다음 웹 서버에서 반환된 에러 메시지를 throw하는 에러 핸들러 함수를 작성했다.

이러한 코드 변경을 통해 이제 실시간 웹 서비스 호출을 통해 뉴스 기사를 가져올 준비가 되었다. 그러나 그 전에 fetchNewsFeed 메서드에서 반환되는 observable을 구독해야 한다.

● HTTP 응답 구독

이전 섹션에서는 NewsComponent 클래스에서 NewsapiService에 대한 의존성을 추가했다. 이제 fetchNewsFeed 메서드를 호출하고 observable 응답을 구독할 차례이다. 페이지를 로드할 때 새 기사가 로드되도록 하려면 NewsComponent 클래스의 ngOnInit 메서드에서 웹 서비스를 호출해야한다.

ngOnInit 메서드는 Angular가 제공하는 라이프 사이클 훅 중 하나로 페이지로드 사이클을 가로채게 한다. rxJs observable 라이브러리의 subscribe 메서드에 두 가지 오버로드된 구현이 있다.

```
this._service(successFunc, errorFunc);
this._service(successFunc, errorFunc, completeFunc);
```

observable이 오류 없이 응답을 반환하면 successFunc가 호출된다. 웹 서버에서 오류가 반환되면 errorFunc가 호출된다. completeFunc는 observable의 구독을 취소하는 데 사용된다. 더 이상 응답을 듣지 않아도 된다면 completeFunc를 사용하여 구독을 해지할 수 있다.

다음은 newapi 서비스 클래스 메서드를 호출하기 위한 코드이다.

```
this._service.fetchNewsFeed(this.feedType)
.subscribe(
  items => this.latest_news = items,
  error => {this.errorMessage = 'Could not load ' + this.feedType + '
    stories.'; console.log(this.errorMessage)}
);
```

여기서는 fetchNewsfeed의 응답을 구독하고 성공 시 반환된 응답을 로컬 latest_news 변수에 할당한다. 오류가 있는 경우 errorMessage 프로퍼티에 오류 내용을 기록하고 콘솔에 오류를 출력한다. 메서드 호출 시 가져오려는 데이터의 뉴스 소스를 나타내는 feedType 속성을 전달한다. feedType 프로퍼티와 4개의 아울렛에서 데이터를 어떻게 가져오는지에 대한 것은 다음 섹션의 라우팅에서 다룰 것이다.

NewsComponent 템플릿 파일의 errorMessage 프로퍼티를 사용하여 오류가 없는지 확인한 다음 에러가 없으면 웹 서비스 응답을 테이블에 표시한다. 오류가 있다면 오류 메시지를 표시한다.

SNC 라우팅

지금까지는 애플리케이션이 절반 정도 구현된 상태이다. 이 애플리케이션은 뉴스 소스에서 가져온 최신 뉴스를 보여주는 NewsComponent를 메인 컴포넌트로 하고 있다. 그리고 화면의 레이아웃을 제공하는 헤더와 풋터 컴포넌트를 가지고 있다. 또한 최신 스포츠 뉴스를 가져오기 위한 newsapi 서비스와 HTTP 호출을 구현했다. 그러나 우리 애플리케이션은 아직 어떤 종류의 탐색도 하지 않고 HeaderComponent에서 만든 하이퍼링크도 처리하지 않고 있다. 웹 서비스 호출 시 데이터를 가져올 때는 뉴스 소스의 이름이 필요하다. 이것은 모두 라우팅에 의해 달성된다.

라우팅은 애플리케이션의 뷰 사이를 탐색하는 개념이다. 애플리케이션은 각 뷰를 표시할 고유 한 경로를 정의하여 라우팅에 사용한다. 사용자가 탐색 막대의 메뉴, 단추 또는 링크와 같은 화면의 옵션을 선택하면 해당 경로가 활성화되어 선택한 컴포넌트와 해당 템플릿이 로드된다.

애플리케이션은 각 뉴스 아울렛에 대해 4개의 라우트가 있으며 사용자가 링크 중 하나를 클릭하면 라우팅 정보를 사용해 클릭한 링크의 라우트를 식별하고 해당 정보를 표시한다. 먼저 라우트를 정의한 다음 헤더에 있는 링크에 이 라우트를 연결한다. 마지막으로 NewsComponent에서 클릭된 라우트를 가져와 뉴스를 검색하고 화면에 표시한다.

라우트(route) 정의

이번 애플리케이션에서는 네 개의 링크에 대한 라우트를 구성해야 한다. Angular는 라우트를 등록할 수 있는 라우터 모듈을 제공하고 RouterLink와 RouterOutlet의 사용을 제공하는 라우터 지시자에 대한 인터페이스를 제공하며 구성된 라우트를 노출하는 메커니즘을 제공한다. 첫 번째 단계는 RouterModule을 import하는 것이다.

```
import { Routes, RouterModule } from '@angular/router';
```

관심사를 더 잘 분리하기 위해 newsroutingmodule이라는 새로운 모듈을 만들어 모든 라우터를 관리한다. 먼저 새로운 파일인 app.route.ts를 작성해 보자. app.route.ts는 Angular의 RouteModule을 참조한다. 앞의 코드에서는 Routes도 import하고 있다. 라우터는 정의된 모든 라우트의 배열을 제공한다. 그런 다음이 라우트가 라우터 모듈에 연결된다. 또한 새 모듈을 만들려면 Angular에서 ModuleWithProvider 모듈을 참조해야 한다. 따라서 이것도 import한다.

```
import { ModuleWithProviders } from '@angular/core';
```

● 애플리케이션 라우트

라우터는 라우트 목록과 함께 구성되어야하며 각 항목은 라우트를 정의한다. 이전 섹션에서 Angular의 라우트 모듈을 import했다. 이 라우트 모듈은 라우트의 속성을 제공한다. 라우트 속성은 특정 라우트를 정의하는 객체의 배열로 정의된다. app.route.ts 파일에 정의된 Route 배열을 살펴보자.

```typescript
import { ModuleWithProviders } from '@angular/core';
import { Routes, RouterModule } from '@angular/router';
import { NewsComponent } from './dashboard/news/news.component';
const routes: Routes = [
  {path: '', redirectTo: 'nfl', pathMatch: 'full'},
  {
    path: 'nfl',
    component: NewsComponent,
    data: {feedType: 'nfl-news',source:'nfl'}
  },
  {
    path: 'espn',
    component: NewsComponent,
    data: {feedType: 'espn',source:'espn'}
  },
  {
    path: 'fox',
    component: NewsComponent,
    data: {feedType: 'fox-sports',source:'Fox Sports'}
  },
  {
    path: 'bbc',
    component: NewsComponent,
    data: {feedType: 'bbc-sport',source:'BBC Sports'}
  },
  {
    path:'**',
    redirectTo: 'nfl', pathMatch: 'full'
  }
];
```

import문 다음의 첫 번째 행에서 볼 수 있듯이 객체 배열을 포함하는 Routes 타입의 상수 변수를 정의했다.

각 라우트 객체에는 URL의 경로를 정의하는 path 속성이 있다. 특정 라우트가 활성화되면 이 path 속성이 애플리케이션 URL에 추가된다. 예를 들어, NFL 경로가 활성화되면 애플리케이션 URL은 http://localhost:4200/nfl이 되고 FOX 경로가 활성화되면 애플리케이션 URL은 http://localhost:4200/fox로 변경된다. 이렇게 하여 각 라우트의 고유 URL을 관리할 수 있으며 사용자가 바로 해당 페이지로 이동함으로써 북마크도 가능하다.

각 라우트 객체에는 선택한 path가 활성화될 때 라우팅할 컴포넌트를 나타내는 component 속성도 있다. 여기서 코드는 하나의 NewsComponent를 가지고 있기 때문에 모든 라우트의 객체에서 동일한 component 값이 있다.

라우터 선언 시 모든 라우트를 정의했다. 첫 번째와 마지막을 제외하면 NFL, ESPN, FOX, BBC에 대한 정의는 분명하다.

첫 번째 라우트를 기본 라우트(default route)라고 한다. 기본 라우트는 URL http://localhost:4200을 입력할 때 활성화된다. redirectTo 속성은 기본 페이지를 방문할 때 리다이렉션하려는 라우트를 정의한다. pathMatch 속성을 full로 하여 입력한 경로가 정의한 경로와 정확하게 일치하는 경우에만 리다이렉션해야 함을 알려준다. 이 경우 URL 문자열이 없는 URL을 의미하는 빈 문자열이다.

마지막 경로는 와일드카드 라우트라고 하며 **로 표시한다. 와일드카드 라우트는 이전에 정의된 라우트와 일치하지 않는 모든 라우트를 정의한다. 예를 들어 사용자가 URL http://localhost:4200/wrongPath로 리다이렉션하려고 하면 애플리케이션이 사용자를 http://localhost:4200/nfl 페이지로 리다이렉션한다. 일반적으로 와일드카드 경로는 404 NOT FOUND 오류 메시지를 표시할 사용자 정의 오류 페이지로 리다이렉션한다.

▌ NOTE

라우팅에서 라우트 정의 시 순서가 중요하다. Angular는 라우트를 확인할 때 처음 일치 정책(first match policy)을 사용하므로 항상 일반적인 라우트 앞에 특수한 라우트를 먼저 배치해야한다.

라우트 객체에는 data라는 속성이 하나 더 있다. Angular 라우트를 사용하면 컴포넌트에 사용자 정의 속성을 추가로 전달할 수 있다. 여기에서는 feedType과 source라는 두 속성을 전달한다. NewsComponent는 이러한 속성을 사용하여 링크를 식별하고 헤더에 표시한다.

● 라우터 모듈에 추가

다음 단계는 이전에 정의한 라우트를 라우터 모듈에 바인딩하는 것이다. Angular 라우터 모듈은 모든 라우트 공급자와 지시자를 포함해 라우터 모듈을 만들어 주는 forRoot 메서드를 제공한다. routes 속성을 이 함수에 전달할 것이다. 이 함수는 새로운 모듈을 생성하여 newsroutingmodule에 할당한다. 다음은 모듈을 만드는 데 사용하는 코드이다.

```
export const newsroutingmodule: ModuleWithProviders =
RouterModule.forRoot(routes);
```

이제 각 뉴스 아울렛에 담당 컴포넌트를 연결하는 라우트 모듈을 만들 차례이다.

app 모듈에 임포트

라우트 정의와 관련하여 마지막으로 해야 할 일은 새로 생성된 뉴스 라우팅 모듈을 기본 모듈인 app 모듈로 가져오는 것이다. 모듈은 다음 코드와 같이 NgModule의 imports 배열에 추가한다. 이것은 Angular에게 애플리케이션 어디서나 접근할 수 있는 뉴스 라우팅 모듈을 로드하도록 지시한다.

```
imports: [
  BrowserModule,
  newsroutingmodule,
  HttpModule
],
```

라우터 링크 구현

이제 라우트를 정의했으므로 이러한 라우트를 사용자 액션에 연결해야 한다. Angular의 라우팅 모듈은 URL 세그먼트를 정의하는데 도움이 되는 지시자를 제공한다. 이 지시자는 라우팅 엔진에서 해당 라우트를 매핑하는 데 사용된다. 사용자 옵션을 정의하고 라우팅 지시자를 첨부한 HeaderComponent 템플릿을 살펴보자.

대규모 애플리케이션에는 하위 메뉴와 옵션이 있지만 이번 애플리케이션에는 각기 다른 웹
사이트의 뉴스 기사가 표시되는 4가지 메뉴 옵션만 있다. 메뉴 옵션은 다음 코드를 사용하
여 라우트에 연결된다.

```
<ul class="nav navbar-nav">
<li><a routerLink="/nfl">NFL</a></li>
<li><a routerLink="/espn">ESPN</a></li>
<li><a routerLink="/fox">FOX</a></li>
<li><a routerLink="/bbc">BBC</a></li>
</ul>
```

라우트와 함께 각 메뉴 옵션을 연결하려면 routerLink 지시자를 사용하면 된다.
routerLink 지시자를 사용하면 각 메뉴에 URL 경로를 정의할 수 있으며, 라우터는 이 경
로를 사용해 앞서 정의한 라우트 모듈에서 관련 라우트를 찾는다.

routerLink 지시자는 속성 지시자이다. 이 지시자는 HTML 태그(이 경우 앵커 태그)의 속성
으로 사용된다. 각 앵커 태그에 대해 고유한 routeLink가 정의되어 있다. 사용자가 링크를
클릭하면 관련 라우트가 활성화되어 해당 경로의 컴포넌트 뷰가 표시된다. 그러나 Angular
가 뷰를 어디에 표시해야 할까?

Angular의 라우팅 모듈에는 router-outlet이라는 지시자가 하나 더 있다. 이것은
Angular에게 선택된 라우트의 컴포넌트를 그곳에 표시해야 된다고 알려준다. 이 지시자는
모든 컴포넌트를 포함할 컴포넌트에 위치해야 한다. 이 경우 app 컴포넌트가 된다. app 컴
포넌트 템플릿 파일에 다음 코드를 추가한다.

```
<div>
<snc-header></snc-header>
<router-outlet></router-outlet>
<snc-footer></snc-footer>
</div>
```

Angular가 router-outlet 지시자를 찾으면 표시할 템플릿이 그곳에 표시된다는 것을 알게
된다. 이렇게 하면 여러 컴포넌트를 사용하여 전체 화면을 만들 수 있다.

NewsComponent에서 라우트 접근

이제 라우트가 정의되었으며 routerLink를 사용하여 메뉴 옵션에 연결되었다. 이러한 메뉴
옵션 중 하나를 클릭하면 Angular는 브라우저의 URL을 변경하고 해당 컴포넌트를 로드한
다. 뉴스 메뉴를 클릭한 경우 NewsComponent이다.

마지막 단계는 선택한 메뉴의 뉴스 아울렛에서 웹 서비스 호출을 통해 뉴스 기사를 가져오
는 것이다. 다음은 NewsComponent.ts 파일의 ngOnInit 코드이다.

```
ngOnInit() {
  this.route.data.subscribe(data => {
    this.feedType = (data as any).feedType;
    this.source = (data as any).source;
  });
  this._service.fetchNewsFeed(this.feedType)
  .subscribe(
    items => this.latest_news = items,
    error => {this.errorMessage = 'Could not load ' +
    this.feedType + ' stories.';
    console.log(this.errorMessage)}
  );
}
```

ngOnInit 메서드의 첫 번째 라인에서 라우터를 구독하고 선택한 라우트에 대한 데이터 객
체를 가져오고 있다. 앞서 라우트를 정의할 때 사용자 정의 객체를 사용하여 feedType와
source 값을 전달했다. feedType 속성은 API 서비스 호출에서 뉴스 콘센트 소스 선택 시
사용되며 source 속성은 NewsComponent 페이지에서 테이블 헤더를 찾는데 사용한다.

최종 프로덕트

이 장에서 작성한 모든 변경 사항과 함께 이제 애플리케이션을 실행할 수 있다. 4개의 뉴스 아울렛 모두에 대해 newsapi 서비스에서 실시간 데이터를 가져올 수 있으며 각 탭으로 이동할 수 있도록 라우팅 작업을 수행한다. TypeScript의 많은 개념을 사용하여 애플리케이션을 강력하고 재사용 가능하며 유지 관리할 수 있도록 했다. 강력한 타입 관리, 클래스, 인터페이스, 상속 및 데코레이터와 같은 개념을 사용하여 클라이언트 애플리케이션 개발 시 객체지향 코드를 만들 수 있었다.

따라하는 도중 문제가 발생했거나 최종 코드를 보려면 다음 링크에서 다운 받을 수 있다.

▶ https://github.com/sachinohri/SportsNewsCombinator

각 장마다 하나씩 총 세 개의 폴더를 만들었다. 각 폴더에는 각 장에서 작성한 코드의 최종 버전이 들어있다. 4장의 코드는 Sports News Combinator의 최종 코드이다. Git에서 clone하고 Chapter 폴더에서 다음 명령을 실행하여 애플리케이션을 실행할 수 있다.

```
npm install // 프로젝트에 필요한 모든 npm 의존 라이브러리 설치
ng serve // 애플리케이션을 빌드하고 localhost:4200에 배포
```

이제 http://localhost:4200 URL로 이동하여 애플리케이션에 접근할 수 있으며 다음과 같이 표시된다.

요약

이번 장에서는 애플리케이션의 마지막 작업을 했다. 하드코드된 데이터 대신 웹 서버에서 실시간 데이터를 가져오도록 수정했다. 그런 다음 라우팅을 추가하여 탐색을 할 수 있도록 했다. TypeScript의 데코레이터에 대해 배웠고 사용자 데코레이터를 만드는 방법을 배웠다. 또한 Angular가 데코레이터를 사용하는 방법을 살펴보았다.

다음 장에서는 두 번째 애플리케이션을 만들어 볼 것이다. 애플리케이션을 개발하는 동안 TypeScript와 Angular의 고급 주제에 중점을 둘 것이다. 이 애플리케이션에서는 Angular의 테스트 기능을 보여주기 위해 테스트 케이스를 작성할 것이다.

두 번째 애플리케이션
- 트렐로

이제 기본적인 것을 마스터했으니 지금부터 보다 복잡한 주제로 나아가야 할 때이다. 이전 장에서는 첫 번째 애플리케이션을 마무리하고 TypeScript와 Angular의 몇 가지 개념을 배웠다. 이번 장에서도 이러한 연습을 계속할 것이다. 두 번째 애플리케이션인 트렐로의 보드(board)부터 만들어보면서 TypeScript와 Angular의 개념에 대해 더 살펴보자. 트렐로(trello)는 JIRA, Confluence, Bitbucket, Crucible과 같은 개발 도구로 유명한 Atlassian 사의 제품 중 하나로 일정관리와 협업을 지원하는 개발 도구이다. 대규모 프로젝트를 진행하면서 업무 공간 한 쪽의 커다란 보드에 주요 일정과 세부 업무 등을 적어가며 프로젝트를 관리해본 경험이 있을 것이다. 트렐로는 이러한 역할을 해주는 웹 기반의 보드라고 생각하면 된다. 트렐로는 크게 3가지 단계로 나눌 수 있는데 프로젝트를 구분하는 보드(board), 보드의 주요 업무를 나타내는 작업(list), 작업의 세부 내용을 나타내는 하위 작업(subTask)으로 구성된다. 최신 버전의 트렐로는 subTask 대신 card라는 용어를 사용하는데 같은 의미이다.

이번 장에서는 다음 내용을 다룬다.

- ▶ 예제 트렐로 애플리케이션 소개 : 우선 애플리케이션에 구현하려는 기능을 간단히 살펴본다.
- ▶ TypeScript 네임스페이스와 모듈 : TypeScript가 네임스페이스와 모듈을 사용하여 어떻게 모듈 방식의 코드를 작성하는지 살펴본다.
- ▶ TypeScript 제네릭 : TypeScript의 가장 강력한 기능 중 하나인 제네릭(generic)을 사용하여 더 나은 객체지향 코드를 작성해본다.
- ▶ Angular 고급 컴포넌트 : Angular가 여러 컴포넌트 간의 통신을 하는 메커니즘을 살펴본다.
- ▶ Angular 생명주기 훅(hook) : Angular에서 자주 사용하는 기능 중에 생명주기 훅 기능이 있다. 트렐로 애플리케이션에서 구현 방법을 살펴볼 것이다.

지금부터 애플리케이션의 작동 모델과 TypeScript와 Angular의 고급 개념에 대해서 자세히 살펴볼 것이다.

트렐로 예제 애플리케이션 소개

우리가 만들어볼 트렐로 애플리케이션은 실제 트렐로 애플리케이션의 축소 버전이다. 주요 목적은 애플리케이션을 만드는 동안 TypeScript와 Angular의 새로운 기능을 배우는 것이다. 따라서 애플리케이션의 기능보다는 언어의 기능에 중점을 둘 것이다. 실제 트렐로 애플리케이션은 작업 관리 도구로 서로 다른 보드에서 작업을 그룹화할 수 있고, 작업(list)은 다시 여러 하위 작업(subTask)으로 나눌 수도 있다. 이러한 하위 작업은 보류 중, 진행 중, 완료와 같은 다른 단계로 이동할 수 있다. 예제 트렐로 애플리케이션은 후자의 기능은 없지만 여러 보드가 있는 대시 보드 페이지가 있어서 각 보드를 선택하여 작업 목록과 각각의 하위 작업을 볼 수 있다.

애플리케이션 개요

학습을 위해 적당히 의미가 있지만 동시에 지나치게 복잡하지는 않은 애플리케이션을 만들어볼 것이다. 다음 그림은 최종 트렐로 대시보드와 작업이 표시된 화면이다. 이 스크린샷은 모든 보드와 각 보드의 총 작업 수를 표시한 홈페이지이다. 홈페이지에는 새 보드를 만들 수 있는 버튼도 있다.

홈페이지에서 보드 중 하나를 선택하면 다음 스크린샷처럼 선택한 보드와 관련된 작업과 하위 작업이 표시된다. 또한 여기에서도 새로운 작업과 하위 작업을 추가할 수 있다.

여기서는 TypeScript와 Angular에 중점을 두었으므로 이러한 정보를 서버에서 유지하지는 않을 것이다. 그러나 서버에 정보를 관리하고 세부 사항을 저장하는 방법을 배우려면 Node.Js나 localStorage와 같은 메모리 저장 기술을 살펴보아야 한다.

▌기술 개요

이전의 Sports News Combinator 애플리케이션은 4개의 뉴스 아울렛의 결과를 표시하는 하나의 컴포넌트를 보유했었다. 예제 트렐로 애플리케이션에서는 컴포넌트를 추가하고 컴포넌트 간 데이터를 공유하는 방법을 알아볼 것이다. 또한 싱글톤 서비스를 사용하여 컴포넌트 사이에 공통으로 사용되는 데이터를 살펴볼 것이다.

이 애플리케이션에서는 이미 배운 TypeScript와 Angular의 기능 대부분을 사용한다. 네임스페이스, 모듈, TypeScript용 제네릭, 고급 컴포넌트 및 Angular 생명주기 훅과 같은 추가 기능에 대해서도 자세히 살펴보겠다. 다음 장에서는 애플리케이션에 기능을 추가하고 observable, 비동기 프로그래밍 등에 대해서도 자세히 설명한다. 그런 다음 애플리케이션을 마무리하기 위해 테스트 케이스를 작성하는 방법을 살펴보고 예제 트렐로 애플리케이션에 대한 몇 가지 테스트 케이스를 추가해볼 것이다.

TypeScript 네임스페이스와 모듈

제대로 조직화된 코드는 기존 코드에 영향을 미치지 않으면서도 빠르게 변경 사항을 반영할 수 있게 해준다. TypeScript를 사용하면 네임스페이스나 모듈과 같은 기능을 사용하여 체계적인 코드를 작성할 수 있다.

TypeScript 1.5 이전에는 네임스페이스 개념이 없었고 사실 내부 모듈과 외부 모듈을 가지고 있었다. TypeScript팀은 이것을 ECAMScript 표준에 맞추기 위해 노력했다. ECMAScript 2015(ES6)처럼 내부 모듈은 namespace라 하고 외부 모듈은 module로 명명했다. 이렇게 명명 규칙이 변경되면서 구문에도 변경 사항이 생겼다. TypeScript는 하위 호환성을 지원하지만 여기서는 최신 버전인 namespace와 module에 초점을 맞춘다.

유니버설 네임스페이스

JavaScript는 기본적으로 모든 클래스와 함수를 window 네임스페이스에 추가한다. window 네임스페이스는 현재 창과 관련된 모든 함수, 클래스와 이벤트를 포함하는 유니버설 네임스페이다. 이러한 함수, 클래스와 이벤트는 웹 애플리케이션의 모든 곳에서 접근할 수 있다. 그러나 조금만 큰 애플리케이션을 만들어 보면 이렇게 하나의 네임스페이스 아래에서 모든 함수와 클래스를 사용하는 것이 좋지 않다는 것을 알 수 있다.

유니버설 네임스페이스에서 모든 함수와 클래스를 갖게 되면 중요한 문제에 부딪히게 된다. 바로 이름 충돌이다. 예를 들어, getData 함수를 만든 다음 팀의 다른 사람이 다른 목적으로 같은 이름을 가진 새로운 함수를 만들려고 하면 바로 이름이 충돌된다. 유니버설 네임스페이스에서는 동일한 이름을 가진 하나의 함수만 만들 수 있다. 따라서 같은 이름의 함수를 다시 정의하면 예상과 다르게 이전 함수를 새 함수로 덮어써버린다.

브라우저에서 개발자 도구로 이동하여 다음 코드를 입력하면 유니버설 네임스페이스의 동작을 확인할 수 있다.

```
function getData() {
  return "true";
};
function getData() {
  return "false";
};
window.getData(); // "false" 가 출력됨
```

앞의 예는 순수한 JavaScript 코드이다. 그러나 TypeScript에서는 다음 스크린샷에서 보는 것처럼 동일한 이름을 가진 두 개의 클래스 또는 함수를 선언하려고 하면 빨간색의 구불구불한 선이 나타난다.

```
 1   class getData{
 2       getJsonData(){
 3           return "No result available";
 4       }
 5   }
 6
 7   class getData{
 8       getFileData(){
 9           return "No result available";
10       }
11   }
12
```

설명을 위해 하나의 파일에 두 개의 동일한 클래스를 정의했다. 두 개의 파일에서 작성해도 같은 문제가 발생한다. 이 문제를 해결하기 위해 컨테이너(네임스페이스와 모듈)가 있다. 컨테이너가 있으면 각 클래스나 함수가 이 컨테이너 안에서 캡슐화되고 컨테이너 이름만 유니버설 네임스페이스에 노출되므로 이름 충돌의 가능성을 줄일 수 있다.

TypeScript 네임스페이스

TypeScript는 namespace라는 키워드를 제공하여 관련 함수, 클래스와 인터페이스를 하나의 우산 아래에 캡슐화할 수 있다. 네임스페이스를 정의하는 구문은 다음과 같이 매우 간단하다.

```
namespace WebServiceResponse{
}
```

모든 함수, 클래스와 인터페이스는 네임스페이스의 중괄호 안에 들어간다. 네임스페이스 외부의 모든 사용자는 다음과 같은 점 표기법으로 접근할 수 있다.

```
<< 네임스페이스 이름>>.<<함수/클래스 이름>>
```

이제 기본적으로 네임스페이스 아래 정의된 모든 함수와 클래스는 네임스페이스 외부에는 표시되지 않는다.

```
1    namespace WebServiceResponse{
2        class WebResponse{
3            getResponse(){
4                return "Success";
5            }
6
7            sendResponse(){
8                return "200 Ok";
9            }
10       }
11
12       let localResponse = new WebResponse();
13       localResponse.getResponse();
14       localResponse.sendResponse();
15
16   }
17
18   let response = new WebServiceResponse.WebResponse();
19
```

18행에서는 WebServiceResponse에 WebResponse 프로퍼티가 없다는 TypeScript 경고
가 뜬다. 12행에서는 네임스페이스 내부이기 때문에 WebResponse 클래스에 액세스할 수
있음을 알 수 있다. 유니버설 네임스페이스에서는 아무 곳에서나 접근이 가능했지만 이제
네임스페이스로 포장하여 외부에서는 접근을 못하게 캡슐화가 잘 된 것을 확인할 수 있다.

export 키워드

TypeScript는 export 키워드를 제공하여 네임스페이스의 특정 멤버를 외부에 공개할 수
있다. 클래스, 함수, 인터페이스 또는 네임스페이스 내부의 변수에 export 키워드 접두어를
붙이면 바로 외부에서 접근할 수 있다. export 키워드는 이전 장에서 보았던 public 키워드
와 비슷하게 작동한다. 따라서 WebResponse 클래스에 export 키워드를 추가하여 앞의 예
제를 수정하면 다음 코드처럼 외부에서 클래스에 접근할 수 있다.

```
namespace WebServiceResponse{
  export class WebResponse{
    getResponse(){
      return "Success";
    }
    sendResponse(){
```

```
      return "200 OK";
    }
  }
  let localResponse = new WebResponse();
  localResponse.getResponse();
  localResponse.sendResponse();
}
let response = new WebServiceResponse.WebResponse();
response.getResponse();
response.sendResponse();
```

중첩(nested) 네임스페이스

TypeScript는 네임스페이스 안에 또 다시 네임스페이스를 추가하여 중첩된 캡슐화를 지원한다. 외부에 노출되는 중첩 네임스페이스에도 export 키워드가 접두어로 있어야 한다. 다음은 중첩된 네임스페이스를 사용하는 방법의 예이다.

```
namespace WebServiceResponse{
  let url: string;
  export namespace ServiceResponse{
    export class WebResponse{
      getResponse(){
        return "Success";
      }
      sendResponse(){
        return "200 OK";
      }
    }
  }
  let localResponse = new ServiceResponse.WebResponse();
  localResponse.getResponse();
  localResponse.sendResponse();
}
let response = new WebServiceResponse.ServiceResponse.WebResponse();
response.getResponse();
response.sendResponse();
```

이 예에서는 중첩 네임스페이스인 ServiceResponse와 그 안의 내부 클래스를 선언했다.

따라서 WebResponse 클래스에 접근하려면 외부 네임스페이스와 내부 네임스페이스 그리고 그 안의 내부 클래스 이름을 사용하여 참조해야한다. 이를 통해 어떤 기능 또는 하위 기능에 기반을 두는 테스트를 할 수 있다.

JavaScript로 변환된 네임스페이스

이제 TypeScript 컴파일러를 통해 네임스페이스가 어떻게 JavaScript로 변환되는지 살펴보겠다. 이전에 언급했듯이 변환된 JavaScript를 살펴보면 TypeScript의 기능을 더 자세히 이해할 수 있다. 하나의 네임스페이스와 하나의 클래스가 있는 예제가 변환된 JavaScript를 살펴보겠다.

```
1
2   namespace WebServiceResponse {
3       let url: string;
4       export class WebResponse {
5           getResponse() {
6               return "Success";
7           }
8
9           sendResponse() {
10              return "200 Ok";
11          }
12      }
13
14      let localResponse = new WebResponse();
15      localResponse.getResponse();
16      localResponse.sendResponse();
17
18  }
19
20  let response = new WebServiceResponse.WebResponse();
21  response.getResponse();
22  response.sendResponse();
23
24
```

```
1
2    var WebServiceResponse;
3    (function (WebServiceResponse) {
4        var url;
5        var WebResponse = (function () {
6            function WebResponse() {
7            }
8            WebResponse.prototype.getResponse = function () {
9                return "Success";
10           };
11           WebResponse.prototype.sendResponse = function () {
12               return "200 Ok";
13           };
14           return WebResponse;
15       }());
16
17       WebServiceResponse.WebResponse = WebResponse;
18       var localResponse = new WebResponse();
19       localResponse.getResponse();
20       localResponse.sendResponse();
21
22   })(WebServiceResponse || (WebServiceResponse = {}));
23
24   var response = new WebServiceResponse.WebResponse();
25   response.getResponse();
26   response.sendResponse();
27
```

앞페이지에 있는것이 생성된 JavaScript 코드이다. WebServiceResponse 네임스페이스는 내부 함수인 WebResponse가 있는 JavaScript의 함수일뿐이다. 22행은 WebServiceResponse 변수를 내부 함수가 아니라 전역 범위에서 사용할 수 있도록 한다. 이렇게 하면 코드를 보다 체계적으로 관리할 수 있다.

JavaScript의 단축평가(short-circuit)

앞의 예제에서 22행의 비밀을 알기 위해 좀 더 자세히 살펴보자. JavaScript는 논리 연산자의 결과를 계산할 때 왼쪽의 표현식만으로 최종 결과가 확정되면 오른쪽의 표현식을 건너뛰는 단축평가(short-circuit)를 지원한다. 다음 몇 개의 예제를 살펴보자.

```
// a가 true라면 b가 무엇이든 최종 결과는 true이므로 b를 평가해볼 필요가 없다.
console.log(a || b);

// a가 false라면 b가 무엇이든 최종 결과는 false이므로 b를 평가해볼 필요가 없다.
console.log(a && b);

// c가 true라면 최종 결과는 t이므로 f를 평가해볼 필요가 없다.
```

```
console.log(c ? t : f);
```

JavaScript에서 또 하나 특이한 점은 논리 연산자의 표현식이 Boolean 타입이 아닌 경우 최종 반환되는 값은 최종 표현식의 평가 값이라는 점이다.

```
// 왼쪽의 표현식이 false이므로 오른쪽의 표현식 'Cat'을 그대로 반환한다.
console.log(false || 'Cat'); // Cat을 출력한다.

// 왼쪽의 표현식이 true이므로 오른쪽의 표현식 'Dog'그대로를 바로 반환한다.
console.log(true && 'Dog');  // Dog을 출력한다.

// 왼쪽의 표현식이 true이므로 오른쪽 표현식의 평가 값 false를 반환한다.
console.log(true && (1 == 2));  // false를 출력한다.
```

JavaScript는 다음 6가지를 false로 간주한다.

1 false

2 null

3 NaN

4 0

5 빈 문자열 (" "또는 ' ')

6 undefined

이상의 내용을 활용하면 JavaScript에서 할당 시 기본 값을 편리하게 지정할 수 있다. 다음의 예제를 보자. 앞의 모든 값이 false이므로 마지막으로 true로 평가했던 표현식의 값인 TypeScript를 출력한다.

```
console.log(false || null || NaN || 0 || ""|| "TypeScript"|| undefined);
```

22행의 비밀을 풀기 위해 더 알아야할 내용이 있다. JavaScript는 ES6의 let 키워드가 나오기 전에는 함수 단위의 스코핑을 지원했기 때문에 어떤 변수를 특정 범위에서만 유효하게 하려면 중괄호로 감싸는 대신에 함수로 감싸야만 했다. 즉시 실행 함수 표현식 (immediately-invokded function expression, IIFE)을 사용하여 전역 환경으로부터 특정 변수를 보호하는 것이다. 즉시 실행 함수는 다음과 같이 표현한다.

```
(function() { /* ... */ })();
(function() { /* ... */ }());
// 표현식이 오는 자리에는 괄호 없이 표현 가능하다.
var f = function() { /* ... */ }();
```

JavaScript에서 변수에 초기 값을 설정하지 않으면 undefined로 초기화된다. 이제 앞의
예제에서의 JavaScript 코드를 이해할 수 있다. 앞의 예제를 축약하면 다음과 같다.

```
1. var WebServiceResponse;
2. (function (WebServiceResponse) {
3.   ...
4. }(WebServiceResponse || (WebServiceResponse = {})));
5. ...
```

1행에서 WebServiceResponse는 undefined로 초기화된다. 그리고 3행에서 구현되는 본
문의 내용은 TypeScript의 namespace와 같은 효과를 내기 위해 즉시 실행 함수를 만
들어 보호한다. 4행에서 || 연산자 왼쪽의 WebServiceResponse는 undefined이므로
false로 평가되고 뒤쪽의 표현식을 평가하여 WebServiceResponse에 비어있는 객체를
할당한다. 이 비어 있는 객체는 즉시 실행 함수의 파라미터로 전달된다. 이렇게 전달된
WebServiceResponse는 깨끗하게 초기화된 비어 있는 객체이며 즉시 실행 함수 내부에서
는 이 객체에 클래스 역할을 하는 함수를 만들어 프로퍼티로 설정한다. 이제 5행에서부터는
마치 WebServiceResponse namespace가 있는 것처럼 외부로부터 보호된 멤버들을 사용
할 수 있다.

▌TypeScript 모듈

TypeScript 모듈은 JavaScript ES5 모듈의 확장 버전이다. 이들은 네임스페이스와 동일한
역할을 수행한다. 즉, 모듈 방식으로 코드를 관리하고 이름 충돌을 방지 할 수 있도록 한다.
사실 첫 번째 애플리케이션 이후로 계속 모듈을 사용하고 있다. 네임스페이스 대신 모듈을
사용하는 가장 큰 장점 중 하나는 모듈을 사용하면 모듈 로더를 사용할 수 있으므로 비동기
동작을 제공하고 결과적으로 애플리케이션의 실행 속도를 높일 수 있다는 것이다. 사용 가
능한 모듈 로더가 여러 개 있는데 구문과 모듈 관리 방법이 각각 다르다.

정의

TypeScript 모듈은 파일 시스템에 의해 정의된다. 즉, 모든 파일이 별도의 모듈이고 파일 이름이 모듈 이름이 된다. 모듈을 정의하는 특별한 키워드는 없다. 그래서 단지 파일을 생성하여 모듈을 만들 수 있다. 명시적으로 정의되지 않는 한 모듈 내부의 모든 컨텐츠는 캡슐화되어 외부에서 접근할 수 없다. 예를 들어, 다음 코드에서 볼 수 있듯이 클래스와 함수가 있는 service.ts라는 파일을 작성해보자. 그러면 service라는 모듈이 만들어지고 다른 모듈에서 이 모듈을 참조할 수 있다.

```
interface iBoardService{
  url: string;
  getBoardInformation();
}
class BoardService{
  url: string;
  getBoardInformation(){
    return "사용 가능한 보드 없음";
  }
}
```

모듈 export

현재로서는 클래스 또는 인터페이스를 모듈 외부에 노출하지 않는다. 따라서 service.ts 파일 내에서만 참조할 수 있다.

```
interface iBoardService{
  url:string;
  getBoardInformation();
}
class BoardService{
  url:string;
  getBoardInformation(){
    return "사용 가능한 보드 없음";
  }
}
let boardService = new BoardService();
boardService.getBoardInformation();
```

BoardService 클래스의 인스턴스를 생성하고 그 메서드를 호출할 수 있다. 그러나 다른 파일에서 같은 작업을 시도하면 오류가 발생한다. 모듈의 멤버를 공개하려면 export 키워드를 사용해야 한다. export 키워드는 네임스페이스와 비슷하게 작동한다. export 키워드를 사용해 모듈의 어느 멤버가 모듈 외부에 노출될 수 있고 어떤 멤버가 될 수 없는지를 명시적으로 정의할 수 있다.

> **NOTE**
>
> 오직 export한 멤버만 외부에서 import 가능하다.

export할 필요가 있는 멤버는 BoardService 클래스에서와 같이 export 접두어를 붙이기만 하면 된다.

```
export class BoardService{
  url:string;
  getBoardInformation(){
    return "사용 가능한 보드 없음";
  }
}
```

export 키워드가 추가되면 이제 BoardService 클래스를 다른 모듈에서 import할 수 있다.

모듈 import

export한 모듈과 그 멤버를 사용하려면 명시적으로 다른 모듈에서 import해야 한다. 멤버를 import하면 현재 모듈의 로컬 멤버와 마찬가지로 사용할 수 있다. 다음은 다른 모듈에서 멤버를 가져오는 import 구문이다.

```
import {BoardService} from './modules/service';
```

이 import문을 또 다른 모듈을 의미하는 새 파일(app.ts)에 추가한다. 이제 import 구문을 자세히 살펴보고 import 모듈이 어떻게 작동하는지 살펴보자.

- 모듈 멤버를 가져오려면 import 키워드로 시작하고 가져오려는 멤버를 중괄호 안에 표시한다.
- 멤버 다음에는 모듈이 있는 경로를 정의한다. 알고 있는 것처럼 모듈은 그저 파일일 뿐이다. 따라서 경로는 import할 모듈의 상대 경로가 된다. 파일 확장자는 컴파일러가 자동으로 붙이기 때문에 경로에 포함하지 않아도 된다는 것에 유의하자. 여기서는 modules 폴더 안에 service.ts 파일이 있다. 따라서 경로는 ./modules/service가 된다. 중괄호 안에 모듈에서 가져올 모든 멤버를 콤마를 사용해 차례로 정의한다.
- export한 모듈을 항상 한꺼번에 가져올 필요는 없다는 것에 주의하자. 필요한 것만 선택적으로 import할 수 있다. 이번 예제에서는 service.ts 파일에서 클래스와 인터페이스가 export되었지만 새로운 모듈에서는 BoardService 클래스만 있으면 된다. 따라서 해당 클래스만 import한다.

import한 이후에는 다음과 같이 BoardService를 app.ts의 로컬 클래스 멤버처럼 사용할 수 있다.

```
import {BoardService} from './Modules/service';
let board = new BoardService();
board.getBoardInformation();
```

모듈을 import할 때 TypeScript에서 제공하는 몇 가지 다른 기능이 있다. 이 기능들을 사용하면 보다 강력하고 관리하기 쉬운 코드를 작성할 수 있다.

- import하는 멤버를 편리하게 사용할 수 있도록 다음과 같이 멤버의 이름을 변경(별칭 추가)할 수 있다.

```
import {BoardService as Service} from './Modules/service';
let board = new Service();
board.getBoardInformation();
```

- 위 예제에서는 BoardService에 대한 별칭 Service를 추가했고, 이제 import한 멤버에 접근할 때는 이 별칭을 사용할 수 있다.

모듈 안에 import할 멤버가 여러 개 있는 경우 중괄호 안에 모든 멤버를 정의하는 대신 별표를 사용하여 한 번에 가져올 수도 있다. 이렇게 하면 보다 간결하게 코드를 작성할 수 있다. 다음은 BoardService 클래스를 가져오는 수정된 코드이다.

```
import * as Service from './modules/service';
let board = new Service.BoardService();
```

```
board.getBoardInformation();
let interface: Service.IBoardService;
```

여기서는 별표를 사용하여 가져온 멤버를 Service라는 별칭으로 정의했다. 따라서 import한 모듈을 사용할 때는 Service를 접두어를 붙여서 멤버를 참조해야 한다.

예제 트렐로 애플리케이션에서 광범위하게 import 구문을 사용한다. Angular 모듈은 물론이고 사용자가 직접 정의한 모듈 또한 import한다.

TypeScript 제네릭

전통적인 프로그래밍 언어는 오랜 기간 제네릭을 가지고 있었다. 마이크로소프트는 2005년 C #에서 제네릭을 소개했다. 자바에도 제네릭이 있다. JavaScript 자체에는 제네릭에 대한 명시적인 개념이 없지만 TypeScript는 제네릭에 대한 개념을 가지고 있다.

제네릭은 함수 또는 클래스를 정의할 때 파라미터에 기대하는 타입을 명시적으로 정의하지 않고 실제 호출할 때 적절한 타입을 정의하는 개념이다.

마지막 애플리케이션에서 제네릭을 사용했고 현재 애플리케이션에서도 다방면에서 다시 사용할 것이다.

제네릭을 사용하면 재사용이 가능하고 일관성이 있는 컴포넌트를 만들 수 있다. 예를 들어, 문자열이나 숫자를 받아들이고 이를 콜렉션에 추가하는 함수를 생각해보자.

이런 경우 문자열과 숫자를 파라미터로 받는 두개의 함수를 따로 정의할 수 있다. 아니면 하나의 함수를 만들고 파라미터를 제네릭으로 정의하여 호출자가 원하는 파라미터의 타입을 직접 정의하도록 할 수 있다.

예상하듯이 제네릭을 사용해 함수를 만들면 코드를 재사용하는 것 외에도 복잡성을 낮추어 코드 관리의 부하를 줄일 수 있다. 또한 향후 동일한 기능에 대해 다른 타입을 지원해야 하는 경우에도 제네릭을 사용했다면 코드를 변경할 필요가 없다.

정의

함수 또는 클래스는 타입 파라미터를 사용하여 제네릭을 정의한다. 타입 파라미터는 함수의 파라미터가 무엇인지 또는 클래스의 인스턴스가 어떤 타입이어야 하는지 정의한다. 타입 파라미터는 함수에 전달되는 일반 파라미터가 아니라 특별한 종류의 파라미터이다. 타입 파라미터는 함수 또는 클래스 이름 다음에 꺾쇠 괄호를 사용해 정의한다. 일반적으로 타입 파라미터는 T로 정의하지만 단지 규칙일 뿐이며 어떤 문자로도 정의할 수 있다. 함수 또는 클래스가 사용할 실제 타입은 해당 함수 또는 클래스 인스턴스를 호출할 때 정의된다.

함수

제네릭 함수는 함수에서 사용되는 타입을 지정하는 방법을 제외하고는 일반 함수와 매우 유사하다. 표준 함수를 제네릭 함수로 변환하는 방법을 살펴보겠다. 다음 함수는 숫자를 입력 파라미터로 사용하여 해당 숫자를 배열에 추가한다.

```
data = [];
pushNumberToArray(item: number){
  this.data.push(item);
}
```

이제 문자열을 동일한 배열에 추가할 요구 사항이 생겼다고 가정해보자. 이 요구 사항을 처리하기 위해 다음과 같이 문자열을 입력으로 받는 다른 함수를 작성한다.

```
pushStringToArray(item: string){
  this.data.push(item);
}
```

이렇게 하는 것은 배열을 관리하는 최선의 방법이 아니다. 새로운 요구 사항이 생길 때마다 새로운 기능이 필요하다. 이럴 때 제네릭이 필요하다. 모든 타입을 받을 수 있는 제네릭 함수를 만든 다음 배열로 추가할 수 있다. 제네릭을 사용해서 가장 좋은 점은 호출자가 전송하려는 타입을 결정할 수 있다는 것이다. 다음 제네릭 함수는 앞의 두 함수를 대체한다.

```
pushGenericToArray<T> (item:T){
  this.data.push(item);
}
```

위에서 볼 수 있듯이 제네릭 함수에는 앞서 언급한 T라는 타입 파라미터가 정의되어 있다. 이렇게 하면 컴파일러는 pushGenericToArray 함수가 하나의 파라미터를 입력으로 사용하고 파라미터의 타입이 호출자 함수에 의해 정의된다는 것을 알게 된다. 이제 다음 예제에서와 같이 다른 데이터 타입으로 호출이 가능하다.

```
this.pushGenericToArray<string>("10");
this.pushGenericToArray<number>(10);
```

▌클래스

제네릭 클래스도 일반 함수와 비슷하게 타입 파라미터를 사용한다. 컬렉션에 데이터를 추가하고 검색하는 등의 컬렉션 관리를 해주는 클래스가 있다고 가정해보자. 컬렉션 데이터 타입은 문자열이나 숫자가 될 수 있다. 이런 경우가 가장 일반적인 제네릭 사용 사례인데 클래스를 정의하고 클래스에 타입 파라미터를 넘겨서 해결할 수 있다. 이렇게 넘겨진 타입 파라미터는 해당 클래스에 구현된 여러 함수의 실제 타입으로 사용된다. 다음 예제를 통해 확인해보자.

```
class GenericClass <T>{
  items :T[] = [];
  pushData(val: T){
    this.items.push(val);
  }
  getData(index: number):T{
    return this.items[index];
  }
}
```

여기서는 T 타입 파라미터를 사용하여 클래스를 정의한 후 이것을 사용하여 items 변수를 정의한다. 제네릭을 사용하면 다음 코드에서처럼 여러 타입으로 사용할 수 있다. 여기서는

number 타입을 타입 파라미터로 사용하여 클래스 인스턴스를 생성했다.

```
let numClass = new GenericClass<number>();
numClass.pushData(10);
numClass.pushData(20);
let num:number = numClass.getData(0);
```

TypeScript 컴파일러는 클래스의 인스턴스를 만들고 인스턴스에서 함수를 호출할 때 비로소 해당 타입이 number임을 알게 된다. pushData 함수를 호출할 때 number가 아닌 다른 타입을 넘기려고 하면 TypeScript 컴파일러에서 오류 메시지와 함께 경고를 띄운다. 이렇게 호출자가 타입을 정의하게 되므로 코드의 일관성을 유지할 수 있다.

클래스를 사용하면 다음 예제와 같이 사용자정의 타입을 만들 수 있다. 여기서는 Person 클래스를 새로 정의했다.

```
class Person{
  firstName: string;
  lastName: string;
}
let personClass = new GenericClass<Person>();
personClass.pushData({firstName: 'Homer', lastName:'Simpson'});
personClass.pushData({firstName: 'Marge', lastName:'Simpson'});
let person:Person = personClass.getData[0];
```

이제 TypeScript 컴파일러는 pushData 함수가 Person 타입의 파라미터만을 사용할 것이고, getData 함수가 Person 타입의 값을 반환할 것이라는 것을 알고 있다.

▌제네릭 제약

앞의 예제에서는 어떤 타입도 타입 파라미터로 할당할 수 있고, 그 타입을 사용하여 함수를 호출할 수 있었다. 이것은 코드의 유연성을 제공하기도 하지만 반대로 너무 많은 시나리오를 열어 줌으로써 코드가 일관되지 않게 동작할 수도 있다.

예를 들어 GenericClass에 문자열을 받아서 해당 문자열과 같은 title을 가진 멤버를 찾는

getSpecificItem이라는 새 함수를 추가했다고 가정해보자.

```
getSpecificItem (title: string): T{
  for(let value of this.items){
    if(value.title == title){
      return value;
    }
  }
}
```

이 함수를 클래스에 추가하면 T 타입에 title 프로퍼티가 존재하지 않는다는 오류가 표시된다. 이렇게 표시되는 이유는 T가 어떤 타입이 될지 알 수 없고 모든 타입에 title 프로퍼티가 있는 것은 아니기 때문이다.

이런 경우 제약 조건에 따라 특정 프로퍼티가 포함된 타입 파라미터만 받도록 하는 것이 가능하다. 제네릭에서 제약 조건은 extends 키워드를 사용해 정의한다. 앞의 경우에는 T 타입에 제약 조건을 적용하여 T 타입은 title 프로퍼티가 있어야만 한다. 제약 조건을 추가하려면 클래스를 다음과 같이 수정하면 된다.

```
interface ITitle{
  title: string;
}
class GenericClass <T extends ITitle>{
  items :T[] = [];
  pushData(val: T){
    this.items.push(val);
  }
  getData(index: number):T{
    return this.items[index];
  }
  getSpecificItem (title: string): T{
    for(let value of this.items){
      if(value.title == title){
        return value;
      }
    }
  }
}
```

첫 번째 변경은 title 프로퍼티가 있는 타입을 정의하는 것이다. 이를 위해 인터페이스를 정의했지만 클래스를 사용해도 된다. 그런 다음 이 인터페이스를 클래스 타입 파라미터에 제약 조건으로 추가했다. 따라서 컴파일러는 ITitle 인터페이스에서 파생된 타입만 이 클래스를 사용할 수 있다는 것을 알 수 있다. 이는 앞의 예에서 number 타입으로 정의한 클래스의 인스턴스가 더 이상 유효하지 않음을 의미한다. 이렇게 제네릭에 제약 조건을 추가하면 보다 구체적으로 타입 파라미터를 정의할 수 있으므로 코드의 일관성이 향상된다.

트렐로 예제 애플리케이션

이제는 트렐로 예제 애플리케이션을 만들어 볼 때이다. 다음 몇 개의 섹션에서는 애플리케이션을 시작하고 실행하는 데 중점을 두고 TypeScript와 Angular의 개념을 살펴볼 것이다. 먼저 애플리케이션 아키텍처와 애플리케이션 기능들을 살펴보자. 그런 다음 Angular와 TypeScript로 컴포넌트를 만드는 방법을 알아보자.

크게 다음과 같은 기능들을 다룰 것이다.

- ▶ TypeScript 모듈을 사용하여 코드를 작성하는 방법을 알아본다.
- ▶ 이번 애플리케이션에는 여러 컴포넌트가 있으며 컴포넌트 간 통신은 서비스를 사용할 수도 있고 직접 데이터 통신을 할 수도 있다. Angular에서 제공하는 통신 기능을 살펴본다.
- ▶ 모델을 만들고 observable을 사용하면서 TypeScript 제네릭의 사용법을 살펴본다.
- ▶ 또한 Angular 컴포넌트의 생명주기에 대해 간략하게 살펴보고 컴포넌트 생성과 소멸 과정에서 사용자정의 기능을 추가하는 방법을 살펴본다.

애플리케이션 아키텍처

다음은 애플리케이션의 아키텍처 다이어그램이다.

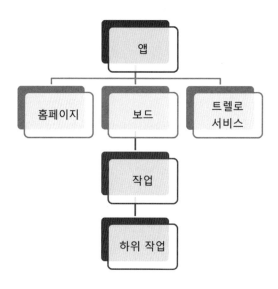

다이어그램에서 볼 수 있듯이 애플리케이션은 홈페이지, 보드, 작업(task)과 하위 작업 (SubTask)이라는 네 가지 컴포넌트로 이루어져 있다. 컴포넌트와 함께 홈페이지 클래스와 보드 컴포넌트 사이에서 통신하는 서비스 클래스가 있다. 작업과 하위 작업은 보드의 자식 컴포넌트이다. 따라서 홈페이지와 보드 컴포넌트 사이의 통신은 서비스를 사용하며 보드와 작업/하위 작업 사이의 통신은 @Input과 @Output 속성을 사용한다. 이번 애플리케이션 은 초기 데이터를 가져오기 위해 외부 웹 서비스를 사용하지 않고 API 폴더의 JSON 파일 을 사용해 데이터를 가져온다. 새로운 보드, 작업과 하위 작업을 만들 수 있지만 애플리케이션을 단순하게 하기 위해 데이터는 저장하지 않는다.

▌코드 설정

이전 애플리케이션에서 했던 것처럼 Angular CLI를 사용하여 프로젝트의 초기 설정을 구성한다. 2장 "첫 번째 애플리케이션 – Sport News Combinator"에서 Angular CLI로 프로젝트를 생성하는 것이 얼마나 쉬운지 알아보았다. 명령어 하나만 있으면 프로젝트에 필요한 모든 파일을 생성하고 패키지 다운로드와 로컬 서버 설정까지 할 수 있다.

프로젝트를 설정하기 위해 다음 명령을 실행해보자.

```
ng new SampleTrelloApplication
```

전체 프로젝트는 https://github.com/sachinohri/SampleTrelloApplication.git에서 다운로드 받을 수 있다.

위의 명령은 초기 컴포넌트를 만들고 필요한 패키지를 구성한다. 명령이 실행되면 기본 뼈대가 생성되고 간단히 다음 명령을 사용하여 이 애플리케이션을 실행할 수도 있다.

```
npm install
ng serve
```

현재는 특별한 기능이 없고 Angular 아이콘과 몇 개의 링크가 있다. 이제 애플리케이션에서 사용할 컴포넌트를 만들어 보겠다. 2장의 첫 번째 애플리케이션인 Sports News Combinator에서 Angular CLI로 만든 애플리케이션의 폴더 구조에 대해 설명했으므로 여기서 다시 다루지는 않겠다. 그러나 폴더 구조는 2장에서 만들었던 것과 정확히 동일하다.

트렐로 홈페이지

홈페이지는 사용자가 처음 접하는 화면이다. 여기서는 애플리케이션에서 사용할 수 있는 모든 보드를 보여준다. 보드 이름과 함께 해당 보드의 작업 개수를 표시한다. 또한 새 보드 만들기 링크를 사용하여 사용자가 애플리케이션에 새 보드를 추가할 수 있는 옵션을 제공한다. 사용자가 새 보드를 만들면 보드에 가서 작업과 하위 작업을 추가할 수 있다. 새 컴포넌트를 만들려면 다음 명령을 사용한다.

```
ng generate component homepage
```

이 명령은 Homepage 컴포넌트, 템플릿 파일과 스타일시트 파일을 생성한다. 홈페이지의 기능은 보드 데이터와 총 작업 수를 표시하는 것이므로 먼저 애플리케이션에서 사용할 데이터 모델을 정의해야한다.

모델

애플리케이션의 기본 데이터 구조는 보드와 작업 그리고 하위 작업으로 구성된다. 각각에 해당하는 Board, Task, SubTask 세 가지 모델을 만들어 보겠다.

이 모델들은 각각 TypeScript 모듈로 정의된다. 즉, 별도의 파일로 만들며 각 클래스는 Homepage 컴포넌트에서 import할 수 있도록 export할 것이다. 먼저 다음 코드를 사용하여 model 폴더에 subtask.ts 파일을 만든다.

```
export class SubTask {
  id: string;
  title: string;
}
```

보이는 것처럼 클래스 앞에 export 키워드를 추가하여 SubTask 클래스를 import할 수 있다. 다음으로 task.ts 파일을 생성한다. 이 파일은 다음과 같이 하위 작업을 참조한다.

```
export class Task {
  id: number;
  title: string;
  subtask: SubTask[];
  taskheaderId: string;
}
```

앞의 코드를 그대로 사용하면 TypeScript 컴파일러는 SubTask 프로퍼티를 사용한 부분에서 오류를 보고한다. 이 경우 SubTask라는 다른 모듈을 사용하고 있지만 import한 것이 아니기 때문이다. 이전 섹션에서 배운 것처럼 모듈을 사용하려면 먼저 모듈을 import해야 한다. 따라서 다음 줄을 task.ts 파일에 추가한다.

```
import {SubTask} from './subtask'
```

마지막으로 다음과 같이 task 모듈을 참조하여 board.ts 파일을 생성한다.

```
import {Task} from './task'
```

```
export class Board {
  id: number;
  title: string;
  task: Task[];
}
```

보는 것처럼 모든 모델은 id와 title을 주 구성원으로 사용하는 간단한 모델이다. 이제 Homepage 컴포넌트에서 이러한 모델을 사용해보자.

홈페이지 컴포넌트

Homepage 컴포넌트는 두 가지 기능을 구현한다.

▶ UI에 표시할 초기 보드와 작업 목록 가져오기

▶ 새 보드 만들기 이벤트를 처리하여 UI에 새 보드를 추가하기

처음 할 일은 서비스에서 하드코드된 데이터를 가져오는 것이다. 다음 장에서는 서비스와 HTTP에 대해 설명하면서 HTTP 호출에서 데이터를 가져오도록 수정할 것이다.

먼저 작업과 하위 작업이 있는 단일 보드를 반환하도록 보드 서비스에 메서드를 작성해 보겠다.

보드 서비스

다음 코드를 사용하여 services 폴더에 trello.service.ts라는 새 파일을 만든다.

```
@Injectable()
export class TrelloService {
    public Boards: Board[];
    constructor(private _http: Http) {}
    public seedData(){
        const temptask: Task = new Task();
        const tempSubTask: SubTask =  new SubTask();
        const board: Board =  new Board();

        temptask.id = 1;
        temptask.title = 'Hello 작업!!';
```

```
        temptask.taskheaderId = '1';

        tempSubTask.id = '1';
        tempSubTask.title = 'Hello 작업 헤더!!';

        temptask.subtask = Array();
        temptask.subtask.push(tempSubTask);

        board.id = 1;
        board.title = 'Hello 보드';
        board.task = new Array();
        board.task.push(temptask);


        this.Boards = new Array();
        this.Boards.push(board);

        return board;
    }
}
```

TrelloService 클래스에는 seedData라는 하나의 메서드만 있는데 이 메서드는 Task와 SubTask로 채워진 보드 객체를 반환한다. 이 메서드에서 반환되는 데이터를 사용하여 홈 페이지를 채운다. Board, Task와 SubTask 모듈에 대한 import문을 다음과 같이 꼭 추가 해야 한다.

```
import { Board } from '../model/board';
import { Task } from '../model/task';
import { SubTask } from '../model/subtask';
```

TrelloService를 app 모듈의 provider 배열에 추가하는 것을 잊지 말자.

홈페이지 - 데이터 초기화

홈페이지에 데이터를 채우려면 이제 seedData 메서드를 호출하여 로컬 Board 객체에 값을 할당하면 된다. 이를 위해 TrelloService를 호출한다.

Angular는 컴포넌트의 작업 흐름을 관리하기 위해 생명주기 훅(life cycle hook)을 제공한다. 생명주기 훅은 Angular가 노출한 이벤트로, Angular가 컴포넌트를 만들 때, 컴포넌트를 초기화 할 때, 컴포넌트를 렌더링할 때 그리고 컴포넌트를 파괴할 때와 같이 특정 시기에 호출된다.

모든 생명주기 훅은 Angular의 core 모듈에서 노출한다.

OnInit

이름에서 알 수 있듯이 Angular가 컴포넌트를 초기화하고 데이터 바인딩된 프로퍼티를 표시할 때 onInit이 호출된다. 이 이벤트는 컴포넌트에 대한 초기화 작업을 하거나 입력 프로퍼티를 설정할 때 호출하기를 권장한다.

따라서 초기 데이터를 가져오기 위해 서비스 호출한다거나 컴포넌트 디스플레이에 필요한 복잡한 계산을 하려는 경우 이 이벤트를 사용하면 된다.

OnDestroy

Angular는 컴포넌트를 파괴하려고 할 때 onDestroy 이벤트를 호출한다. 리소스를 정리하고 자동으로 발생하는 타이머나 작업을 중지하고 메모리를 정리하기에 좋은 장소이다. 때로는 이 이벤트를 사용하여 애플리케이션의 다른 컴포넌트나 다른 부분에 컴포넌트가 삭제된다는 사실을 알려서 추가로 필요한 작업을 수행할 수도 있다.

OnChange

컴포넌트에 바인딩된 프로퍼티에서 변경사항이 생겼을 때 발생하는 이벤트이다. 따라서 프로퍼티가 수정될 때마다 Angular는 OnChange 이벤트를 발생시키고 파라미터로 템플릿에 바인딩된 프로퍼티를 전달한다.

OnChange 이벤트에는 현재 값과 이전 값이 전달되어 변경 사항을 확인하고 논리를 추가할 수 있다. 이 이벤트는 대부분 프로퍼티의 값이나 작업 흐름의 변경 사항에 대해 유효성 검사를 처리할 때 사용한다.

Homepage 컴포넌트는 OnInit 생명주기 훅을 사용하여 보드에 대한 데이터를 가져와 프로퍼티에 바인딩한다. OnInit 메서드를 사용하려면 먼저 Angular/core에서 OnInit 모듈을 가져와 다음처럼 Homepage 컴포넌트 클래스에 OnInit 인터페이스를 구현해야 한다.

```
import { Component, OnInit } from '@angular/core';
@Component({
  selector: 'app-homepage',
  templateUrl: './homepage.component.html',
  styleUrls: ['./homepage.component.css']
})
export class HomepageComponent implements OnInit {
}
```

OnInit 인터페이스는 초기화 이벤트가 발생할 때 Angular에 의해 호출되는 ngOnInit 메서드를 하나만 노출한다. 여기에 필요한 로직을 구현할 것이다. 이전 섹션에서 서비스 클래스에 seedData 메서드가 있었다는 것을 기억하자. 이 메서드는 보드 객체를 반환한다.

따라서 생성자에서 TrelloService를 참조한 다음 seedData 메서드를 호출하여 데이터를 가져온다. 다음은 Homepage 컨트롤러 클래스의 전체 코드이다.

```
import { Component, OnInit } from '@angular/core';
import {Board} from '../model/board'
import {SubTask} from '../model/subtask';
import {Task} from '../model/task'
import{TrelloService} from '../services/trello.service'
@Component({
  selector: 'app-homepage',
  templateUrl: './homepage.component.html',
  styleUrls: ['./homepage.component.css']
})
export class HomepageComponent implements OnInit {
  boards: Board[]= Array();
  errorMessage: string;
  constructor(private _trelloService:TrelloService) { }
  ngOnInit() {
    this.boards.push (this._trelloService.seedData());
  }
}
```

여기서는 Angular 생명주기 훅, 서비스, 컴포넌트와 같은 기능을 사용했다. 이 코드를 사용하여 레코드를 가져와서 로컬 보드 프로퍼티에 할당할 수 있다. 다음 단계는 이 값을 UI에 바인딩하는 것이다.

홈페이지 - 템플릿

홈페이지 템플릿은 사용 가능한 보드를 표시하는 블록과 새 보드를 추가할 수 있게 하는 블록 2개로 구성되어 매우 간단한 구조이다. 다음 코드에서 확인해보자.

```
<div class="boards-wrapper">
  <h2>Boards</h2>
  <div id="boards">
    <a class="board" *ngFor="let board of boards"
       [routerLink]="['/board', board.id]">
      <span class="title">{{board?.title}}:
        <label style="font-size: smaller">Total Task:
          {{board?.task.length}}
        </label>
      </span>
    </a>
    <a href="#" class="board add-board" (click)="addBoard()">
      <span class="title">Create a new board...</span>
    </a>
  </div>
</div>
```

여기에서는 애플리케이션의 스타일을 살펴보지는 않을 것이다. GitHub 코드에서 CSS를 참조할 수 있다.

보이는 것처럼 레코드를 가져오기 위해 *ngFor Angular 지시자를 사용한다. 이 지시자는 사용 가능한 모든 보드를 반복하여 앵커 태그를 만든다. 각 루프에서 보드 제목과 해당 보드에 있는 총 작업 수를 표시한다. 앵커 태그에는 라우터 링크도 정의되어 있다. 이 라우터 링크는 보드 컴포넌트로 이동하는데 사용된다.

보드가 표시된 후 사용자가 새 보드를 만들 수 있는 또 다른 태그가 있다. 이 링크를 클릭하면 HomepageComponent의 addBoard 메서드를 호출한다. 이 메서드는 새 보드 객체를 만들고 Boards 배열에 추가한다.

홈페이지 - 새로운 보드 추가

보드를 추가하면 새 보드 객체를 생성하여 id와 title을 할당한 다음 전역 Boards 객체에 객체를 추가한다. 다음 코드에서 살펴보자.

```
public addBoard(){
  console.log('Adding new board');
  let newBoard:Board = new Board;
  newBoard.id = this.boards.length + 1;
  newBoard.task = Array();
  newBoard.title = "New Board";
  this.boards.push(newBoard);
  console.log('new board added');
}
```

애플리케이션 실행

자, 이제 애플리케이션을 실행하고 지금까지 진행 상황을 확인해야 할 때이다. 코드를 실행하려면 터미널 창에서 다음 명령을 실행하면 된다.

```
ng serve
```

모든 것이 정상적으로 빌드되고 호스팅되면 http://localhost:4200에서 다음 스크린샷과 같은 화면이 보여야 한다.

애플리케이션의 헤더는 따로 헤더 컴포넌트를 만들지 않고 app.component.html 파일에서 직접 생성했다. 이제 애플리케이션에 다른 컴포넌트를 추가할 차례이다. Board, Task

와 SubTask 컴포넌트를 추가한다. 이 컴포넌트들은 두 번째 화면을 표시하는 데 사용된다. 이 과정에서 Services와 @Input/@Output을 사용하여 Angular 컴포넌트 간 데이터를 공유하는 방법을 살펴본다.

트렐로 - 보드 컴포넌트

홈페이지에서 보드를 선택하면 선택한 보드 페이지로 이동한다. 보드 페이지에는 보드 제목과 보드에 관련된 모든 작업과 하위 작업이 표시된다.

이 기능을 구현하려면 다음 작업들을 구현해야한다.

▶ Angular 라우팅을 사용하여 해당 보드 페이지로 이동한다.

▶ 이동 후에는 홈페이지에서 어떤 보드를 선택했었는지 알아야한다. 이는 라우팅 시 파라미터를 통해 전달된다.

▶ 보드 페이지에서는 각각의 작업과 하위 작업을 가져와야한다. 이것은 트렐로 서비스를 공유함으로써 구현된다.

▶ 데이터와 함께 작업과 하위 작업을 화면에 표시해야 한다. 이를 위해 Task와 SubTask 컴포넌트를 만들고 필요한 데이터를 전달할 것이다.

▶ Task와 SubTask 사이의 통신은 @Input과 @Output 프로퍼티로 처리한다.

이제 각각의 작업에 대해 자세히 살펴보고 컴포넌트를 작성해 보겠다.

라우팅

이전 장에서 라우팅에 대해 배웠으므로 여기서는 자세히 다루지 않을 것이다. 라우팅은 app.module.ts 파일에 정의되어 있다. 애플리케이션에는 두 개의 경로를 가지고 있다. 하나는 홈페이지의 기본 경로이고 다른 하나는 BoardComponent의 경로이다. 보드 컴포넌트의 경로는 홈페이지에서 선택한 보드의 id를 뜻하는 하나의 파라미터를 취한다. 다음은 경로를 정의하고 NgModule로 가져온 app.module.ts 파일의 코드이다.

```
const appRoutes: Routes = [
  { path: 'board/:id', component: BoardComponent,pathMatch:"full" },
  { path: '', component: HomepageComponent },
];
imports: [
  BrowserModule,
  HttpModule,
  FormsModule,
  RouterModule.forRoot(appRoutes)
],
```

앞에서 설명한 것처럼 단지 두 개의 경로가 있다. 이제 Homepage 컴포넌트에서 Board 컴포넌트로 라우팅하는 코드를 살펴보겠다.

```
..
<a class="board" *ngFor="let board of boards" [routerLink]="['/board',
board.id]">
..
```

보드 id를 기반으로 각 보드에 대한 고유 경로를 생성한다는 것을 알 수 있다. 따라서 사용자가 보드 중 하나를 클릭하면 Angular는 보드 페이지로 이동하면서 보드 id를 파라미터로 사용한다. 라우팅이 완료되면 보드 컴포넌트로 이동한다. 라우팅에서 전달된 id를 어떻게 확인하는지 코드를 살펴보겠다.

보드 컴포넌트 라우팅

라우팅을 사용하려면 Angular/router에서 Route 모듈을 가져와야한다. 새로운 컴포넌트를 만들 때 먼저 다음과 같이 한다.

```
import { Params, ActivatedRoute } from '@angular/router';
```

모듈을 가져온 후에는 생성자에서 참조하여 Angular가 라우터 서비스를 주입하도록 한다.

```
constructor(private _route: ActivatedRoute, private_trelloService:
TrelloService) { }
```

생성자에서 트렐로 서비스도 참조했다. 이것을 사용하는 목적은 다음 섹션에서 논의할 것이다.

이전 섹션에서 Angular 생명주기 훅에 대해 논의했듯이 onInit 메서드를 사용하여 보드 템플릿의 데이터를 초기화한다. 따라서 OnInit 메서드에서 경로에서 가져온 id로 필요한 초기화를 할 수 있다.

```
ngOnInit() {
  let boardId = this._route.snapshot.params['id'];
}
```

보드 컴포넌트 - 데이터 추출

id를 구했으면 트렐로 서비스를 사용하여 다음 코드와 같이 id를 기반으로 보드를 필터링할 수 있다.

```
ngOnInit() {
  let boardId = this._route.snapshot.params['id'];
  console.log(boardId);
  this.board = this._trelloService.Boards.find(x=> x.id == boardId);
}
```

앞의 코드에서 트렐로 서비스를 사용하여 모든 레코드를 가져온 다음 전달된 id를 기반으로 보드를 가져 오도록 필터링했다. 이를 통해 선택한 보드와 해당 작업, 하위 컴포넌트를 보드 컴포넌트에서 알게 되었다.

한 가지 재미있는 점은 홈페이지 컴포넌트와 보드 컴포넌트에서 동일한 서비스를 사용하여 데이터를 공유한다는 점이다. 홈페이지 컴포넌트에서 seedData 메서드를 호출하여 데이터를 초기화하고 트렐로 서비스의 boards 프로퍼티에 저장했다. 보드 컴포넌트도 바로 이 프로퍼티를 사용하여 보드 정보를 가져온다.

그런데 보드 컴포넌트는 홈페이지 컴포넌트에 의해 관리되는 데이터를 어떻게 받을까? 이는 Angular가 서비스에 대한 싱글턴을 만들어서 하나의 인스턴스를 컴포넌트 간에 공유하기 때문에 가능하다. Angular는 서비스 상태를 관리해야 하는 책임이 있기 때문에 생성자에서 해당 서비스를 참조하면 모든 컴포넌트에 대해 단일 인스턴스를 전달한다.

보드 컴포넌트 – 자식 컴포넌트에 데이터 전달하기

보드 컴포넌트는 선택한 id를 기반으로 데이터를 구했다. 다음 단계에서는 Task와 SubTask 컴포넌트를 사용하여 데이터를 채우는 것이다.

아키텍처 다이어그램에서 보았듯이 작업 컴포넌트는 보드 컴포넌트의 하위 집합이며 하위 작업 컴포넌트는 작업 컴포넌트의 하위 집합이다. 따라서 데이터는 부모와 자식 간에 앞뒤로 전달되는 계층적 구조이다.

이번 장에서는 마스터/하위 컴포넌트 간에 데이터를 전달하는 방법을 알아볼 것이다. 이 세 개의 세부 컴포넌트 기능은 다음 장에서 살펴볼 것이다.

모든 데이터를 보드 컴포넌트에서 보관할 수도 있다. 그러나 그것은 데이터가 커질수록 관리하기가 어려워 좋은 방법이 아니다. 가장 좋은 방법은 항상 단일 책임 원칙(single responsibility principle)을 따르는 것이다. 하나의 컴포넌트는 하나의 기능만 담당하므로 새로운 기능으로 수정하거나 기능을 추가해야 하는 경우 다른 컴포넌트에 대한 영향을 걱정할 필요가 없다.

여기서는 Task와 SubTask 두 개의 컴포넌트를 만들고 책임을 나눌 것이다. 이렇게 하는 것은 애플리케이션 전반에 걸쳐 재사용 가능한 컴포넌트를 생성하는데도 도움이 된다. Angular는 input과 output의 개념을 사용하여 부모 컴포넌트와 하위 컴포넌트 간에 데이터를 공유하는 메커니즘을 제공한다.

@Input을 사용해 자식 컴포넌트에 데이터 전달

Angular는 하위 컴포넌트가 부모 컴포넌트에 프로퍼티를 노출할 수 있도록 하는 @Input 데코레이터를 제공한다. 자식 컴포넌트가 부모에게 값을 할당할 수 있게 하려는 모든 프로퍼티가 대상이 될 수 있다. 이번 애플리케이션의 TaskComponent에는 외부에 노출할 task 프로퍼티가 있다. 그러면 보드 컴포넌트는 특정 작업을 이 프로퍼티에 지정하여 작업 템플릿을 채우는 데 사용할 수 있다. 다음 코드와 같이 @Input 데코레이터를 사용하여 Task

컴포넌트의 task 프로퍼티를 노출할 것임을 표시한다.

```
@Component({
  selector: 'app-task',
  templateUrl: './task.component.html',
  styleUrls: ['./task.component.css']
})
export class TaskComponent implements OnInit {
  @Input()
  task: Task;
  @Input()
  subTasks: SubTask[];
}
```

이제 보드 컴포넌트는 프로퍼티 바인딩 기술을 사용하여 작업과 하위 작업 프로퍼티를 설정하는데 필요한 데이터를 전달할 수 있다. 프로퍼티 바인딩은 다음 코드처럼 대괄호 안에 바인딩 대상을 설정하면 된다.

```
<div *ngFor="let task of board.task " class="sortable-task">
  <app-task [task]="task" [subTasks]="task.subtask">
  </app-task>
</div>
```

여기서는 보드의 모든 작업만큼 반복하며 자식 작업 컴포넌트를 만들었다. 자식 작업을 만들 때 task와 subTasks 프로퍼티를 대괄호로 표시하여 전달했다. 보드 컴포넌트의 작업 또는 하위 작업 프로퍼티의 값이 변경할 때마다 해당 작업 컴포넌트에 반영된다.

설명을 간단하게 하기 위해 전체 템플릿을 보여주지 않았다. 전체 코드는 GitHub에서 다운로드할 수 있다. 다음 장에서 보드 컴포넌트 템플릿의 모든 이벤트를 살펴보겠다.

마찬가지로 하위 작업 컴포넌트에는 @Input으로 데코레이팅된 subTask 프로퍼티가 있으며 이 프로퍼티는 다음과 같이 작업 컴포넌트에 의해 채워진다.

```
<li *ngFor="let subTask of subTasks ">
  <app-subtask [subTask]="subTask"></app-subtask>
</li>
```

앞의 작업 컴포넌트 템플릿 코드는 모든 하위 작업에 대해 반복하고 이 값을 subTask 프로퍼티에 연결한다. 하위 작업 컴포넌트는 다음과 같다.

```
@Component({
  selector: 'app-subtask',
  templateUrl: './subtask.component.html',
  styleUrls: ['./subtask.component.css']
})
export class SubtaskComponent implements OnInit {
  @Input()
  subTask: SubTask;
}
```

여기서 자식 컴포넌트가 부모에 노출하는 방식은 작업 컴포넌트에서 본 것과 매우 유사하다.

자식 컴포넌트의 데이터를 부모 데이터로 전달하기

Angular에서 @Input 데코레이터를 사용하여 부모가 자식에게 데이터를 전달할 수 있음을 확인했다. 마찬가지로 @Output 데코레이터를 사용하여 자식이 부모에게 데이터를 다시 전달할 수 있다. 자식 컴포넌트는 다음 코드와 같이 @Output 데코레이터를 사용하여 노출할 이벤트를 표시한다.

```
@Output()
public onAddsubTask: EventEmitter<SubTask>;
```

여기서는 Task 컴포넌트에 EventEmitter 타입의 Output을 만들었는데 제네릭이 Angular에서 어떻게 사용되는지 볼 수 있다. EventEmitter는 제네릭 타입이며, 사용할 때 사용할 타입을 지정해야 한다. 우리의 경우 SubTask이다. 이 제네릭 파라미터는 이벤트 방출기(emitter)에게 이벤트가 시작될 때 전달된 객체 타입이 SubTask 타입인 것을 알려준다. 출력 이벤트를 사용하려면 다음과 같이 괄호를 사용하여 상위 컴포넌트에 이벤트를 바인딩한다.

```
(onAddsubTask)="addsubTask($event)"
```

여기서는 자식 컴포넌트가 부모 컴포넌트에게 onAddSubTask 이벤트를 방출할 수 있음을 알려줬으며 해당 이벤트가 발생하면 addSubTask라는 부모 컴포넌트의 메서드를 호출하고 발생한 이벤트를 매개 변수로 전달한다.

자식 컴포넌트에서 이벤트를 발생시키려면 작업 컴포넌트의 addSubTask 메서드에서 다음 과 같이 emit 메서드를 호출한다.

```
this.onAddsubTask.emit(newsubTask);
```

Angular의 모든 이벤트 방출기는 emit 함수를 제공한다. 이 함수는 자식 컴포넌트에서 부 모 컴포넌트로 이벤트를 전달해야 함을 알려준다. 다음 코드는 onAddSubTask 이벤트 수 신 시 호출되는 코드로 전달된 이벤트 정보를 출력한다.

```
addsubTask(event){
  console.log("이벤트 발생");
  console.log(event);
}
```

지금까지 홈페이지, 보드, 작업과 하위 작업 컴포넌트가 있는 애플리케이션을 만들어 보았 다. Homepage와 Board 컴포넌트에서 데이터를 가져와서 @Input 프로퍼티를 사용해 보 드, 작업과 하위 컴포넌트 간에 데이터를 전달하고 공유 서비스를 사용하여 홈페이지와 보 드 간에 데이터를 전달할 수 있었다.

요약

이번 장에서는 두 번째 애플리케이션을 만들기 시작하여 여러 기능을 구현해 보았다. 그리 고 TypeScript 모듈과 제네릭에 대해 배웠다. 그런 다음 컴포넌트, 서비스, 다중 컴포넌트 통신, 생명주기 혹과 같은 Angular 기능을 사용하여 대부분의 핵심 기능을 구현했다. 다음 장에서는 애플리케이션을 수정하여 HTTP에서 데이터를 가져오도록 할 것이다. 웹 서비스 기능을 개발하는데 도움이 되는 TypeScript 기능에 배워볼 것이다.

트렐로에
기능 추가하기

Chapter **6**

예제 트렐로 애플리케이션은 총 세 장으로 구성되어 있다. 5장 "두 번째 애플리케이션 – 트렐로"에서는 컴포넌트와 TypeScript 모듈 간의 데이터 통신 기능을 사용하여 기본 데이터 흐름을 처리하고 홈페이지와 보드 페이지를 통해 데이터를 표시하는 방법을 배웠다.

이번 장에서는 사용자가 새로운 작업과 하위 작업을 추가하고 데이터를 하드코딩하는 대신 HTTP에서 가져오도록 수정하는 등 애플리케이션의 나머지 모든 기능을 구현하는 데 초점을 맞출 것이다.

▶ 반복자가 무엇인지, TypeScript에서 어떻게 구현되는지 살펴본다.

▶ 비동기 프로그래밍이 무엇인지 비동기 코드 작성 시 사용할 수 있는 옵션에 어떤 것들이 있는지 알아본다.

▶ Angular에서 TypeScript를 사용하여 비동기 프로그래밍의 기능을 구현하는 방법을 살펴본다.

▶ 또한 Angular에서 제공하는 사용자정의 파이프를 간략하게 살펴볼 것이다. 파이프는 런타임 시 데이터를 형식화할 수 있는 유연함을 제공한다.

▶ 마지막으로 애플리케이션에 테스트 기능을 추가하기 위한 시작점이 될 의존성 주입에 대해 논의할 것이다.

반복자(iterator)

반복자는 TypeScript와 JavaScript에서 많이 사용된다. 반복자는 값에 순차적으로 접근하기 위한 수단으로 반복자를 사용하면 for...of나 for...in을 사용해 배열의 데이터에 접근할 수 있다.

TypeScript에서 자주 사용되는 반복자는 배열, 맵, 세트와 문자열의 반복자로 요소에 차례로 접근할 수 있게 해준다. 반복 가능한 모든 객체에는 Symbol.iterator 프로퍼티가 있어야 한다. Symbol.iterator 프로퍼티는 객체의 요소를 반복 처리할 수 있는 메서드를 제공하기 위해 사용된다.

JavaScript 반복자

먼저 객체의 요소에 반복적으로 접근하는 간단한 예제를 살펴보자.

```
let stringArray = "Learning TypeScript";
for(let c of stringArray){
  console.log(stringArray);
}
```

위의 코드를 실행하면 문자열의 각 문자를 반복하여 출력한다. 이것은 문자열에 Symbol. iterator 프로퍼티가 있고, for … of가 반복 가능한 객체에 대해 루프를 돌며 출력하기 때문에 가능하다. 앞의 예제는 다음 코드와 같이 Symbol.iterator 프로퍼티를 명시적으로 사용하여 다시 작성할 수 있다.

```
let stringArray = "Learning TypeScript";
let iter = stringArray[Symbol.iterator]();
console.log(iter.next().value);
```

여기서는 문자열의 프로퍼티에 접근한 다음 next 함수를 호출했다. next 함수는 done과 value 두 값을 가진 객체를 반환한다. done 값은 반복자가 모든 요소에서 반복되었는지 여부를 나타내고, value는 반복되는 요소의 값을 나타낸다.

TypeScript 반복자

JavaScript와 마찬가지로 TypeScript는 iteratable 프로퍼티를 가진 데이터 타입을 제공한다. TypeScript의 배열, 문자열, 맵, 세트와 같은 데이터 타입이다. TypeScript에서 문자열 또는 배열의 정의를 살펴보면 배열의 경우 다음 스크린샷에 보이는 것처럼 Symbol. Iterator 프로퍼티가 정의되어 있는 것을 볼 수 있다.

```
31   interface IteratorResult<T> {
32       done: boolean;
33       value: T;
34   }
35
36   interface Iterator<T> {
37       next(value?: any): IteratorResult<T>;
38       return?(value?: any): IteratorResult<T>;
39       throw?(e?: any): IteratorResult<T>;
40   }
41
42   interface Iterable<T> {
43       [Symbol.iterator](): Iterator<T>;
44   }
45
46   interface IterableIterator<T> extends Iterator<T> {
47       [Symbol.iterator](): IterableIterator<T>;
48   }
49
50   interface Array<T> {
51       /** Iterator */
52       [Symbol.iterator](): IterableIterator<T>;
53
54       /**
55        * Returns an array of key, value pairs for every entry in the array
56        */
57       entries(): IterableIterator<[number, T]>;
```

Array 인터페이스에는 IterableIterator 인터페이스 타입의 Symbol.iterator 프로퍼티가 있다. IterableIterator 인터페이스는 iterator 인터페이스를 구현하여 next, return과 throw의 3개의 메서드를 가진다. 38행과 39행에서 볼 수 있듯이 return과 throw는 선택적이며 next는 필수 메서드이다. 이러한 메서드는 IteratorResult 타입이며, done과 value 두 가지 프로퍼티를 가지고 있다.

이러한 구현을 이해하고 있는 것이 중요하다. 내용을 잘 알고 있으면 인터페이스를 구현하여 자체적인 반복자를 만드는 것이 쉽기 때문이다. String에서도 위와 같은 구현 내용을 확인할 수 있다.

TypeScript 사용자정의 반복자

숫자의 개수를 표시하는 카운터로 사용할 수 있는 함수를 만들어 보자. 이번에 구현할 카운터는 1부터 시작하여 100에 도달하면 다시 0으로 되돌아간다. 이를 구현하기 위해 Iterator 인터페이스를 구현할 customCounter 클래스를 만든다. next 메서드에 사용자정의 로직을 구현한다. 다음 코드를 살펴본 다음 Iterator 인터페이스를 구현하는 방법을 설명한다.

```
class customCounter implements Iterator<number>{
  private calculatedVal:number=0;
  next(value?: any): IteratorResult<number>{
    this.calculatedVal = this.calculatedVal > 99 ? 0 : ++this.calculatedVal;
    return{
      done: false,
      value: this.calculatedVal
    }
  }
}
let c = new customCounter();
for(let i = 0; i < 101;i++){
  console.log(c.next().value);
}
```

여기에 Iterator 인터페이스를 구현하는 customCounter 클래스가 있다. 이 클래스에는 calculateVal이라는 private 프로퍼티가 하나만 있으며 이 프로퍼티는 0으로 초기화되고 반복자에서 반환하는 값이다.

앞서 살펴본 것처럼 Iterator 인터페이스는 세 개의 메서드 밖에 가지고 있지 않으며 그 중 오직 next만 필수이므로 이 메서드만 구현한다. next 메서드는 두 개의 프로퍼티가 있는 IteratorResult 타입의 인터페이스 객체를 반환한다. next 메서드는 현재 값이 99보다 크면 0으로 초기화하고, 그렇지 않다면 1을 더하고 그 값을 반환한다.

이제 customCounter 객체를 만들고 다음 메서드를 101 번 호출하여 값이 어떻게 출력되었는지 확인한다. 이 코드를 실행하면 1에서 100까지의 값이 출력되고 다시 0이 표시된다. 참고로 Iterator는 ES6(ES2015)에서 소개된 개념이므로 TypeScript에서 위의 예제를 실행하려면 tsconfig.json의 "compilerOptions"에서 "target"을 "es6"로 해야 한다.

따라서 순차적으로 객체의 프로퍼티에 접근하고 싶다면 객체가 Iterator 인터페이스를 구현했는지 또는 객체가 Symbol.iterator 프로퍼티를 가졌는지 확인하면 된다. 만약 그렇다면 for … of나 for … in 함수를 사용하여 프로퍼티에 접근할 수 있다.

TypeScript for...of와 for...in 루프

앞서 문자열이 Iterator 인터페이스를 구현했으므로 for … of 루프를 사용하여 문자열의 모든 문자를 순환할 수 있음을 확인했다. TypeScript는 for … in이라는 다른 함수도 제공한다. 이 두 함수의 주요 차이점은 값으로 반환하는지 여부이다. for … of는 각 요소의 값을 반환하고 for … in은 각 요소의 인덱스를 반환한다. 다음은 이 두 함수의 사용 예이다.

```typescript
let sampleArry = ["TypeScript","Angular","Node"];
  for(let val of sampleArry){
  console.log(val);
}
for(let val in sampleArry){
  console.log(val);
}
```

for … of 루프의 출력은 TypeScript, Angular 그리고 Node이다. for … in 루프의 출력은 0, 1, 2가 된다.

이 두 함수는 반환된 값은 다르지만 Iterator 인터페이스를 사용하여 객체를 순환한다. 이두 함수가 변환한 JavaScript를 비교하면 값이 출력되는 방식을 자세히 살펴볼 수 있다. 두가지 모두에 대해 생성된 JavaScript는 다음과 같다.

```javascript
var sampleArry = ["TypeScript", "Angular", "Node"];
for (var _i = 0, sampleArry_1 = sampleArry; _i < sampleArry_1.length;
_i++) {
  var val = sampleArry_1[_i];
  console.log(val);
}
for (var val in sampleArry) {
  console.log(val);
}
```

for … of의 경우 index를 사용하여 배열의 요소에 순차적으로 접근한 다음 대괄호 표기법 (JavaScript에서 객체의 프로퍼티에 접근하는 두 가지 방법이 있다. 하나는 점 표기법(dot notation)을 사용하여 document.body와 같은 형태로 접근하는 것이고, 다른 하나는 대괄호 표기법(square bracket notation)을 사용해 document['body']와 같은 형태로 접근하는 것이다)으로 배열의 값을 출력한다. for … in의 경우에는 배열의 인덱스만 출력한다.

TypeScript를 이용한 비동기 프로그래밍

비동기 프로그래밍은 이해하기 까다롭지만 반응형 애플리케이션을 만들 때 필수적인 개념 중 하나이다. JavaScript는 단일 스레드 애플리케이션이므로 해당 스레드에서 모든 작업을 수행하면 웹 서비스 호출과 같이 시간이 많이 소요되는 작업이 있을 경우 해당 작업이 끝나고 돌아올 때까지 오랜 시간을 기다리게 된다.

이러한 비싼 작업을 관리하기 위해 비동기 프로그래밍이 필요하다. 예상한 것처럼 TypeScript를 사용하면 비동기 코드를 쉽게 작성하고 관리할 수 있다. 요즘에는 JavaScript에서도 새로운 버전이 나올 때마다 효율적이고 비동기적인 코드를 작성하는 여러 가지 방법이 추가되고 있다. TypeScript는 이러한 모든 방법을 지원하며 여기서는 비동기 프로그래밍에 대해 좀 더 살펴볼 것이다.

콜백 함수

콜백 함수는 비동기 처리가 완료된 후에 호출되는 예약 함수이다. 콜백 함수는 파라미터 형태로 다른 함수에 전달되고 비동기 처리가 완료될 때 호출된다.

이전에 JavaScript를 사용했다면 timeout 함수나 interval 함수 또는 웹 서비스 호출을 사용하는 중에 콜백 함수를 사용했을 것이다. 예를 들어 setTimeout 함수를 작성하면 특정 시간 후에 다른 함수를 호출한다. 이 다른 함수가 바로 콜백 함수이다. 다음 코드를 살펴보자.

```
setTimeout(callback, 2000);
function callback() {
  alert("콜백 함수 호출");
}
```

이 코드는 JavaScript의 setTimeout 함수를 사용해 2초 동안 대기 후 callback이라는 다른 함수를 호출한다. 이는 웹 서비스 또는 오래 걸리는 작업을 호출하고 해당 작업이 완료되면 콜백 함수를 호출하여 응답을 처리하는 비동기 처리 방식과 매우 유사하다.

이 메커니즘을 통해 JavaScript는 오래 걸리는 작업이 끝날 때까지 대기할 필요가 없다. 콜백 함수는 어떤 형태로든 정의가 가능하다. 그렇다면 TypeScript에서는 어떻게 콜백 함수를 작성해야 할까?

TypeScript 콜백

웹 서비스 호출을 하고 응답이 돌아오면 적절한 처리 후 사용자에게 데이터를 표시하려고 한다고 해보자. 그리고 이 모든 것을 비동기적으로 처리하려고 한다. 다음은 이러한 함수 중 하나이다.

```
function doWork(clientName: string, callback: (boards: Board[], status:
string)=> void): void{
  let response:Board[];
  // id를 기준으로 웹 서비스 호출을 하고 보드의 목록을 구한다.
  // 그 다음 필요한 파라미터와 함께 지정한 콜백 함수를 호출한다.
  callback(response, "Success");
}
```

이 함수는 두 개의 파라미터를 입력으로 사용하며 하나는 보드를 가져올 클라이언트의 이름이고 다른 하나는 콜백 함수이다. 함수 시그니처에서 볼 수 있듯이 콜백 타입도 정의했다. 콜백 함수는 두 개의 파라미터, 보드 배열과 웹 서비스 호출 상태를 받는다. 따라서 일단 이 메서드가 호출되면 내부적으로 웹 서비스를 호출하고 웹 서비스 응답 후에 콜백 함수를 호출한다. 이제 정의한 콜백 함수를 살펴보겠다.

```
function callBack(boads: Board[], status: string){
  if(status != "Success"){
    console.log(status);
  }
  else{
    boads.forEach(x=>console.log(x.title));
  }
}
```

이 함수는 매우 간단하다. 상태를 확인하여 성공이 아니면 상태를 출력한다. 그렇지 않으면 모든 보드의 제목을 출력한다. 이러한 방식으로 애플리케이션이 응답을 처리하는 동안에도 반응형으로 동작하도록 할 수 있다.

● 콜백 함수 정리

콜백 함수를 파라미터로 받는 doWork라는 함수가 있다고 하자. 이때 TypeScript 인터페이스를 사용하면 doWork의 콜백 서명을 다음과 같이 간결하게 수정할 수 있다.

```
interface ICallBack{
  (boards: Board[], status: string) : void;
}
function doWork(clientName: string, callback: ICallBack): void{
  let response:Board[];
  // id를 기준으로 웹 서비스 호출을 하고 보드의 목록을 구한다.
  // 그 다음 필요한 파라미터와 함께 지정한 콜백 함수를 호출한다.
  callback(response, "Success");
}
```

여기에서는 콜백 서명을 사용하여 인터페이스를 정의한 다음, doWork의 파라미터로 해당 인터페이스를 넘겨서 코드를 보다 간결하고 깨끗하게 만들었다. 또한 이렇게 인터페이스를 정의하면 여러 장소에서 동일한 콜백 서명을 반복해서 사용할 수 있다.

▌프로미스(Promise)

콜백을 사용하여 비동기 코드를 쉽게 작성할 수 있다. 그러나 앞의 코드 예제에서 알 수 있듯이 콜백은 코드가 길고 절차가 복잡하다. 또한 비동기 작업 안에서 또 다른 비동기 작업을 여러 번 호출하려는 경우 콜백 안에서 콜백을 호출하는 것을 반복하여 코드가 굉장히 장황하고 이해하기 어려운 구조가 된다.

이러한 문제를 해결하기 위해 프로미스를 사용한다. ES2015 이후 프로미스는 기본 JavaScript의 일부이므로 프로미스가 포함된 TypeScript 코드를 작성하려면 tsconfig.json에서 target 옵션을 ES2015로 해야 한다.

그렇다면 프로미스란 무엇일까? 프로미스는 비동기 호출에 의해 반환되는 개채로 호출에 의해 최종적으로 반환되는 값을 나타낸다. 즉 프로미스는 반환되는 것을 임시로 메꿔주는 공간으로서 실제 값이 반환되면 그 값으로 채워진다. 콜백 함수와 가장 큰 차이점은 프로미스는 콜백을 전달하지 않고 API를 사용하여 콜백을 프로미스에 첨부한다는 것이다. 프로미스를 사용하면 콜백보다 이해하기 쉽고 간결한 코드를 작성하는 데 도움이 된다.

프로미스 API

프로미스의 서명은 비동기 작업을 수행하는 함수를 파라미터로 받는다. 이 함수는 resolve와 reject라는 두 개의 파라미터를 사용한다. 이 파라미터를 사용하면 작업이 성공 또는 실패인 경우 프로미스에게 알려줄 수 있다. 작업이 성공하면 resolve 함수를 호출하여 성공을 알림과 동시에 비동기 작업의 반환 값을 resolve 함수에 전달할 수 있다. 다음은 프로미스를 사용한 코드이다.

```
let p:Promise<Board[]> = new Promise((resolve, reject) =>{
  // ...
  // 임의의 비동기 작업 수행
  // ...
  if(success){
    resolve(result);

  else{
    reject(errorMsg);
  }
});
```

새로운 Promise 객체를 만들고 화살표 함수를 전달했다. 이 화살표 함수는 비동기 작업에 의해 호출되는 두 개의 파라미터를 사용하며 호출에 성공하면 resolve, 실패하면 reject를 호출한다.

여기서 주목해야할 또 다른 중요한 점은 변수 p의 타입이다. 변수는 제네릭 서명이 있는 Promise 타입이다. 보드 배열 타입의 프로미스를 할당했다. 즉, 프로미스가 성공하면 보드 배열 타입의 결과를 반환한다.

응답 처리

다음 단계는 프로미스에 의해 반환된 응답을 처리하는 것이다. 프로미스 API는 then, catch 두 가지 기능을 제공한다. then 함수는 프로미스의 성공적인 완료를 위해 호출하는 것으로 다음 코드와 같이 프로미스가 resolve될 때 호출하는 또 다른 함수를 지정해야 한다.

```
p.then(boards=>boards.forEach(board=>console.log(board.title)));
```

여기서는 보드 배열을 가져온 다음 각 요소를 반복하여 보드의 제목을 출력한다. 프로미스가 성공적으로 반환되면 이 메서드가 호출된다. 오류 시나리오를 처리하기 위해 프로미스 API에는 다음과 같은 catch 함수도 있다.

```
p.catch(msg=>console.log(msg));
```

reject 함수가 오류 메시지를 전달했기 때문에 catch에서 오류 메시지만 출력한다. then 함수와 catch 함수는 둘 다 프로미스를 반환하므로 다음 섹션에서 설명하는 것처럼 여러 프로미스를 연결할 수도 있다.

promise 연결(chaining)

실제 상용 서비스의 시나리오를 보면 여러 비동기 작업을 차례로 호출하는 경우가 있다. 프로미스는 여러 호출을 관리할 수 있는 체인을 제공한다. then 함수는 초기 프로미스 객체와 다른 또 다른 새로운 프로미스를 반환하고 이전 프로미스 작업과 해당 프로미스의 콜백이 완료되었음을 나타낸다. 다음은 프로미스를 연결하는 예이다.

```
let p:Promise<Board[]> = new Promise((resolve, reject) =>{
  // ...
  // 임의의 비동기 작업 실행
  // ...
  if(success){
    resolve(result);
  }
  else{
```

```
      reject(errorMsg);
   }
});
let newPromise = p.then(boards=>doSomeMoreAsyncWork(boards));
newPromise.then(result => console.log(result));
```

이 코드는 앞의 프로미스 코드를 확장한 버전으로 변수 p는 임의의 비동기 작업을 수행한 후에 보드 타입의 배열을 반환하는 프로미스이다. p가 resolve될 때 then 함수에서 또 다른 doSomeMoreAsyncWork 비동기 작업을 호출한다. then 함수는 새로운 프로미스를 반환한다.

이를 통해 여러 개의 비동기 작업을 연결하고 이전 비동기 작업이 완료된 후에 다음 작업이 실행되도록 할 수 있다. 연결(chaining)은 then 함수에서 허용될 뿐만 아니라 catch 함수에서도 동작한다. 즉, 한 작업이 실패했을 때 호출할 여러 작업을 연결할 수도 있다. catch 블록과 연결되도록 수정한 이전의 코드는 다음과 같다.

```
let newPromise = p.catch(boards=>doSomeMoreAsyncWork(boards));
newPromise.then(result => console.log(result));
```

catch 함수에 연결한 것을 제외하고는 then 함수를 연결한 코드와 같다.

Async-await

TypeScript는 1.7.x 버전에서 async-await 기능을 도입했으나 컴파일러 버전이 ES2015인 경우에만 사용할 수 있었다. 2.x 버전에서는 ES5와 ES3 JavaScript 버전에서도 지원하도록 변경되었다.

TypeScript async-await는 프로미스에 기반하여 구축되었는데 보다 직관적인 방식으로 비동기 코드를 작성할 수 있게 해준다. async-await의 주된 장점은 개발자가 동기 방식의 코드를 작성하는 것과 비슷하게 작성하여 보다 가독성이 높고 깨끗한 코드를 제공한다는 점이다. 다음 비동기식 코드를 살펴보고 프로미스와의 차이점을 살펴보자.

```
async function callAsyncFunction(id:number) {
  console.log("비동기 작업 호출 전");
  await doAsyncWork(id);
  console.log("비동기 작업 완료");
  return "성공";
}
function doAsyncWork(id:number){
  // 웹 서비스 호출
}
console.log("비동기 함수 호출 전");
let p = callAsyncFunction(1).then(x=>console.log(x));
console.log("비동기 함수 호출 후");
```

다음은 async-await 함수에 대한 설명이다.

▶ 먼저 async-await에 대해서 알아야 할 점은 async 함수가 프로미스 위에서 빌드되기 때문에 결국은 프로미스를 반환한다는 것이다.

▶ 1행에서 볼 수 있듯이 async 키워드가 접두어로 사용되는 callAsyncFunction 함수가 있다. 이것은 컴파일러에게 이 함수의 내부에는 주 실행 주기와는 별도로 실행되어야 하는 부분이 있음을 알려준다.

▶ 병렬로 수행되기를 원하는 메서드는 doAsyncWork 호출과 같이 항상 await 키워드를 접두어로 사용한다.

▶ callAsyncFunction 메서드는 문자열을 반환하므로 반환 타입은 컴파일러에 의해 Promise 〈string〉이 된다. 비동기 작업을 수행 후 프로미스를 반환한다는 것을 뜻한다.

▶ 만약 함수에서 return문이 없었다면 Promise는 void 타입이었을 것이다.

▶ 이 함수가 프로미스를 반환하기 때문에 프로미스 API를 사용하여 비동기 작업의 결과를 가져온다. 마지막 부분에 then API를 사용하여 함수의 반환 값을 가져오는 것을 볼 수 있다.

따라서 async-await 방식으로 코드를 작성하면보다 순차적인 방식으로 코드를 작성할 수 있다. 앞의 코드를 실행했을 때의 출력은 다음과 같다.

```
비동기 함수 호출 전
비동기 작업 호출 전
비동기 함수 호출 후
비동기 작업 완료
성공
```

이 결과는 컴파일러가 비동기 함수가 끝날 때까지 기다리지 않고 계속 기존 작업을 처리한 것을 보여준다.

Async-await 에러 처리

async-await은 단지 프로미스일 뿐이므로 프로미스와 동일하게 예외를 처리해야 한다. 즉, 프로미스 API의 catch 메서드를 사용하여 실패 시나리오를 처리해야 한다. 다음은 callAsyncFunction 함수 호출을 수정한 코드이다. 여기서는 성공한 경우와 함께 실패한 경우도 처리한다.

```
let p = callAsyncFunction(1).then(x=>console.log(x))
.catch(errorMsg => console.log(errorMsg));
```

catch 함수를 then 함수에 연결한 것을 볼 수 있다. 따라서 callAsyncFunction 함수가 오류를 반환하면 catch 메서드가 호출되고 적절한 예외 처리를 할 수 있다.

예제 트렐로 애플리케이션에 기능 추가

지금까지 배웠던 내용을 예제 트렐로 애플리케이션에 통합할 시간이다. 이전 장에서는 다음과 같은 기능을 구현했다.

- ▶ 홈페이지 : 모든 보드를 표시하는 홈페이지 개발
- ▶ 보드 데이터 : 이전 장에서는 서비스 파일에서 하드코딩된 데이터를 가져왔다.
- ▶ 보드 : 작업과 하위 작업 컴포넌트를 포함하는 보드 컴포넌트
- ▶ 작업과 하위 작업 : 이들 컴포넌트는 현재 선택한 보드의 작업과 하위 작업을 표시한다.
- ▶ 계층적 데이터 통신 : @Input과 @Output 데코레이터를 사용해 Angular가 보드와 작업, 하위 작업 컴포넌트 사이에서 자식 컴포넌트와 어떻게 통신하는지 살펴보았다.

이번 장에서는 아래 나열된 나머지 기능을 모두 구현한다.

- ▶ HTTP 데이터 : 하드코딩된 데이터를 가져오는 대신 HTTP 호출을 통해 데이터를 가져온다. 프로미스를 사용해 구현할 것이다.

▸ 기능 구현 : 새 작업 추가, 새 하위 작업 추가, 새 보드 추가와 같은 나머지 모든 기능을 구현한다.

▸ 데이터 포맷팅 : Angular는 특정 데이터를 실행 중에 포맷팅할 수 있는 파이프 메커니즘을 제공한다. 파이프가 무엇인지 살펴본 다음에 우리 애플리케이션에서 구현해보겠다.

예제 트렐로에서 프로미스 사용하기

마지막 애플리케이션인 Sports News Combinator에서는 observable을 사용해 외부 링크에서 스포츠 뉴스 기사를 가져왔다. 이번 장에서는 어떻게 HTTP 호출을 하는지 보여주기 위해 프로미스를 사용한다. 데이터를 가져오기 위해 몇 개의 보드와 각각의 작업과 하위 작업을 가진 JSON 파일을 생성한다.

보드 JSON

이 JSON 파일은 GitHub에서 다운로드할 수 있다. src/api 폴더 아래에 있다. 다음은 JSON 파일의 일부이다.

```
{
  "id":1,
  "title":"Learn TypeScript",
  "task":[
    {
      "id":"1",
      "title":"Basics",
      "taskheaderId":"1",
      "subtask":[
        {
          "id":"1",
          "title":"Types"
        },
        {
          "id":"2",
          "title":"Classes and Interfaces"
        }
      ]
    },
    {
```

```
      "id":"2",
      "title":"Advanced",
      "taskheaderId":"2",
      "subtask":[
        {
          "id":"1",
          "title":"제네릭"
        },
        {
          "id":"2",
          "title":"Modules"
        }
      ]
    }
  ]
}
```

이전 장에서 보았듯이 Board 클래스는 id, title과 task 배열의 세 가지 요소로 구성된다. 작업은 id, title과 하위 작업 배열로 구성된다. 앞의 JSON은 같은 포맷으로 설계되었다. 이 JSON은 Learn TypeScript라는 title과 1이라는 id를 가진 첫 번째 Board를 나타낸다. 이러한 데이터를 가진 작업 배열을 가지며 각 작업에는 하위 작업 배열이 있다.

HTTP 호출을 사용하여 이 JSON을 가져온 다음 Board 객체를 홈페이지 컴포넌트에 전달할 것이다.

▌프로미스 구현

프로미스를 구현하려면 먼저 HTTP 호출과 프로미스 객체에서 응답을 가져오기 위한 의존성을 추가해야 한다.

HTTP 의존성 추가

Angular는 웹 서비스 호출을 하기 위한 HTTP 클라이언트를 제공한다. HTTP 클라이언트를 사용하려면 HttpModule을 애플리케이션에 추가해야한다. 앞서 배운 것처럼 app.module 파일에 추가하면 된다. 다음은 프로젝트에 HTTP 모듈에 대한 참조를 추가하는 단계이다.

1 HTTP를 사용하기 위해 app.module 파일에 import문을 추가한다.

```
import { HttpModule } from '@angular/http';
```

2 NgModule의 imports 배열에서 HTTP 모듈을 참조한다.

```
imports: [
  BrowserModule,
  HttpModule,…
]
```

앞의 두 단계는 Angular 컴파일러에게 애플리케이션이 필요로 하는 의존성을 알려준다. Angular는 이 의존성을 관리하고 애플리케이션에 언급된 모든 의존성을 주입한다.

이제 서비스 호출에서 HTTP에 대한 참조를 다음과 같이 추가한다.

1 trello.service 파일에서 다음과 같이 HTTP에 대한 참조를 import한다.

```
import { Http, Response } from '@angular/http';
```

Http와 함께 Response 객체도 import한다. Response 객체는 웹 서비스 호출에서 반환되는 객체에 접근하기 위해 필요하다.

2 서비스 클래스의 생성자에 HTTP에 대한 참조를 다음과 같이 추가한다.

```
constructor(private _http: Http) {}
```

이 참조는 서비스 클래스의 객체가 생성될 때 주입되야 하는 종속성을 정의한다. 이렇게 참조한 의존성을 주입하는 것은 Angular 컴파일러의 책임이다. 이번 장의 마지막 부분에서 의존성 주입에 대해 논의할 것이다. 지금은 서비스 클래스 생성 시 자동으로 초기화되는 HTTP 타입의 private _http 객체를 생성한 것만 기억하면 된다.

HTTP 호출 로직

이제 _http 객체를 사용하여 웹 서비스를 호출할 수 있다. getBoardsWithPromises 함수를 만들어 JSON 파일에 대한 GET 호출을 하고 프로미스를 Homepage 컴포넌트에 반환한다. 다음은 이 함수의 코드이다.

```
01.  getBoardsWithPromises(): Promise<Board[]> {
02.    if(this.Boards == undefined){
03.      return this._http.get(this._boardUrl).toPromise()
04.        .then((response: Response) => {
05.          this.Boards = <Board[]>response.json();
06.          return <Board[]> response.json() ; } );
07.      }
08.    else {
09.      return Promise.resolve(this.Boards);
10.    }
11. }
```

함수를 한 줄씩 살펴보겠다.

- ▶ 1행에서는 함수의 이름과 반환 타입이 있다. HTTP 호출에서 Boards 객체를 반환한다는 것을 알기 때문에 보드 타입의 프로미스를 반환한다.

- ▶ 2행에서는 보드를 이미 가져온 적이 있는지를 확인한다. 가져온 적이 없다면 HTTP 호출을 한다. 이미 가져온 적이 있다면 9행에서처럼 이미 저장한 보드의 배열 객체를 사용하여 프로미스를 반환한다.

- ▶ 그런 다음 로컬 HTTP 객체를 사용하여 HTTP GET 호출을 한다. 마지막 예제를 통해 Angular의 HTTP는 기본적으로 observable을 반환한다는 것을 알고 있으므로 이 observable을 프로미스로 변환할 방법이 필요하다.

- ▶ rxJS의 API인 toPromise를 사용하여 응답을 프로미스로 변환한다.

- ▶ promise API에는 then과 catch 2개의 메서드가 있다. then 메서드를 사용해 API 결과를 확인하는데, then 함수는 HTTP 호출의 응답을 파라미터로 하는 함수를 취한다.

```
.then((response: Response) => {
  this.Boards = <Board[]>response.json();
  return <Board[]> response.json() ; } );
```

여기에서 화살표 함수를 사용하여 응답을 확인하고 지역 변수인 보드 배열을 응답으로 설정했다. 그리고 데이터를 가져와 로컬 변수에 할당하고 호출자에게 응답을 전달하는 프로미스를 구현했다.

홈페이지 컴포넌트에서 호출하기

마지막 장에서는 트렐로 서비스의 seedData 메서드를 호출하여 Homepage 컴포넌트에서 데이터를 가져왔다. 이제는 이것을 프로미스를 사용하는 새로운 메서드로 대체하려고 한다. 다음은 호출 시 사용하는 코드이다.

```
this._trelloService.getBoardsWithPromises()
                    .then(boards => this.boards = boards,
                error => this.errorMessage = <any>error);
```

이 코드는 Homepage 컴포넌트가 초기화될 때 ngOnInit 메서드에서 호출된다. 여기서는 getBoardsWithPromises 메서드를 호출한 다음 then 함수를 사용하여 응답을 받는다.

여기서 주목해야 할 것은 then 함수가 성공과 실패 시나리오를 함께 처리한다는 것이다. then 함수는 두 개의 파라미터를 갖는다. 첫 번째 파라미터는 성공 시 처리를 하고 두 번째 파라미터는 실패 시 처리를 한다.

getBordsWithPromises가 예외를 던지면 then 함수는 두 번째 매개 변수를 실행한다. 다음은 then 함수의 서명이다.

```
then<TResult1 = T, TResult2 = never>(onfulfilled?: ((value: T) => TResult1
¦ PromiseLike<TResult1>) ¦ undefined ¦ null, onrejected?: ((reason: any) =>
TResult2 ¦ PromiseLike<TResult2>) ¦ undefined ¦ null): Promise<TResult1 ¦
TResult2>;
```

여기에서 볼 수 있듯이 두 개의 파라미터 onfulfulled와 onrejected가 있으며 둘 다 필수는 아니다. 사실은 다음과 같이 then과 catch 함수를 사용하여 다시 작성할 수도 있다.

```
this._trelloService.getBoardsWithPromises()
  .then(boards => this.boards = boards)
  .catch(error => this.errorMessage = <any>error);
```

유일한 차이점은 catch 함수를 명시적으로 사용했다는 것인데 코드의 내용은 완전히 동일하다.

프로미스를 구현했으니 이제 JSON 파일에서 데이터를 가져올 수 있다. 다음으로 트렐로의 기능을 구현할 차례이다.

기능 구현

현재 트렐로 애플리케이션은 이미 존재하는 데이터를 보여주는 것을 제외하고는 별다른 기능이 없다. 이 섹션에서는 다음과 같은 기능을 구현할 것이다.

- ▶ 작업을 추가하는 기능
- ▶ 특정 작업에 새 하위 작업을 추가하는 기능
- ▶ 보드, 작업, 하위 작업의 제목을 변경하는 기능
- ▶ 새 작업이 추가되면 홈페이지에 변경 사항을 반영하는 기능

지금은 로컬 JSON 파일에서 데이터를 가져오기 때문에 변경 사항을 저장하기 위한 로직을 구현하지는 않을 것이다. 예를 들어 보드의 제목을 변경한 후 애플리케이션을 새로고침하면 해당 변경 사항은 반영되지 않는다.

구현 – 새로운 작업 추가

새 작업을 추가하려면 다음 기능을 구현해야한다.

- ▶ 사용자가 새 작업 추가 섹션을 클릭하면 사용자가 입력을 할 수 있도록 입력 상자에 포커스가 맞춰져야 한다.
- ▶ 사용자가 입력을 완료하고 Enter 키를 누르면 보드에 새 작업을 추가해야 한다.
- ▶ 사용자가 Enter 키를 누르지 않고 입력 상자에서 포커스를 이동하더라도 새 작업을 추가해야 한다.

각 단계별로 코드를 살펴보자.

보드 컴포넌트

먼저 보드 템플릿이다. 다음은 새 작업을 추가하기 위한 코드이다.

```
<div class="add-task"(click)="enableAddtask()" >
  <input
    (keyup)="addtaskOnEnter($event)"
    (blur)="addtaskOnBlur()"
    [(ngModel)]="addtaskText"
    placeholder="작업 추가" />
</div>
```

여기에 작업 추가 입력 상자를 캡슐화하는 div가 있다. 이 템플릿에는 enableAddTask, addtaskonEnter와 addtaskonBlur의 세 가지 함수를 사용하고 있다. 그리고 addtaskText 프로퍼티가 있다. 이 프로퍼티는 사용자가 입력한 텍스트를 나타낸다.

● enableAddTask 함수

이 함수는 매우 간단하다. 새로운 작업을 추가하려는 입력 상자를 찾아 포커스를 설정한다.

```
enableAddtask() {
  let input = this.el.nativeElement
    .getElementsByClassName('add-task')[0]
    .getElementsByTagName('input')[0];
  setTimeout(function () { input.focus(); }, 0);
}
```

● addtaskOnEnter 함수

이 함수는 사용자가 입력 상자에 입력을 완료하고 Enter 키를 누를 때 호출된다. 이 기능의 목적은 보드에 새로운 작업을 추가하는 것이다. 다음은 같은 코드이다.

```
addtaskOnEnter(event: KeyboardEvent) {
  if (event.keyCode === 13) {
    if (this.addtaskText && this.addtaskText.trim() !== '') {
      this.addtask();
    } else {
      this.clearAddtask();
    }
  }
  else if (event.keyCode === 27) {
```

```
    this.clearAddtask();
  }
}
```

이 메서드는 내부적으로 addtask와 clearAddtask와 같은 몇 가지 다른 함수를 호출한다.

이 메서드를 호출할 때 UI에서 사용자가 누른 키의 정보를 제공하는 KeyBoardEvent 타입의 이벤트를 전달한다.

엔터키(키코드 13)가 입력되었는데 입력 상자가 비어 있지 않은 경우 addtask를 호출한다. ESC 키(키코드 27)를 누르면 애플리케이션은 사용자가 이전 작업을 취소한 것으로 간주하고 작업을 추가하지 않을 것이다.

● addTask 메서드

addTask 메서드는 보드 배열에 작업을 추가하는 메서드로 해당 내용은 UI에도 반영된다. 다음은 이를 수행하기 위한 코드이다.

```
addtask() {
  let newID = this.board.task.length + 1;
  let newtask = <Task>{
    title: this.addtaskText,
    id: newID
  };
  this.board.task.push(newtask);
  this.updateBoardWidth();
  this.addtaskText = '';
}
```

새로운 작업에 대한 작업 번호는 1씩 증가시켜 새로운 ID를 할당한다. 그런 다음 새로운 Task 객체를 만들고 id와 title을 설정한다.

이 새로운 객체는 Board 컴포넌트에 있는 board 객체의 task에 추가된다.

양방향 바인딩으로 인해 보드의 새 작업은 UI에 자동으로 업데이트된다.

● **clearAddtask 메서드**

이 메서드는 그저 addtaskText 프로퍼티를 지워서 UI의 입력 상자에서 "작업 추가"를 다시 보이게 한다.

● **addtaskOnBlur 메서드**

addtaskonBlur 메서드는 단순히 입력 상자에 텍스트가 있는지를 확인하고, 입력 상자에 텍스트가 있으면 addtask 메서드를 호출한다. 그렇지 않으면 다음과 같이 clearAddtask 메서드를 호출한다.

```
addtaskOnBlur() {
  if (this.addtaskText && this.addtaskText.trim() !== '') {
    this.addtask();
  }
  this.clearAddtask();
}
```

구현 – 새로운 하위 작업 추가하기

새로운 하위 작업을 추가하는 것은 새 작업을 추가하는 것과 유사하지만 작업하는 데이터 객체에 차이가 있다. 새 작업이 추가되면 선택한 보드의 작업 목록에 작업이 잘 추가되었는지 확인해야 한다.

새 하위 작업을 추가하려면 먼저 부모 작업이 무엇인지 식별해야 한다. 그리고 추가한 변경 사항을 부모 작업에 반영해야 한다. 대부분의 구현이 비슷하기 때문에 한 줄씩 코드를 살펴보지는 않을 것이다.

작업 템플릿

다음은 작업 템플릿의 일부로 하위 작업을 추가하기 위한 UI를 제공하고 있다.

```
<div class="add-subTask" (click)="enableAddsubTask()" >
  <input
    (keyup)="addsubTaskOnEnter($event)"
```

```
      (blur)="addsubTaskOnBlur()"
      [(ngModel)]="addsubTaskText"
      placeholder="새 하위 작업 추가" />
  </div>
```

보이는 것처럼 새로운 작업을 추가할 때 처리했던 것과 동일한 이벤트를 처리하고 있다. 마찬가지로 클릭 시 입력 상자에 포커스를 맞추는 enableAddsubTask 이벤트 핸들러가 있다.

```
enableAddsubTask() {
  let input = this.el.nativeElement
    .getElementsByClassName('add-subTask')[0]
    .getElementsByTagName('input')[0];
  setTimeout(function () { input.focus(); }, 0);
}
```

그리고 사용자가 입력한 하위 작업을 나타내는 입력 상자에는 addSubTaskText 프로퍼티가 연결되어 있다. 그리고 addSubTaskOnEnter와 addsubTaskOnBlur 이벤트 핸들러가 있다.

이 두 가지 핸들러는 기능적으로 동일하다. 즉, 하위 작업을 작업 목록에 추가하는 것이다. 두 가지 모두 사용자가 엔터를 누르거나 키가 눌렸을 때 입력된 것이 있는지 확인하는 로직이 있다. 다음은 이 부분의 코드이다.

```
addsubTaskOnEnter(event: KeyboardEvent) {
  if (event.keyCode === 13) {
    if (this.addsubTaskText && this.addsubTaskText.trim() !== '') {
      this.addsubTask();
      this.addsubTaskText = '';
    } else {
      this.clearAddsubTask();
    }
  } else if (event.keyCode === 27) {
    this.clearAddsubTask();
  }
}
addsubTaskOnBlur() {
```

```
  if (this.addsubTaskText && this.addsubTaskText.trim() !== '') {
    this.addsubTask();
  }
  this.clearAddsubTask();
}
```

이 두 메서드는 모두 다음 addsubTask 메서드를 호출한다.

```
addsubTask() {
  this.subTasks = this.subTasks || [];
  let newsubTask = <SubTask>{
    title: this.addsubTaskText
  };
  let selectedtask: Task;
  for (let v of this.board.task) {
    if (v.id == this.task.id) {
      selectedtask = v;
      break;
    }
  }
  if (selectedtask.subtask == undefined) {
    selectedtask.subtask = new Array();
  }
  selectedtask.subtask.push(newsubTask);
  this.subTasks = selectedtask.subtask;
  this.onAddsubTask.emit(newsubTask);
}
```

여기서는 새로운 하위 작업 객체를 생성하고 그 객체의 프로퍼티에 title을 할당한다. 그런 다음 보드에 있는 모든 작업을 반복하여 선택한 작업이 무엇인지 식별한다. 선택한 작업에 하위 작업 배열이 있는지 여부를 확인한다. 아직 하위 작업이 없다면 비어 있는 배열로 초기화한다. 이제 드디어 하위 작업을 선택된 작업에 추가한다.

마지막 코드에서 부모 컴포넌트에게 변경 사항을 알리고 새 하위 작업 프로퍼티를 전달하기 위해 이벤트를 발생시킨다. 이 경우 상위 컴포넌트는 보드 컴포넌트를 가리킨다. 이전 장에서 살펴보았던 @Input과 @Output 데코레이터를 사용해 전달한다.

보드, 작업, 하위 작업의 제목 변경하기

이번 섹션에서는 사용자가 보드, 작업 그리고 하위 작업의 제목을 수정할 수 있도록 할 것이다. 구현 내용은 이벤트를 처리하고 각 프로퍼티를 업데이트하는 점에서 세 가지 컴포넌트 모두 비슷하다.

따라서 여기서는 하나를 변경하는 코드에 대해서만 살펴볼 것이며, 다른 두 코드에 대해서는 비슷한 방식으로 구현하거나 GitHub의 코드에서 참조할 수 있다.

보드 제목 변경하기

보드 페이지 상단에 보드 제목이 표시되며 다음 스크린샷과 같이 편집할 수 있다.

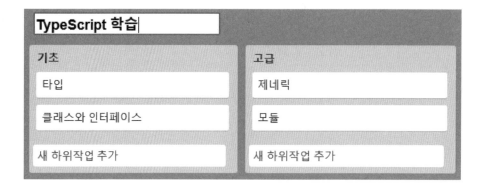

사용자는 보드에서 제목을 편집한 다음 엔터키를 눌러 변경 사항을 볼 수 있다. 그리고 작업 추가와 마찬가지로 사용자가 ESC키를 누르면 변경 사항이 취소되고 원래 제목으로 돌아온다. 다음은 보드 제목을 처리하는 보드 컴포넌트의 템플릿이다.

```
<div *ngIf="board" class="board-title">
  <span [style.display]="editingTitle ? 'none' : ''"
    (click)="editTitle()">{{ board?.title }}</span>
  <input
    [style.display]="editingTitle ? '' : 'none' "
    (keyup)="blurOnEnter($event)"
    (blur)="updateBoard()"
    [(ngModel)]="board.title" />
</div>
```

주의 깊게 보면 이 코드는 작업과 하위 작업을 추가하기 위한 코드와 매우 유사하다.

사용자가 클릭을 하면 보드 제목 입력 상자에 포커스를 설정하는 editTitle을 호출한다.

그리고 keyup과 blur 이벤트에는 사용자가 엔터키를 누르거나 화면의 다른 부분으로 포커스를 이동하면 보드 제목을 내부적으로 업데이트하는 기능이 있다. 보드 제목을 편집하고 업데이트하는 방법을 이해하기 위해 다음 updateBoard 메서드를 살펴보겠다.

```
updateBoard() {
  this.editingTitle = false;
  document.title = this.board.title + " ¦ 일반 작업 관리자";
  this._trelloService.boards.find(
    x=>x.id == this.board.id).title = this.board.title;
}
```

코드를 보면 선택한 보드를 식별하여 TrelloService에서 보드 제목을 업데이트한다는 것을 알 수 있다. 아직 보드 컴포넌트 안의 다른 프로퍼티는 업데이트하지 않고 있으며 이는 다음 코드에서 처리된다.

```
[(ngModel)]="board.title"
```

board 객체의 title 프로퍼티는 보드 컴포넌트에 직접 바인딩된다. 따라서 제목이 업데이트 될 때마다 이 프로퍼티가 업데이트되어 보드 객체에 반영된다.

홈페이지 변경사항 반영하기

지금까지 새로운 작업을 추가하거나 보드의 제목을 변경하는 기능을 구현했다. Homepage 컴포넌트는 보드 이름과 함께 작업의 수를 나타낸다. 그렇다면 보드 컴포넌트 또는 작업 컴포넌트에서 발생하는 변경사항은 Homepage 컴포넌트에 어떻게 반영될까?

바로 Angular 바인딩을 사용하여 반영한다. Angular 바인딩을 사용하면 프로퍼티를 변경할 수 있으며 해당 프로퍼티가 변경되면 Angular가 변경 사항을 반영해준다. Angular는 UI에 바인딩된 모든 프로퍼티를 추적하며 이전 값과 새 값을 비교하여 변경이 발생하면 새 값을 전파한다.

앞의 코드에서 보았듯이 보드의 제목을 수정하면 HTTP 호출에서 가져온 모든 보드 정보가 포함되어 있는 서비스 객체를 업데이트했다.

```
this._trelloService.Boards.find(x=>x.id == this.board.id).title =
this.board.title;
```

서비스 클래스에서 해당 프로퍼티를 업데이트하면 홈페이지에서 이 프로퍼티를 사용하여 모든 보드의 정보를 UI에 바인딩한다.

따라서 Angular의 바인딩 및 참조 검사를 통해 데이터 객체와 UI가 어떻게 동기화될지 걱정할 필요가 없다. 이것이 Angular를 사용하는 주요 이점 중 하나로 Angular를 사용하면 애플리케이션 로직에 보다 초점을 맞출 수 있다.

Angular의 데이터 포맷팅

실제 애플리케이션에서는 항상 백엔드 웹 서비스 호출에 의해 반환된 데이터가 사용자 인터페이스에 표시하려는 형식이 아닌 경우가 많다. Angular는 파이프라는 기능을 제공하여 사용자 인터페이스에 표시되도록 하여 필요에 따라 데이터를 포맷팅할 수 있다.

Angular 파이프는 데이터가 표시되기 전에 데이터 형식을 지정하여 특정 값이 보다 사용자 친화적으로 보이게 한다. Angular는 텍스트나 날짜의 대소문자를 바꾸는 upperCase나 lowerCase 같은 일반적인 작업을 처리해주는 내장 파이프를 제공한다. 또한 숫자와 소수점 등을 원하는 포맷으로 표시해주는 통화 파이프 같은 것도 제공한다.

내장 파이프

내장 파이프 하나를 살펴보자. 사용자가 소문자로 입력을 했지만 uppercase를 사용해 작업 제목을 항상 대문자로 표시하고 싶다. 내장 파이프를 사용할 때는 별도의 import를 통한 참조를 할 필요가 없다. 그저 파이프 기호 뒤에 원하는 함수명을 적기만 하면 된다. 여기서는 upperCase 파이프를 작업 템플릿에 추가하여 작업 제목에 바인딩했다.

```
<h4 [style.display]="editingtask ?'none' : '' "
  (click)="edittask()" >{{task.title | uppercase}}</h4>
```

앞의 코드에서 볼 수 있듯이 파이프 기호를 task.title에 추가한 다음 파이프 이름을 추가하기만 하면 된다. 이렇게 하면 Angular가 각 작업의 title 프로퍼티를 바인딩할 때 내장된 upperCase 파이프 함수를 호출하고 제목 값을 파라미터로 전달한다.

그런 다음 upperCase 파이프 함수는 제목을 대문자로 변환하고 업데이트된 결과를 반환한다. 그러면 업데이트된 결과가 UI에 저장된다. 일부 파이프 함수는 파이프 함수의 동작 방식을 정의하는 파라미터를 전달할 수 있다. 통화 파이프가 그러한 예이다. 파라미터는 다음과 같이 콜론을 추가하고 파이프 이름 다음에 파라미터 값을 추가하여 지정한다.

```
{{book.price | currency: 'USD':true:'1.1-2'}}
```

통화 기호의 첫 번째 파라미터는 표시할 통화를 나타낸다. 이 경우 USD이다. 콜론이 앞에 붙은 두 번째 파라미터는 통화 기호를 표시할지 여부를 정하고 마지막 파라미터는 통화의 형식을 나타낸다. 이 경우 소수점 앞에 적어도 한 자릿수를 가지며, 소수점 이하는 최소 한 자리, 최대 두 자리를 가질 수 있다.

사용자정의 파이프

Angular는 사용자정의 파이프를 만들 수 있는 인터페이스를 제공한다. 이는 비즈니스 로직을 사용자가 정의하여 사용자 인터페이스에서 데이터를 포맷팅하는 데 도움이 된다. 사용자정의 파이프를 만드는 것은 새로운 서비스 또는 새로운 컴포넌트를 만드는 것과 매우 유사하다. 트렐로 애플리케이션에서는 작업과 하위 작업을 항상 알파벳순으로 표시해야 한다고 가정해 보겠다. custom-sort.pipe라는 사용자정의 파이프를 만들고 정렬 로직을 구현해보자.

트렐로용 정렬 파이프

사용자정의 파이프를 만들려면 customsort.pipe.ts라는 이름으로 shared 폴더에 새 파일을 추가한다. 다음은 파이프 코드이다.

```
01. import { PipeTransform, Pipe } from '@angular/core';
02. import { Task } from '../model/task';
03. @Pipe({
04.   name: 'customSort'
05. })
06. export class CustomSort implements PipeTransform {
07.   transform(value: Task[], sort: boolean): Task[] {
08.     if(sort){
09.       return value.sort(this.compare);
10.     }
11.     else{
12.       return value;
13.     }
14.   }
15.   private compare(a,b) {
16.     if (a.title < b.title)
17.       return -1;
18.     if (a.title > b.title)
19.       return 1;
20.     return 0;
21.   }
22. }
```

위의 코드를 한 줄씩 분석해보자.

▶ 파이프를 사용하려면 먼저 파이프를 참조해야 한다. 첫 번째 라인에서 파이프 모듈을 import한다.

▶ import문 바로 뒤에 @Pipe 데코레이터를 사용해 클래스를 정의한다. 이러한 방식은 컴포넌트와 서비스를 정의하는 방식과 매우 유사하다. 이것은 Angular에게 이 클래스가 파이프라는 것을 알려준다.

▶ 파이프를 구현하려면 Angular에서 제공하는 PipeTransform 인터페이스를 구현해야 한다.

▶ PipeTransform 인터페이스는 하나의 메서드 transform만 노출한다.

▶ 파이프 함수의 첫 번째 파라미터는 파이프 함수에 전달되는 값이다. 이 경우에는 Task 배열이다. 이 파라미터에 값을 전달하는 것은 Angular에 의해 처리된다. 따라서 파이프를 사용할 때 명시적으로 파라미터를 전달할 필요가 없다.

▶ Boolean 타입으로 정의된 두 번째 파라미터는 정렬을 할지 여부를 나타낸다. 이 값이 false로 전달되면 파이프 함수는 입력된 것과 동일한 순서 그대로 값을 반환한다.

▶ 반환 타입은 내용을 재정렬하기만 했으므로 작업 배열 타입 그대로이다.

▶ 파이프 함수 내부의 로직은 객체 배열을 문자열 기준으로 정렬하는 표준적인 코드이다.

파이프 의존성 추가

사용자정의 파이프를 사용하려면 모듈에 클래스를 추가하여 Angular가 파이프 함수와 그 의존성을 식별하고 로드할 수 있도록 해야 한다.

이를 위해 다음과 같이 app.module 파일에 의존성을 추가하면 된다.

```
import {CustomSort } from './shared/custom-sort.pipe'
declarations: [
  AppComponent,
  HomepageComponent,
  …
  CustomSort]
```

이제 Angular는 파이프에 대해 알고 있으며 다른 컴포넌트를 로드할 때 파이프도 로드한다.

사용자정의 파이프 사용하기

사용자 정의 파이프를 사용하는 것은 내장 파이프를 사용하는 것과 정확히 동일하다. 보드 컴포넌트 템플릿에서 사용자 지정 파이프를 사용하여 다음과 같이 모든 작업을 반복한다.

```
<div *ngFor="let task of board.task | customSort: true" class="sortabletask">
```

여기서는 사용자지정 파이프를 호출하고 파라미터 값을 true로 전달하여 값을 정렬하도록 한다. 파라미터 값을 false로 전달하면 작업은 JSON 파일에 있는 형태 그대로 표시된다.

Angular 의존성 주입 이해하기

의존성 주입은 Angular의 가장 중요한 개념 중 하나이다. Angular 팀은 Angular 1.x 버전을 처음 출시한 이래로 의존성 주입을 매우 주의 깊게 관리하고 있으며 이것이 Angular 애플리케이션을 쉽게 테스트할 수 있는 주요 이유이다.

양질의 견고한 테스트를 작성하는 능력은 애플리케이션이 의존성을 관리하는 방법에 따라 크게 달라진다. 클래스에 특화된 의존성을 가지는 경우 개별 클래스에 대한 테스트 케이스를 작성하는 것이 매우 어렵다. 하지만 의존성 관리가 클래스의 책임이 아닌 경우 해당 클래스에 대한 테스트 케이스를 작성하는 것이 훨씬 간단해진다.

첫 번째 애플리케이션부터 눈에 띄지 않지만 의존성 주입에 의존해 왔으며 트렐로 애플리케이션에서도 다음과 같이 Angular의 의존성 주입을 사용하고 있다.

Homepage 컴포넌트의 생성자는 다음과 같다.

```
constructor(private _trelloService:TrelloService, private _router: Router) {
}
```

Trello 서비스의 생성자는 다음과 같다.

```
constructor(private _http: Http) {}
```

위 두 예제 모두 몇 개의 클래스 의존성을 정의했다. 예를 들어 Homepage 컴포넌트에는 TrelloService와 라우터에 대한 의존성이 있고 TrelloService 클래스에는 Http 모듈에 대한 의존성이 있다.

그렇다면 이러한 클래스는 어떻게 이러한 의존성 객체를 가져올까?

▌의존성 관리

Angular 프레임워크는 특정 클래스의 의존성을 판별하면 객체 생성 시 해당 의존성을 클래스에 주입한다. 위의 예제를 보면 Angular가 생성자의 서명을 보고 Trello 서비스가 필요하다는 것을 확인하고 Homepage 객체 생성 시 해당 의존성을 주입하게 된다.

Trello 서비스의 경우에는 HTTP 모듈 하나뿐이다. Angular는 HTTP 모듈이 어디에 있는 지 확인하고 app.module 파일에서 찾게 된다. 그런 다음 새로운 HTTP 인스턴스를 만들거나 기존 HTTP 인스턴스를 트렐로 서비스의 생성자에 전달한다.

이렇게 하여 개발자는 클래스의 의존성을 확인하고 생성하는 책임에서 벗어날 수 있다. 또한 의존성을 고려하지 않음으로써 보다 쉽게 테스트할 수 있는 코드를 작성할 수 있다.

따라서 특정 클래스를 테스트하려는 경우 해당 클래스가 가진 의존성에 대해 걱정할 필요는 없지만 테스트 케이스를 작성하는 경우 클래스의 의존성을 명확히 정의하여 의존성을 제공할 수도 있다.

다음 장에서는 테스트 케이스 작성 시 의존성을 직접 관리하지 않고 Angular가 관리할 때의 이점에 대해서 살펴볼 것이다.

요약

이번 장에서는 예제 트렐로 애플리케이션의 나머지 기능 구현에 중점을 두었다. 콜백, 프로미스와 async-await 기능을 사용한 TypeScript와 Angular에서의 비동기 프로그래밍에 대해 배웠다. 또한 반복자, 파이프와 의존성 주입을 살펴보았다. 이제 애플리케이션의 마지막 기능까지 모두 구현했지만 아직 완전히 작동하지는 않는다.

다음 장에서는 테스트하는 방법에 대해 논의하고 애플리케이션의 테스트 케이스를 작성하는 방법에 대해 살펴볼 것이다. Angular와 다른 프레임워크에서 제공하는 기능을 보여주기 위해 몇 가지 테스트 케이스를 추가하여 애플리케이션을 계속 완성해나갈 것이다.

트렐로 애플리케이션 테스트

애플리케이션이 의도한대로 동작하는가? 애플리케이션이 예상하지 않게 동작하는 경우는 없는가? 이러한 질문에 자신 있게 답하기 위해서는 애플리케이션을 테스트해봐야 한다. 직접 모든 기능을 테스트해보며 버그를 찾을 수도 있고, 애플리케이션 테스트 케이스를 작성해 확인할 수도 있다. 어떤 방식이 더 좋을까?

이번 장에서는 어떻게 테스트 케이스를 작성하는지 살펴보고 직접 테스트하는 것보다 어떻게 편리한지 확인할 것이다. 이번 장에서는 다음과 같은 주제를 다룬다.

▶ 수동 테스트와 비교하여 테스트 케이스를 작성하는 것이 어떤 의미를 갖는지 살펴본다.

▶ 테스트 기반(test-driven) 개발에 대해 설명하고 구현 방법에 대해 설명한다.

▶ 예제 트렐로 애플리케이션에서 테스트 케이스를 구현해본다.

▶ 테스트 케이스 작성과 실행을 위해 자스민(Jasmine)과 카르마(Karma)를 살펴본다.

Angular CLI를 사용하여 애플리케이션을 작성했으므로 이미 테스트 케이스가 설정되어 있지만 애플리케이션에서 테스트 프로젝트를 사용하기 위해 의존성을 설정하는 방법에 대해서도 간단히 살펴본다.

기본 개념

애플리케이션 테스트와 테스트 도구에 대해 알아보기 전에 왜 테스트 케이스를 작성해야 하는지 수동 테스트와 비교해 어떤 장점이 있는지 알아보는 것이 도움이 될 것이다.

상용화 직전 또는 심지어 상용화를 마친 직후에 심각한 버그를 발견한다면 긴급하게 해결하기 위해 얼마나 많은 시간을 소요해야 할까? 개발자와 개발팀이 철저한 테스트를 했는데도 여전히 존재하는 이러한 버그는 어떻게 테스트를 피해 나갈 수 있었던 걸까?

코드 재검토를 하여 테스팅에 포함되지 않은 하나의 시나리오가 문제를 일으킨다는 것을 확인한다. 이제 이 시나리오를 테스트 케이스에 추가할 것이다. 그러나 6개월 정도가 지나면 이러한 사이클이 또 반복된다.

테스트의 어려움

상용화를 앞두고 보고되는 이러한 버그를 해결하는 한 가지 방법은 테스트 케이스를 작성하는 것이다. 함께 작업했던 개발자들은 테스트 케이스를 작성하는 데 있어 다양한 의견을 가지고 있었다. 어떤 개발자는 자신의 로직에 추가의 코드를 작성하는 것이 시간 낭비라고 느꼈던 것 같은데, 그렇게 생각하는 주요한 원인은 테스팅 프레임워크를 설정하는 것이 너무 복잡했기 때문이었다.

Angular는 이러한 불편사항을 확인하고 개발자가 테스트 가능한 코드를 쉽게 작성할 수 있도록 만들었다. 이렇게 개선이 가능한 주요 이유는 Angular의 의존성 주입 때문이다. Angular 팀은 모든 모듈이 느슨하게 결합되도록 하였고 프레임워크에서 런타임에 의존성을 주입하는 것을 지원하하도록 설계하였으므로, 각각의 컴포넌트에 대해 독립적으로 의존성을 흉내내어 테스트하는 것이 가능해졌다.

테스트 기반 개발

소프트웨어 업계에서는 테스트 케이스를 작성하는 시기와 관련해 크게 두 가지 의견이 있다. 하나는 테스트 주도 개발(test-driven development - TDD)을 해야 한다는 주장이고, 다른 하나는 함수를 구현할 때 테스트를 작성해야 한다는 주장이다.

TDD는 테스트를 먼저 작성한 다음 테스트를 통과하는 코드를 작성하는 것이다. 코드가 테스트를 통과하면 리팩토링을 통해 코드를 최적화하고, 그 다음 테스트를 사용해 코드가 깨지지 않았다는 것을 재확인하는 것이다. 이러한 접근법을 통해 자연스럽게 모든 경우를 생각해보게 되고 결과적으로 모든 경우를 안전하게 처리하는 코드를 작성할 수 있다. 그러나 요구사항이 자주 변경되는 경우 이렇게 하는 것은 큰 부담일 수 있다. 왜냐하면 요구사항이 변경될 때마다 테스트 코드를 수정해야 하고 심지어 어떤 경우는 기존 테스트를 버리고 새로운 테스트를 작성해야 할 수도 있기 때문이다.

또 다른 접근법은 코드를 구현할 때 테스트 케이스를 작성하는 것이다. TDD와 이 방식의 가장 큰 차이점은 테스트 케이스를 기준으로 개발을 제한하지 않는다는 점이다. 이 접근법의 단점은 TDD에서 얻을 수 있는 실패 극복의 기회를 놓치게 된다는 것이다. 반면에 요구 사항이 변경되어도 나중에 추가 작업을 하지 않아도 된다는 장점이 있다.

테스트 케이스를 작성하는 접근 방법에 대한 결정은 개인적인 것이라기보다는 조직적인 결정이다. 단 하나의 모범 답안이 있는 것은 아니다. 그러나 애플리케이션에서 버그가 없는지 확인하는 테스트 케이스가 있어야 한다는 데에는 모두 동의한다.

█ 단위 테스트 vs 종단간 테스트(end-to-end test)

Angular에는 두 가지 형태의 테스팅 기법이 있다.

- ▶ 단위 테스트
- ▶ 종단간 테스트

각각은 고유한 장점이 있으며 다른 관점에서 애플리케이션을 확인하는데 도움이 된다.

단위 테스트

단위 테스트의 목적은 의존성과 상관없이 특정 코드의 정확성을 확인하는 것이다. 여기서 특정 코드란 애플리케이션에 따라 여러 가지를 의미할 수 있다. 일반적으로 특정 코드는 단일 책임 원칙을 따르는 클래스이거나 컴포넌트가 될 수 있다. 단위 테스트의 가장 중요한 요소는 클래스 내부에 있는 코드만 테스트하고 해당 클래스가 가진 의존성은 테스트하지 않는다는 것이다. 이는 클래스의 일부 데이터가 웹 서비스 응답과 같은 외부 정보에 의존성이 있는 경우 해당 부분은 임의로 구현하고 클래스 자체의 논리를 테스트해야 한다는 것을 의미한다.

이러한 접근 방식을 통해 클래스의 동작을 독립적으로 확인할 수 있으므로 구현된 논리에 대해 확신을 얻을 수 있다.

다음은 단위 테스트의 주요 기능 중 일부이다.

- ▶ 단일 코드 : 앞에서 설명한 것처럼 단위 테스트는 전체 모듈이 아닌 작은 코드에 대해서만 초점을 맞추어야 한다.
- ▶ 신속성 : 단위 테스트는 빠르게 실행되고 신속하게 작성할 수 있어야 한다. 특정 코드만 테스트하고 있기 때문에 테스트가 복잡하지 않아야 한다.
- ▶ 의존성 제거 : 테스트할 코드의 결과를 변경시킬 수 있는 의존성이 없어야 한다.

- ▶ 모든 코드 경로 확인 : 단위 테스트에서는 코드의 작은 부분에 초점을 맞추기 때문에 해당 코드에 대해서는 모든 부분을 포함해야 한다.
- ▶ 한 가지만 확인 : 단위 테스트는 한 번에 여러 개를 확인하기보다는 단 하나만을 확인해야 한다.

이러한 기능을 통해 애플리케이션의 전체 기능보다는 테스트할 코드에 초점을 맞추어 보다 명확하고 간결한 단위 테스트를 작성할 수 있다.

종단간(end-to-end) 테스트

단위 테스트와 달리 종단간 테스트의 초점은 전체 시스템을 함께 테스트하는 것이다. 종단 간 테스트에서는 코드의 각 라인에 대해 걱정할 필요가 없으며, 코드 커버리지를 높이기 위한 것에도 신경 쓰지 않는다. 그러나 시스템을 최종 사용자로 보고 어떻게 동작해야 하는지를 확인하기 위한 테스트 케이스를 작성한다.

종단간 테스트는 의존성을 고려하여 애플리케이션이 이러한 의존성 위에서 작동하는 방식에 중점을 둔다. 단위 테스트의 다음 단계로 종단간 테스트를 검토해볼 수 있다. 코드가 독립적으로 잘 동작한다는 것을 확인했지만 사용자에게는 해당 코드가 웹 서비스나 데이터베이스 호출 또는 다른 코드들과 어떻게 동작하는지가 중요할 수 있으므로 종단간 테스트가 필요하다.

종단간 테스트의 여러 이점에도 불구하고 몇 가지 단점이 있다.

- ▶ 느리다 : 종단간 테스트는 시스템 전체를 테스트하기 때문에 단위 테스트와 비교하여 상대적으로 실행이 느리고 작성하는데 오랜 시간이 걸린다.
- ▶ 복잡하다 : 종단간 테스트는 사용자 관점에서의 전체적인 테스트에 중점을 두고 있기 때문에 단위 테스트와 비교해 복잡하다.

▌ 테스트 구조

일반적인 테스트가 반드시 따라야 할 구조가 있다. 그러한 구조로 작성하는 것이 테스트를 작성할 때 효과적이기 때문이다. 이 구조는 약어로 AAA로 표기한다.

- ▶ 준비(Arrange) : 이름에서 알 수 있듯이 이것은 단위 테스트의 초기 상태를 작성하는 부분이다. 여기서 초기 상태란 테스트를 작성하는 데 필요한 설정을 의미한다. 설정은 클래스를 초기화하거나 초기 데이터를 설정하는 것을 말한다.

▶ 작동(Act) : 실제로 행동하고 시험을 치르는 단계이다. 따라서 클래스의 함수를 호출하거나 클래스의 일부 프로퍼티를 변경하는 작업을 한다.

▶ 확인(Assert) : 테스트를 검증하는 단계이다. act 단계에서 코드의 상태를 변경해야 한다면 assert 단계에서 상태 변경이 예상대로 되었는지 확인한다. 테스트 케이스의 성공 여부를 결정하는 곳이다.

모의(Mocking)

모의는 의존성을 임의로 구현하여 독립된 코드를 테스트하는 개념이다. 모의는 단위 테스트에서 중요한 개념이다. 왜냐하면 대부분의 코드가 어떤 식으로든 외부 코드와 관련이 있기 때문이다. 따라서 코드와 코드 로직에 대해서 의존성에 영향을 받지 않고 테스트하고자 한다면, 그 의존성을 모의할 필요가 있다. 모의는 의존성의 더미 객체를 생성하고, 이 더미 객체를 코드에 전달하여 의존성이 코드에 영향을 미치지 않도록 한다. 예를 들어 고객 클래스를 테스트해야 할 경우 고객 클래스는 HTTP 또는 데이터베이스와 같은 외부 의존성을 필요로 한다. 따라서 HTTP 또는 데이터베이스의 동작에 대해 걱정하지 않고 고객 클래스를 테스트할 수 있도록 이러한 객체를 모의하고 모의 객체를 고객 클래스에 전달해야 한다. 이렇게 하면 원하는 코드만 테스트할 수 있고 테스트가 객체의 상태를 영구적으로 변하지 않게 할 수 있다.

테스트 도구

테스트 케이스 작성에는 자스민(Jasmine)과 카르마(Karma)라는 두 가지 기본 도구를 사용한다. Angular CLI를 사용하여 애플리케이션을 만드는 경우 CLI는 이미 이러한 의존성을 솔루션에 추가해준다. 또한 Angular CLI는 테스트 작성을 시작하는데 필요한 초기 설정 작업을 포함하여 서비스와 컴포넌트에 대한 샘플 테스트도 생성한다. 따로 설치할 필요가 없이 테스트를 잘 작성하는 것에만 신경쓰면 되기 때문에 매우 유용한 기능이고 이를 통해 생산성을 높일 수 있다.

이미 애플리케이션에 자스민과 카르마가 설치되어 있지만 이러한 도구에 대해 좀 더 이해해 둔다면 Angular CLI를 사용하지 않는 경우에도 테스트 코드를 작성하는데 도움이 될 것이다.

자스민(Jasmine)

자스민은 Angular와 함께 널리 사용되는 테스트 프레임워크이다. 자스민은 테스트 케이스를 작성하고 관리하는 여러 기능을 제공한다. 다음과 같은 기능이 있다.

> ▶ describe( ) : 이 함수는 테스트 집합의 컨테이너 역할을 한다. 자스민은 describe 함수를 테스트 케이스의 루트로 식별하고 이를 테스트 케이스 실행의 시작 지점으로 사용한다.

> ▶ beforeEach( ) : beforeEach 함수는 테스트 케이스에서 준비(arrange) 역할을 한다. 이곳이 테스트 케이스를 설정하는데 필요한 공통 코드를 작성하는 곳이다.

> ▶ it( ) : 이 함수는 코드에서 작동(act)하는 부분이다. 일반적으로 describe() 함수 내에 여러 개의 it( ) 함수가 있다. it( ) 함수는 별도의 단위 테스트로 동작한다.

> ▶ expect( ) : expect( ) 함수는 확인(assert)하는 곳이다. 테스트 케이스의 유효성을 검사한다. expect( ) 함수는 확인을 도와주는 매칭 함수를 가지고 있다. 다음은 여러 매칭 함수 중 일부이다.

> ▶ toBe : 이것은 assert에서 기대하는 값이다.

> ▶ toContain : 이름에서 알 수 있듯이, 반환 값에 특정 값이 포함되어 있는지를 확인한다.

> ▶ toBeLessThan, toBeGreaterThan : 값의 범위를 확인한다.

카르마(Karma)

자스민을 사용해 테스트 케이스를 작성했으면 다음 단계는 이 테스트 케이스를 실행하는 것이다. 카르마가 정확히 테스트 케이스를 실행하는 역할을 한다. 테스트 케이스를 식별한 다음 실행하고 실행 결과를 보여주는 커맨드 창 도구이다.

카르마는 브라우저를 시작한 다음 해당 브라우저에서 테스트 케이스를 실행하는 도구이다. 테스트 케이스를 실행하기 위해 브라우저 타입을 선택할 수 있고, 실행할 테스트 케이스를 선택하는 등의 많은 작업을 할 수 있다.

카르마는 카르마 CLI 패키지와 함께 제공되므로 손쉽게 구성할 수 있으며 빠른 실행 환경을 제공한다.

자스민과 카르마 설치 및 설정

이전에 언급했듯이 Angular CLI를 사용하기 때문에 자스민과 카르마가 이미 애플리케이션에 설치되어 있으며 애플리케이션의 루트에 있는 package.json 파일을 살펴보면 다음과 같이 설정된 것을 확인할 수 있다.

```
"devDependencies": {
  "@angular/cli": "1.2.0",
  "@angular/compiler-cli": "^4.0.0",
  "@angular/language-service": "^4.0.0",
  "@types/jasmine": "~2.5.53",
  "@types/jasminewd2": "~2.0.2",
  "@types/node": "~6.0.60",
  "codelyzer": "~3.0.1",
  "jasmine-core": "~2.6.2",
  "jasmine-spec-reporter": "~4.1.0",
  "karma": "~1.7.0",
  "karma-chrome-launcher": "~2.1.1",
  "karma-cli": "~1.0.1",
  "karma-coverage-istanbul-reporter": "^1.2.1",
  "karma-jasmine": "~1.1.0",
  "karma-jasmine-html-reporter": "^0.2.2",
  "protractor": "~5.1.2",
  "ts-node": "~3.0.4",
  "tslint": "~5.3.2",
  "typescript": "~2.3.3"
}
```

앞의 코드에서 볼 수 있듯이 자스민과 카르마용 패키지가 여러 개 있다. 이 모든 것은 Angular CLI에서 처리한다. 그러나 이러한 도구를 더 잘 이해할 수 있도록 독립적으로 설치 및 구성하는 방법을 배우는 것이 유용하다.

설치

이전에 보았듯이 테스트 케이스를 작성하고 실행하는데 필요한 라이브러리가 아주 많아서 하나씩 살펴보겠다.

● 카르마 CLI

다음 명령을 사용하여 카르마 CLI를 먼저 설치해 보겠다.

```
npm i -g karma-cli
```

위 명령어를 실행하면 npm에서 전역 범위에 카르마 CLI를 설치한다. karma-cli를 사용하면 커맨드 창에서 카르마를 실행할 수 있다.

● 다른 dev 의존성

카르마 CLI 외에도 karma, karmachrome-launcher, karma-jasmine 및 jasmine-core와 같은 의존성을 설치할 것이다. 다음 명령을 사용하여 이를 수행할 수 있다.

```
npm i karma karma-chrome-launcher karma-jasmine jasmine-core -D
```

이 명령은 package.json에서 본 devDependencies 섹션의 모든 의존성을 설치한다.

● 자스민 타이핑

TypeScript로 작업하기 때문에 테스트 케이스도 TypeScript로 작성하기 위해 자스민 TypeScript 타이핑을 설치하려고 한다.

다음 명령을 실행하면 된다.

```
npm i @types/jasmine
```

설정

모든 의존성을 설치한 후 애플리케이션에 카르마를 설정하기 전에 먼저 package.json을 확인하여 모든 의존성이 잘 설치되었는지 확인한다. 다음으로 루트 폴더에 Karma.conf.js 라는 새 파일을 만든다. https://github.com/sachinohri/SampleTrelloApplication 또는 다음 코드에서 확인할 수 있다.

```
module.exports = function (config) {
  config.set({
    basePath: '',
    frameworks: ['jasmine', '@angular/cli'],
    plugins: [
      require('karma-jasmine'),
      require('karma-chrome-launcher'),
      require('karma-jasmine-html-reporter'),
      require('karma-coverage-istanbul-reporter'),
      require('@angular/cli/plugins/karma')
    ],
    client:{
      clearContext: false // leave Jasmine Spec Runner output visible in browser
    },
    coverageIstanbulReporter: {
      reports: [ 'html', 'lcovonly' ],
      fixWebpackSourcePaths: true
    },
    angularCli: {
      environment: 'dev'
    },
    reporters: ['progress', 'kjhtml'],
    port: 9876,
    colors: true,
    logLevel: config.LOG_INFO,
    autoWatch: true,
    browsers: ['Chrome'],
    singleRun: false
  });
};
```

이 파일의 주요 컴포넌트를 살펴보자.

▶ basePath : 카르마가 테스트 케이스를 찾기 시작할 기본 경로를 정의한다.

▶ frameworks : 테스트 케이스를 실행하기 위해 카르마가 필요로 하는 프레임워크를 정의한다. 이
번 예제의 경우 자스민이 필요하다.

▶ plugins : 이것은 카르마가 테스트를 실행하기 위해 필요한 의존성의 배열을 제공한다.

▶ reporters : 테스트 케이스의 실행 진행률을 어떻게 보길 원하는지 설정한다.

▶ autoWatch : autoWatch 플래그는 카르마에게 파일을 감시하다가 변경 사항이 생기면 테스트를 다시 실행할지 여부를 알려준다.

▶ browsers : 테스트 케이스가 어떤 브라우저에서 실행되어야 하는지 카르마에게 알려준다.

테스트 프로젝트의 폴더와 파일 구조

테스트 파일에는 일반적으로 spec.ts 확장자를 부여한다. 따라서 homepage.component.ts라는 파일이 있으면 테스트 파일의 이름은 homepage.component.spec.ts가 된다.

카르마는 테스트 케이스를 찾기 위해 파일 이름 지정 규칙을 사용하는 것은 아니고, 그저 모든 트랜스파일된 파일을 스캔하고 검색된 모든 테스트 케이스를 실행한다. 이 명명 규칙은 더 논리적으로 코드를 관리하기 위한 것이다.

Angular CLI를 사용하면 동일한 명명 규칙을 사용하여 컴포넌트 또는 서비스를 생성할 때 테스트 파일을 만들어 준다. 따라서 현재 폴더 구조를 살펴보면 다음 스크린샷과 같이 각 폴더에 *.spec.ts라는 이름의 파일이 존재한다.

```
▲ src
  ▶ api
  ▲ app
    ▶ board
    ▲ homepage
      # homepage.component.css
      <> homepage.component.html
      TS homepage.component.spec.ts
      TS homepage.component.ts
```

파이프용 테스트 작성하기

파이프용 테스트 케이스 작성은 가장 쉬운 예제 중 하나이다. 가장 간단한 이유는 파이프가 외부 의존성을 가지지 않아서 모의 코드 걱정 없이 로직을 쉽게 테스트할 수 있기 때문이다. 예제 트렐로 애플리케이션에는 하나의 파이프 함수(사용자정의 정렬)가 있으므로 이 것에 대한 테스트 케이스를 작성해보자. 이전 장에서 사용자정의 정렬 코드를 검토하거나 https://github.com/sachinohri/SampleTrelloApplication에서 확인할 수 있다.

새로운 파일 생성

테스트 케이스를 작성하려면 먼저 사용자정의 정렬 코드가 있는 동일한 폴더에 새 파일을 작성한다. 파일명은 custom-sort.pipe.spec.ts로 한다. 파이프 함수의 논리는 task 배열과 sort boolean 프로퍼티라는 두 개의 파라미터를 기반으로 한다. sort boolean 프로퍼티를 기반으로 task 배열을 정렬할지 여부를 정한다. 정렬은 task 객체의 title 프로퍼티를 기반으로 한다.

파이프 함수에 사용할 수 있는 단위 테스트 케이스의 목록은 다음과 같다.

- ▶ sort 프로퍼티를 true로 하고 파이프 함수를 호출했을 때의 task 배열 확인
- ▶ sort 프로퍼티를 false로 하고 파이프 함수를 호출했을 때의 task 배열 확인
- ▶ 빈 task 배열을 넘겼을 때의 결과 확인
- ▶ 빈 title을 가진 task가 task 배열에 포함된 경우 결과 확인
- ▶ 동일한 title을 가진 task가 2개 이상 task 배열에 포함되었을 경우의 결과 확인

위의 모든 시나리오에 대해 테스트 케이스를 작성하지는 않고 처음 두 개에 중점을 두어 테스트 케이스를 작성해볼 것이다.

테스트 케이스 작성

먼저 테스트 케이스를 작성하기 전에 테스트 케이스의 의존성을 가져오는 것이 첫 번째 단계이다. 모든 테스트 케이스는 해당 컴포넌트/파이프/서비스와 모델 데이터에 대한 의존성

을 갖는다. 이번 경우 사용자정의 파이프 클래스와 task 객체가 된다. 다음은 import 코드이다.

```
import { CustomSort } from './custom-sort.pipe';
import { Task } from '../model/task';
```

다음은 테스트 케이스의 로직으로 두 개의 테스트 케이스가 있다. 각 단계를 자세히 살펴보자.

```
describe('사용자 정의 정렬', () => {
  let pipe:CustomSort;
  let tasks: Task[];
  beforeEach(() => {
    pipe = new CustomSort();
    tasks = [{title:"Basic",id:0,subtask:[],taskheaderId:"1"},
    {title:"Advance",id:0,subtask:[],taskheaderId:"1"},
    {title:"Complex",id:0,subtask:[],taskheaderId:"1"}];
  });
  it('task 배열 정렬', () => {
    let expectedTask: Task[] = [
    {title:"Advance",id:0,subtask:[],taskheaderId:"1"},
    {title:"Basic",id:0,subtask:[],taskheaderId:"1"},
    {title:"Complex",id:0,subtask:[],taskheaderId:"1"}]
    expect(pipe.transform(tasks,true)).toEqual(expectedTask);
  });
  it('task 배열 정렬하지 않음', () => {
    let expectedTask: Task[] = [
    {title:"Basic",id:0,subtask:[],taskheaderId:"1"},
    {title:"Advance",id:0,subtask:[],taskheaderId:"1"},
    {title:"Complex",id:0,subtask:[],taskheaderId:"1"}]
    expect(pipe.transform(tasks,false)).toEqual(expectedTask);
  });
});
```

함수 설명

첫 번째는 테스트 케이스의 컨테이너 역할을 하는 describe 함수이다. describe 함수의 원형은 다음 스크린샷과 같다.

```
describe()
```

```
describe(description: string,
specDefinitions: () => void): void
```

Textual description of the group

Create a group of specs (often called a suite).

@param `description` — Textual description of the group

@param `specDefinitions` — Function for Jasmine to invoke
that will define inner suites a specs

보이는 것처럼 describe 함수는 두 개의 파라미터를 사용한다. 첫 번째는 description으로
이것은 단지 문자열로 테스트 케이스를 정의하는 설명이고, 두 번째는 자스민이 호출할 콜
백 함수이다. 이번 테스트 케이스에서는 두 개의 객체를 선언했다.

> **NOTE** ▬▬
>
> 자스민을 위한 타이핑 파일을 설치했기 때문에 describe 함수의 정의를 볼 수 있다.

beforeEach 함수

이 함수는 테스트를 실행하기 위한 데이터를 준비하는 기능이다. 여기서는 사용자정의 sort
객체를 초기화하고 transform 함수에 전달될 task 배열을 만든다.

beforeEach 함수에 대해 주의해야 할 점은 이름에서 알 수 있듯이 이 함수는 it 함수가 호
출되기 전에 호출된다는 것이다. 이는 여러 테스트 케이스를 실행할 때 이전 테스트 케이스
의 데이터가 다음 테스트 케이스의 데이터에 영향을 미치지 않도록 하는데 도움이 된다.

it 함수

테스트를 실행하는 함수로 테스트 결과를 확인하는 곳이다. 첫 번째 테스트 케이스를 보자.
taks 배열을 정렬해야 한다. 이 테스트 케이스는 beforeEach 함수에서 만든 task 배열을
전달하고 배열이 제목별로 정렬되도록 한다. 또한 이 함수는 예상되는 출력 배열을 정의한
다음 toEqual을 사용해 transform 함수에서 반환된 값과 비교한다.

이것이 테스트 케이스를 작성하기 위한 전부이다.

테스트 케이스 실행

Angular CLI를 사용하면 테스트 케이스를 매우 쉽게 실행할 수 있다. 터미널에서 다음 명령을 실행하면 카르마가 브라우저를 실행하고 애플리케이션의 모든 테스트 케이스를 실행한다.

```
ng test
```

이제 테스트 케이스를 실행하면 다음 스크린샷과 같이 두 개의 테스트 케이스가 브라우저에서 실행되고 테스트를 통과해야 한다. 만약 SyntaxError: Unexpected token 같은 에러가 발생한다면 Node.js 6.9.0 이상의 버전을 사용하고 있는지 확인한다.

각각의 제목은 클릭할 수 있다. 즉, 특정 테스트 케이스를 선택하여 테스트 케이스를 다시 실행할 수 있다.

또한, karma.config.js 파일에서 autoWatch 플래그를 true로 설정했었다. 즉, 테스트 케이스의 어떤 것이라도 변경이 생기면 카르마가 자동으로 테스트 케이스를 재실행한다.

서비스 클래스를 위한 테스트 케이스 작성

다음으로 서비스 클래스에서 테스트를 작성하는 방법을 살펴보겠다. 다른 시스템에서 데이터를 가져오는 모든 프로젝트는 서비스 클래스를 갖고 있다. 서비스 클래스는 웹 서비스 호출을 하기 위해 HTTP를 사용한다.

따라서 서비스 클래스에 대한 단위 테스트를 작성하려면 HTTP와 서비스가 필요로 하는 다른 외부 의존성을 모의해야 한다.

새로운 파일 생성

먼저 servic 폴더에 trello.service.spec.ts라는 새 파일을 만든다. 트렐로 서비스에 대한 모든 테스트 케이스가 이 파일에 기록된다.

현재 트렐로 서비스는 HTTP GET 메서드를 사용하여 JSON 파일에서 보드 데이터를 가져오는 기능 하나뿐이다. 프로미스를 사용하여 응답을 가져오고 성공 또는 실패한 프로미스를 반환한다. 함수를 살펴보면 테스트가 필요한 두 가지 흐름이 있다. 하나는 public 변수가 이미 보드에 있는지 확인하는 것이고, 다른 하나는 보드가 없을 때 HTTP를 호출하는 것이다.

이 클래스에 대해 작성할 수 있는 단위 테스트가 여러 개 있을 수 있지만 두 가지 테스트 케이스에 초점을 맞출 것이다. 하나는 보드 객체가 없는 경우 HTTP 호출을 통해 데이터를 가져오는지 확인하는 것이고, 두 번째는 이미 보드 객체가 있는 경우 해당 객체를 반환하는지 확인하는 것이다.

테스트 케이스 작성

첫 번째 단계는 import 구문이며 트렐로 서비스와 보드 클래스를 import한다. 또한 HTTP가 기본적으로 Observable의 래퍼인 프로미스를 반환하기 때문에 다음과 같이 import한다.

```
import { TrelloService } from './trello.service';
import { Observable } from 'rxjs/Observable';
import { Board } from '../model/board';
```

describe 함수

describe 함수에서는 트렐로 서비스를 위한 fakeBoards라는 보드 배열을 만든다.

fakeBoard는 트렐로 서비스의 getBoardsWithPromises에서 반환하는 값이다. 또한 트렐로 서비스 클래스 의존성(이 경우 HTTP)을 모의해야 한다. 다음은 describe 함수이다.

```
describe('Trello HTTP Service',() =>{
  let trelloService: TrelloService;
  let mockHTTP;
  let fakeBoards:Board[];
});
```

여기에서 볼 수 있듯이 프로퍼티를 선언하고 초기화하지 않는다. 초기화는 beforeEach 함수 내에서 수행된다.

beforeEach 함수

지금까지 beforeEach 함수의 주된 목적은 모든 테스트 후에 실행할 코드를 제공하는 것이었다. 이를 통해 각 테스트가 이전 단계의 결과에 영향을 받지 않고 독립적으로 수행할 수 있다.

트렐로 서비스 테스트에서 beforeEach 함수는 HTTP 객체를 모의하여 다음 코드와 같이 트렐로 서비스 클래스의 인스턴스를 만든다.

```
beforeEach(()=>{
  mockHTTP = jasmine.createSpyObj('mockHTTP',['get']);
  trelloService = new TrelloService(mockHTTP);
});
```

beforeEach 함수의 첫 번째 행을 유심히 보자.

HTTP 객체를 모의하려면 객체 내부의 메서드를 모의하는 방법이 필요하다. 그렇지 않으면 함수 호출 시 테스트 케이스가 예상된 결과를 반환할 수 없다.

자스민은 createSpyObject 함수를 제공한다. 이 함수는 기본적으로 정의하는 타입의 더미 객체를 생성하고, 또한 더미 함수 배열을 제공하여 메서드로 사용할 수 있게 함으로써 mockHTTP를 사용하면 get 메서드를 찾을 수 있다. 그러나 GET 메서드에서 반환하는 것은 무엇일까? 이 부분은 it 함수에서 살펴볼 것이다.

두 번째 줄은 간단하다. 트렐로 서비스 클래스의 인스턴스를 만들고 mockHTPP 객체를 전달한다.

it 함수

첫 번째 it 함수는 꽤 간단하다. JSON 객체가 없는지 확인한다. 보드 객체가 undefined여야 한다. 트렐로 서비스 코드에서 보았듯이 보드 배열 객체가 undefined인 경우 HTTP 호출을 한다. 이것이 테스트 케이스에서 할 일이다. 다음은 첫 번째 테스트 케이스에 대한 코드이다.

```
it('보드 undefined 확인',()=>{
  mockHTTP.get.and.returnValue(Observable.of(fakeBoards));
  trelloService.getBoardsWithPromises().then(boards => this.boards =
  boards);
  expect(fakeBoards).toBeUndefined();
});
```

it 함수의 첫 번째 줄은 자스민의 또 다른 기능이다. beforeEach 함수에서 자스민의 createspy 객체를 사용하여 mockHTTP 객체를 만들었다. 그리고 mockHTTP 객체가 get 함수를 가질 것이라고 정의했다. 그러나 여전히 자스민에게 mockHTTP의 get 함수가 반환하는 것이 무엇인지는 알려주지 않았다.

이것이 첫 번째 행에서 하고 있는 일이다. 자스민에게 get 함수를 호출하면 observable 형태의 보드 배열 타입을 반환한다고 알려준다. 따라서 it 함수에서 getBoardsWithPromises 함수를 호출하면 자스민은 HTTP 호출에서 보드 배열의 observable을 반환하는지 확인한다.

아직 보드 배열을 초기화하지 않았기 때문에 반환 값은 undefined일 것이다. 이것이 세 번째 행의 expect문에서 테스트한 것이다.

fakeBoards 객체를 초기화했다면 반환 값으로 해당 값을 받았을 것이다. 그러면 expect문은 다음 코드와 같이 undefined가 아닌 보드 배열 객체를 받는다.

```
it('보드 defined 확인',()=>{
  fakeBoards = new Array();
  mockHTTP.get.and.returnValue(Observable.of(fakeBoards));
  trelloService.getBoardsWithPromises().then(boards => this.boards =
  boards);
  expect(fakeBoards).toBeDefined();
});
```

이것은 자스민을 사용하면 객체를 모의할 뿐만 아니라 단위 테스트에서 사용하는 반환 값 또한 모의된 객체로 가져올 수 있다는 것을 보여준다.

다음 테스트 케이스는 보드 객체를 트렐로 서비스의 프로퍼티에 할당하는 경우이다. 이 경우 예상되는 동작은 getBoardsWithPromises 함수의 else 부분에서 살펴볼 수 있다. 다음은 it 함수의 코드이다.

```
it('보드 가져오기',()=>{
  trelloService.Boards = new Array();
  trelloService.Boards.push({
    id:0,
    title:'Test Board',
    task:[]
  });
  mockHTTP.get.and.returnValue(Observable.of(trelloService.Boards));
  trelloService.getBoardsWithPromises().then(boards => {
    fakeBoards = boards;
    expect(fakeBoards).toBeDefined();
    expect(fakeBoards[0].title).toEqual('Test Board');
  });
})
```

여기서는 먼저 새 보드 배열 객체를 만들고 이를 트렐로 서비스 보드 객체에 할당한다. 다음으로 함수를 호출하고, 그 다음에 프로미스 함수 내에서 올바른 객체를 받았는지 확인하기 위해 expect문을 사용한다.

expect 함수가 then 함수 안에 있다는 것에 주목해야 한다. 프로미스가 성공적으로 수행된 뒤에만 expect로 값을 비교하고 싶기 때문이다. expect 함수가 then 바깥에 있으면 결과를 받기도 전에 expect 함수가 호출되어 언제나 실패할 것이다.

독립된 컴포넌트의 테스트 케이스 작성

서비스나 파이프와 비교해 컴포넌트의 고유한 점은 사용자 인터페이스와 상호 작용한다는 점이다. 컴포넌트에는 컴포넌트의 상태와 프로퍼티를 변경할 수 있는 템플릿이 있으며 비슷한 방식으로 컴포넌트도 사용자 인터페이스의 내용을 변경할 수 있다.

따라서 컴포넌트를 테스트하려면 다음과 같은 두 가지 전략을 사용할 수 있다.

> ▶ 테스트 컴포넌트를 격리한다. 즉 서비스나 파이프와 비슷한 방식으로 컴포넌트를 테스트한다. 컴포넌트의 템플릿 부분을 고려하지 않고 테스트하지도 않는 것이다. 이 방법은 컴포넌트에 있는 논리를 테스트하려는 경우에 유용하다. 그러나 이 방법을 사용하면 컴포넌트에 대한 포괄적인 검증을 못할 수도 있다.

> ▶ 종단간(end-to-end) 컴포넌트 테스트. 이 경우 템플릿과 함께 컴포넌트를 테스트한다. 이렇게 하면 컴포넌트 논리에서 발생하는 변경 사항이 템플릿에 미치는 영향을 테스트할 수 있다.

이번 섹션에서는 컴포넌트를 독립적으로 테스트하는 첫 번째 방법을 살펴본다. 다음 섹션에서는 종단간 컴포넌트 테스트에 중점을 둘 것이다.

▌새로운 파일 작성

이 테스트에서는 보드 컴포넌트를 사용한다. Angular CLI를 사용하여 보드 컴포넌트를 작성한 경우 다음 스크린샷과 같이 폴더에 이미 해당 spec 파일이 있다.

```
▲ board
  # board.component.css
  <> board.component.html
  TS board.component.spec.ts
  TS board.component.ts
```

그렇지 않은 경우 board.component.spec.ts라는 새 파일을 만들고 테스트 케이스를 추가한다. 보드 컴포넌트는 새 작업 추가, 보드 제목 수정, 기존 작업 수정과 같은 많은 작업을 수행한다. 이 기능들 각각에 대해 많은 테스트 케이스를 생성할 수 있지만, 여기서는

addTask 기능에 중점을 두고 테스트 케이스를 몇 가지 작성한다.

테스트 케이스 작성

addTask 메서드를 검토하면 이미 존재하는 작업의 전체 길이를 가져와 1씩 증가시켜서 새로운 작업에 대한 ID로 부여하는 것을 알 수 있다. 그런 다음 이 새 작업을 보드 객체의 기존 작업 목록에 추가한다. 따라서 두 가지 테스트 케이스를 작성한다. 하나는 보드 객체에 첫 번째 작업을 추가하는 것이고 다른 하나는 이미 존재하는 목록에 작업을 추가하는 것이다. 이 테스트 케이스는 매우 간단하며 이렇게 간단한 테스트 케이스를 선택하는 목적은 테스트 케이스 자체의 내용에 초점을 맞추는 대신 테스트 케이스를 작성하는 방법에 초점을 맞추기 위해서이다. 첫 번째 단계는 필수 import문을 추가하는 것이다. 다음은 보드 컴포넌트 spec 파일의 코드이다.

```
import { BoardComponent } from './board.component';
import { Board } from '../model/board'
```

격리된 테스트 케이스를 생성할 것이기 때문에 객체를 생성하려는 클래스만 import하면 된다.

테스트 케이스 구현

보드 컴포넌트는 다음과 같은 여러 의존성이 있다.

- ▶ HTML 엘리먼트를 참조하는 엘리먼트 참조
- ▶ ActivatesRoute로 라우팅 값 가져오기
- ▶ Trello 서비스로 보드 객체를 가져오고 업데이트하기

따라서 보드 컴포넌트를 효과적으로 테스트하려면 이 모든 것을 모의해야 한다. 여기서는 작업 추가에 대한 테스트에 초점을 맞추었으므로 이 모든 것을 참조하지 않고 모두 모의할 것이다. 하지만 이전 섹션에서 한 것처럼 스파이 개체를 만들지는 않을 것이다.

마찬가지로 beforeEach 함수에서 보드 컴포넌트의 인스턴스를 만들고 이러한 모의 종속성

을 다음 코드와 같이 전달한다.

```
describe('보드 컴포넌트', () => {
  let boardComponent: BoardComponent;
  let mockElementRef,mockRoute,mockTrelloService;
  beforeEach(() => {
    boardComponent = new BoardComponent(mockElementRef, mockRoute,
    mockTrelloService);
  });
});
```

다음은 작업 추가 기능을 테스트하는 두 가지 테스트 케이스이다. 다음과 같이 두 개의 it
함수가 있다.

```
it('기존 작업에 새 작업 추가 테스트',()=>{
  boardComponent.addtaskText = "더미";
  boardComponent.board = new Board();
  boardComponent.board.id = 1;
  boardComponent.board.title = "보드 1";
  boardComponent.board.task = new Array();
  boardComponent.board.task.push({
    id:1,
    title:'작업1',
    subtask: [],
    taskheaderId:"1"});
  boardComponent.addtask();
  expect(boardComponent.board.task.length).toBe(2);
});
it('첫 번째 작업 추가 테스트',()=>{
  boardComponent.addtaskText = "더미";
  boardComponent.board = new Board();
  boardComponent.board.id = 1;
  boardComponent.board.title = "보드 1";
  boardComponent.board.task = new Array();
  boardComponent.addtask();
  expect(boardComponent.board.task.length).toBe(1);
  expect(boardComponent.board.task[0].id).toBe(1);
  expect(boardComponent.board.task[0].title).toBe('Dummy');
});
```

첫 번째 it 함수는 기존 보드 객체를 초기화하여 새로운 작업으로 정의하고 addTask 함수에 전달하기만 하면 된다. 이 경우 expect 함수는 작업 배열의 길이만 확인한다.

두 번째 테스트 케이스에서는 보드에 기존 작업이 없고 새로운 작업을 생성한다고 가정한다. 테스트 케이스는 길이가 1인지 확인하는 것을 제외하고는 첫 번째 테스트 케이스와 매우 비슷하다. 이 테스트 케이스는 첫 번째 태스크를 작성하는 경우 코드에 예외가 발생하지 않는지 확인한다. 또한 여러 값을 확인하기 위해 이 테스트 케이스에는 여러 개의 expect 문이 있다.

통합 컴포넌트를 위한 테스트 케이스 작성

이번 섹션에서는 컴포넌트의 종단간 테스트 작성에 중점을 둔다. 템플릿을 컴포넌트 테스트에 통합할 수 있는 방법을 살펴보겠다. 통합 테스트는 분리된 테스트와 비교할 때 작성하기가 복잡하다. 그 이유는 이전 섹션에서 작성한 것과 같은 표준 컴포넌트 객체를 원하는 것뿐만 아니라 템플릿에 통합된 컴포넌트 객체까지 사용해서 함께 테스트하기 때문이다.

통합 테스트를 구현할 때 가장 복잡한 것은 설정 부분이다. 왜냐하면 컴포넌트와 의존성의 초기화를 같이하기 때문이다.

복잡한 통합 테스트에는 다음과 같은 몇 가지 고유한 이점이 있다.

▶ 격리 테스트에서는 불가능한 바인딩 테스트를 할 수 있다. 어떤 바인딩은 매우 간단해서 통합 테스트를 하는 의미가 없을 수 있다. 복잡한 바인딩이 있는 컴포넌트의 경우는 통합 테스트가 매우 유용하다.

▶ 테스트를 작성하며 바로 문제를 식별한다. 격리된 컴포넌트 테스트는 각 템플릿이 잘 작동한다고 가정했기 때문에 중대형 애플리케이션에는 문제가 될 수 있다. 이러한 애플리케이션에서는 컴포넌트의 변경 사항이 템플릿의 바인딩을 손상시키지 않았는지 확인하는 것이 중요하기 때문이다.

▶ 통합 테스트를 통해 템플릿 관련 버그를 신속하고 효율적으로 식별하고 사전에 수정할 수 있다.

통합 테스트 설정

통합 테스트의 경우 마지막 섹션에서 만든 컴포넌트 인스턴스가 필요하지 않다. 여기서는 연관된 템플릿이 있고 컴포넌트를 로드하고 바인딩을 테스트할 수 있도록 모듈에 포함된 컴포넌트가 필요하다.

이러한 컴포넌트의 인스턴스를 만들기 위해 독립된 테스트를 작성할 때와는 달리 매우 다른 설정을 해야 한다. 이번에는 홈페이지 컴포넌트에 대한 통합 테스트 케이스를 작성할 것이다.

첫 번째 단계는 테스트 케이스에 필요한 것들을 가져오기 위한 import문이다.

```
import { async, ComponentFixture, TestBed } from '@angular/core/testing';
```

Angular는 angular/core/testing 모듈에 있는 특수한 라이브러리를 제공한다. 이 라이브러리에서 다음 항목을 가져온다.

- ▶ TestBed : Angular가 컴포넌트를 만드는 데 이 유틸리티를 사용한다. TestBed는 템플릿을 생성하고 이를 각 컴포넌트와 연관시킬 책임이 있다. 또한 테스트 중인 컴포넌트를 보유하고 있는 모듈을 생성한다.
- ▶ async : beforeEach 메서드에서 비동기 작업을 동기 작업으로 변환하는데 사용하는 도우미 함수이다. BeforeEach 함수를 작성할 때 살펴보겠다.
- ▶ ComponentFixture : ComponentFixture는 테스트 함수에서 사용하는 타입이다. TestBed를 사용하여 컴포넌트를 만들면 ComponentFixture 타입의 컴포넌트를 반환한다.

다음으로 테스트 할 홈페이지 컴포넌트에 대한 import를 한다. 다음 홈페이지 컴포넌트의 생성자를 살펴보자.

```
constructor(private _trelloService:TrelloService,private _router: Router) {
  }
```

보이는 것처럼 홈페이지 컴포넌트는 두 가지 서비스에 의존한다.

- ▶ 트렐로 서비스 : 트렐로 서비스를 사용하므로 import한다.
- ▶ 라우터 서비스 : Angular 서비스인 라우터 서비스를 import한다.

모든 import문은 다음과 같다.

```
import { async, ComponentFixture, TestBed } from '@angular/core/testing';
import { RouterModule } from '@angular/router';
import { HomepageComponent } from './homepage.component';
import {TrelloService} from '../services/trello.service';
```

여기까지가 통합 테스트를 위한 최소한의 import문이다. 테스트 케이스를 작성하며 몇 개를 더 추가할 것이다.

테스트 케이스 구현

홈페이지에는 다음과 같은 기능이 있다.

- ▶ ngOnInit에서 사용 가능한 모든 보드를 가져 와서 로컬 보드 배열 객체에 바인딩한다.
- ▶ 새로운 보드 기능을 추가한다. 새로운 보드는 작업이 없고 제목은 "새 보드"로 설정된다.

따라서 이 두 기능에 대한 기본 시나리오를 다루기 위해 세 가지 테스트 케이스를 작성한다. 테스트 케이스는 다음 내용을 테스트한다.

- ▶ 컴포넌트가 성공적으로 생성되었는지 확인
- ▶ 두 개의 보드를 추가했을 때 컴포넌트에 보드가 잘 추가되고 템플릿에 표시가 되는지 확인
- ▶ 새 보드를 만들고 UI에 잘 표시되는지 확인

통합된 테스트에서는 기대한 것처럼 바인딩이 잘 동작하는지 보기 위해 UI도 확인할 수 있다. 통합 테스트 케이스는 컴포넌트의 인스턴스를 얻기 위해 몇 가지 추가 작업이 필요하다. 지금부터 살펴보자.

describe 함수

describe 함수에는 다음과 같은 두 줄의 코드만 있다.

```
let component: HomepageComponent;
let fixture: ComponentFixture<HomepageComponent>;
```

첫 번째 줄은 홈페이지 컴포넌트를 정의하는 것이고 두 번째 줄이 흥미롭다.

fixture 변수를 선언하고 홈페이지 컴포넌트를 타입으로 전달한다. 픽스쳐(fixture)는 기본 적으로 컴포넌트의 래퍼(wrapper)로 컴포넌트의 인스턴스를 직접 만들었다면 제공하지 않을 추가 기능을 제공한다. 이러한 추가 기능에는 변경 탐지나 컴포넌트 템플릿의 HTML 엘리먼트 접근과 같은 기능이 있다.

첫 번째 beforeEach 함수

beforeEach 함수는 컴포넌트와 모듈을 생성하는 장소이다. 또한 의존성과 동작을 정의할 수 있다. 통합 테스트의 경우 일반적으로 두 가지 beforeEach 함수가 있다. 하나는 모듈을 초기화하는 것이고 다른 하나는 컴포넌트를 만드는 것이다. 다음은 beforeEach 코드이다.

```
01  beforeEach(async(() => {
02   let mockTrelloService={
03     getBoardsWithPromises:()=>Observable.of([]).toPromise()};
04   TestBed.configureTestingModule({
05     declarations: [ HomepageComponent ],
06     imports:[RouterModule.forRoot([])],
07     providers: [{provide: APP_BASE_HREF, useValue: '/'},
08     {provide: TrelloService, useValue:mockTrelloService}]
09   })
10   .compileComponents();
11 }));
```

먼저 4행을 살펴보겠다. 여기서는 TestBed 유틸리티의 함수를 사용하여 모듈을 생성한다. configureTestingModule 함수는 모듈을 생성하고 모듈에 대한 의존성을 정의한다. app. module 파일의 ngModule과 비슷한 모듈을 생성한다.

모듈은 코드에서 본 것과 같이 다음과 같은 프로퍼티를 갖는다.

- ▶ declarations : 모듈과 관련된 컴포넌트를 정의하는 선언
- ▶ imports : 의존성이 있는 모듈을 가져오기 위한 import 구문. 여기서는 홈페이지 컴포넌트가 라우터 모듈에 종속되어 있기 때문에 라우터 모듈이 필요하다. 실제로 라우팅을 테스트하지 않고 라우트 객체만으로 컴포넌트를 만족시키기 때문에 imports에서는 빈 라우트를 추가한다.
- ▶ providers : 서비스와 기본 href 링크와 같은 외부 의존성을 정의하는 공급자. 각 공급자 객체에는

두 개의 속성, 즉 provide와 useValue가 있다. provide 속성은 어떤 의존성이 필요한지 알려주고 useValue는 이 의존성을 대체할 객체 또는 값을 알려준다.

configureTestingModule 함수는 비동기 함수이지만 테스트 케이스가 실행되기 전에 모듈이 생성되었는지 확인하기 위해 동기적으로 실행해야 한다. 그렇게 하기 위해 beforeEach의 정의에서 보았듯이 이 함수를 다른 함수로 감싸준다. async 함수를 사용하면 비동기를 동기식 연산으로 변환할 수 있으므로 async를 처음에 import했었다.

이제 두 번째 행을 살펴보겠다. 여기서는 원래의 서비스를 대체할 mockTrelloService 객체를 생성한다. 이 서비스 클래스는 getBoardsWithPromises라는 하나의 메서드를 사용한다. 이 메서드는 보드 타입에 대한 프로미스를 반환한다. 따라서 홈페이지 컴포넌트가 mockTrelloService에서 이 메서드를 호출할 때 보드 배열 타입의 프로미스를 반환했는지 확인하기 위해 이 메서드의 반환 값으로 빈 배열을 할당했다. 이러한 변경 사항을 처리하기 위해 기본 항목에 몇 가지 import를 추가해야한다. HREF, Observables과 promise 래퍼이다.

```
import { APP_BASE_HREF } from '@angular/common';
import { Observable } from 'rxjs/Observable';
import 'rxjs/add/operator/toPromise';
```

beforeEach 함수의 마지막 행(10번째 행)에 있는 TestBed의 compileComponents 함수는 템플릿이 있는 컴포넌트로 컴파일하고 해당 컴포넌트를 모듈에 추가한다.

두 번째 beforeEach 함수

이제 모듈을 만들고 컴포넌트와 그 의존성을 추가했다. 다음 단계는 컴포넌트를 만들고 인스턴스를 가져오는 것이다. 이를 위해 다음 코드와 같이 두 번째 beforeEach 함수를 작성한다.

```
beforeEach(() => {
  fixture = TestBed.createComponent(HomepageComponent);
  component = fixture.componentInstance;
  fixture.detectChanges();
});
```

여기서는 세 가지 작업을 수행하고 있다.

▶ 홈페이지 컴포넌트를 생성하고 이를 컴포넌트 fixture에 할당한다.

▶ 그런 다음 컴포넌트 fixture에서 컴포넌트 인스턴스를 component 변수에 할당한다.

▶ 컴포넌트 fixture에서 detectChanges 메서드를 호출한다. 이전에 언급했듯이 컴포넌트 fixture는 몇 가지 추가 기능을 제공하며 그 중 하나는 변경 사항을 감지하는 것이다. Angular가 변경 사항을 직접 감지할 수 없으므로 테스트하는 동안에 컴포넌트의 UI를 변경하기 위한 코드를 사용했다면 항상 detectChanges 메서드를 호출해야 한다.

it 함수

앞에서 언급한 것처럼 홈페이지 컴포넌트에 세 가지 테스트 케이스를 만들 것이다. 첫 번째는 컴포넌트를 성공적으로 만들 수 있는지 확인하는 것이다. 이 코드는 다음과 같다.

```
it('컴포넌트 생성 확인', () => {
  expect(component).toBeTruthy();
});
```

보이는 것처럼 toBeTruthy 매처를 사용하여 컴포넌트가 있는지 확인한다. 통합 테스트를 작성할 때마다 항상 이 테스트 케이스를 실행해야한다. 이 테스트 케이스는 생성한 컴포넌트 인스턴스가 잘 생성되었고 정의한 의존성들의 누락없이 정확하게 생성되었는지를 확인하는 역할을 한다.

● UI에서 보드 확인

이 테스트 케이스에서는 컴포넌트에서 템플릿까지 종단간 테스트하는 방법을 살펴볼 것이다. 이 테스트의 목적은 두 개의 보드가 있을 때 UI에 잘 표시되는지 컴포넌트 프로퍼티는 정상인지 확인하는 것이다. 이 테스트 케이스의 코드는 다음과 같다.

```
it('2개의 보드가 있는지 확인', () => {
  component.boards= new Array();
  component.boards.push({
    id:1,
    task:[],
    title:'Board 1'
```

```
    },
    {
      id:2,
      task:[],
      title:'Board 2'
    })
    fixture.detectChanges();
    const compiled = fixture.debugElement.nativeElement;
    let title = compiled.querySelectorAll('.title') ;
    expect(title[1].textContent).toContain('보드 2');
    expect(component.boards.length).toBe(2);
  });
```

우선 컴포넌트 객체에 보드 배열을 만들고 두 개의 보드를 만든다. 현재 테스트에서는 task
를 사용하지 않기 때문에 생성하지 않았지만 task를 추가할 수 있다.

다음으로, 이러한 새 보드가 UI에 반영되도록 해야 하기 때문에 detectChanges 메서드를
호출한다. detectChanges 메서드는 Angular를 호출하여 모든 프로퍼티에 대한 바인딩을
갱신한다.

다음 라인에서는 컴포넌트 fixture 객체의 함수를 사용하여 템플릿에서 엘리먼트를 가져온
다. debugElement는 컴포넌트 템플릿과 연관된 루트 엘리먼트이며 nativeElement는 템
플릿에 대한 핸들을 제공한다.

템플릿에 대한 핸들을 확보하고 나면 표준 UI API를 호출하여 엘리먼트를 가져오고 그 값
을 내부적으로 살펴볼 수 있다. 여기서는 먼저 HTML 엘리먼트가 title 클래스 프로퍼티를
가졌는지, 그리고 두 개의 보드를 잘 가져왔는지 확인한다. 일단 이것들을 확인했다면 이제
엘리먼트를 루프로 돌면서 엘리먼트의 textContent 프로퍼티가 예상한 보드의 이름과 같
은지 확인하여 보드가 성공적으로 바인딩되었는지 확인할 수 있다.

마지막 라인에서는 컴포넌트 클래스의 보드 객체가 두 개의 보드를 가지고 있는지 확인한다.

신규 보드 생성 테스트

마지막 테스트 케이스는 보드 추가 기능을 테스트하는 것이다. 여기서는 새 보드가 UI에 성
공적으로 추가되었는지 확인한다. 다음은 테스트 케이스 코드이다.

```
it('새 보드 생성',()=>{
  component.addBoard();
  fixture.detectChanges();
  expect(component.boards.length).toBe(1);
  const compiled = fixture.debugElement.nativeElement;
  let title = compiled.querySelectorAll('.title') ;
  expect(title.length).toBe(2);
  expect(title[0].textContent).toContain('새 보드');
});
```

여기서는 먼저 컴포넌트에서 addBoard 메서드를 호출한 다음 Angular가 바인딩을 새로 고치도록 하기 위해 detectChanges 메서드를 호출한다.

정상적으로 완료되면 보드의 수가 한 개인지 그리고 title이 있는 두 개의 엘리먼트가 있는 지를 확인하기 위해 expect문을 선언한다.

마지막 행에서는 첫 번째 새로운 보드가 '새 보드'라는 컨텐츠를 가졌는지도 확인한다.

▌다른 컴포넌트를 위한 테스트 케이스

이전 섹션에서는 홈페이지 컴포넌트에 대한 통합 테스트와 보드 컴포넌트에 대한 독립 테스트 케이스 작성에 중점을 두었다. 그러나 통합 테스트를 통해 Task와 Subtask같은 다른 컴포넌트를 확인했다.

Task와 Subtask 컴포넌트는 필요한 테스트 fixture를 가진 테스트 파일을 가지고 있어서 통합 테스트를 위한 준비가 되어 있다.

또한 이러한 컴포넌트에는 컴포넌트가 성공적으로 만들어 졌는지 확인하는 표준 테스트 케이스가 하나 있다. 이번 장에서 배운 내용을 활용하여 더 많은 테스트 케이스를 만들어 보며 연습해보길 바란다.

이번 장의 코드는 다음 GitHub 링크에서 확인할 수 있다.

▶ https://github.com/sachinohri/SampleTrelloApplication

요약

이번 장에서는 Angular 애플리케이션에서 테스트 케이스를 작성하는 방법을 배웠다. 이 모든 테스트 케이스는 예제 트렐로 애플리케이션에 대한 것이었다. 파이프, 서비스, 독립 컴포넌트와 통합 컴포넌트에 대한 테스트 케이스를 작성했다. Angular가 테스트 케이스 작성을 위해 제공하는 라이브러리에 대해 배웠다.

테스트 케이스를 작성하는 데 사용되는 자스민과 카르마라는 도구를 살펴보았다. Angular CLI를 사용하여 모든 도구가 자동으로 설정되기는 하지만 직접 이런 도구를 설정하는 방법도 살펴보았다. Angular CLI와 관련 기능은 다음 장에서 보다 자세하게 살펴볼 것이다.

트렐로
– Angular CLI
사용하기

2장의 첫 번째 애플리케이션인 Sports News Combinator에서는 Angular CLI를 사용하지 않고 애플리케이션을 만드는 방법에 대해 설명했다. 이 방법은 애플리케이션의 기본 기능만을 실행하려고 해도 여러 단계를 거쳐야만 했다. Angular CLI는 동일한 기능을 가능한 가장 쉬운 방법으로 수행하게 해준다. 앞서 만들었던 Sports News Combinator와 트렐로 모두 Angular CLI를 사용하여 애플리케이션을 쉽게 시작할 수 있었다.

Angular CLI는 이전 장에서 지금까지 살펴본 것보다 훨씬 많은 것을 할 수 있다. 새로운 프로젝트를 만들고 컴포넌트, 서비스와 모듈을 추가하는데 사용할 수 있으며 애플리케이션을 빌드, 테스트, 그리고 린팅(linting : 소스 코드의 구조/구문을 정적으로 분석하는 과정)하는 것과 같은 기능을 제공한다. 이 모든 내용을 이번 장에서 다룰 것이다.

이번 장에서는 다음 주제에 대해 설명한다.

- ▶ Angular CLI는 무엇이며 왜 사용해야 하는지 설명한다.
- ▶ Angular CLI를 사용해서 애플리케이션을 만드는 방법을 살펴본다.
- ▶ 다음으로 컴포넌트, 서비스, 파이프, 모듈 및 라우팅을 생성하는 옵션을 살펴본다.
- ▶ Angular CLI이 제공하는 린팅, 빌딩, 애플리케이션 구동 옵션에 대해 살펴본다.
- ▶ 마지막으로 Angular CLI의 테스트 기능에서 대해서 살펴본다.

Angular CLI 소개

웹 애플리케이션을 개발하는 것은 그 자체로 어려운 작업이며 애플리케이션이 모범 사례를 따르는지, 일관성이 있는지 확인하는 작업은 개발자에게 추가적인 부담을 준다. Angular CLI는 후자에 대한 문제를 해결하는데 도움을 준다. Angular CLI는 코드를 빌드하고 관리할 때 모범 사례를 따르도록 강제하도록 도와주는 커맨드 라인 인터페이스이다.

1~2명으로 구성된 팀이든, 10-20명으로 구성된 팀이든 관계없이 애플리케이션을 만들고 관리해야 하는 어려움이 있다. 애플리케이션을 개발할 때는 모두가 다음 규칙을 따르도록 해야 할 필요가 있다.

- ▶ 사전에 정의된 모범 사례
- ▶ 올바른 네이밍 규칙
- ▶ 최적화된 빌드 스크립트
- ▶ 폴더 구조
- ▶ 테스트 구조

Angular 팀은 Angular CLI를 개발하여 이러한 문제를 해결하고자 했다.

Angular CLI 외에도 Angular 애플리케이션을 개발하는 데 도움이 되는 여러 가지 시작 프로젝트가 있다. 이러한 프로젝트는 기본 폴더 구조를 가지며 어떤 프로젝트는 빌드 구성도 가질 수 있지만, Angular 애플리케이션을 생성하고 개발할 때 통일된 방법이 아닌 다양한 방법이 있다는 문제가 있다.

Angular 팀의 Angular CLI는 업계의 모든 모범 사례를 통합하고 효율적으로 애플리케이션을 개발할 수 있는 인터페이스를 제공한다. Angular CLI는 다음과 같은 기능을 제공한다.

- ▶ 권장되는 스타일 가이드에 맞춰 애플리케이션 생성
- ▶ 개발(dev)과 상용(prod) 모드에서 애플리케이션을 빌드하고 실행
- ▶ 컴포넌트, 서비스, 파이프 각각에 대해서 테스트 통합
- ▶ 린팅을 사용하여 애플리케이션이 디자인과 일관성이 있는지 확인

Angular CLI 설정

Angular CLI를 사용하기 전에 Angular CLI를 npm에서 설치해야한다. Angular CLI는 node 모듈이므로 CLI를 설치하려면 먼저 Node.js를 설치해야 한다.

Node.js를 아직 설치하지 않았다면 공식 Node.js 웹 사이트(https://nodejs.org)에서 설치할 수 있다. 다음 명령을 사용하여 노드가 올바르게 설치되었는지 확인할 수 있다.

```
node -v
```

이 명령은 현재 설치된 Node.js의 버전을 출력한다. Node.js가 있으면 다음 명령을 실행하여 Angular CLI를 설치한다.

```
npm install –g @angular/cli
```

이 명령은 Angular CLI를 (–g 플래그에 의해) 전역으로 설치한다. Node.js와 같이 설치가 되었으면 다음 명령을 사용하여 컴퓨터에 설치된 Angular CLI의 버전을 확인할 수 있다.

```
ng –v
```

ng는 Angular를 실행하는 명령어이며 v는 현재 설치된 버전을 출력한다. 다음과 같이 표시되어야 한다.

```
    _                              _                  ____ _     ___
   / \   _ __   __ _ _   _| | __ _ _ __    / ___| |   |_ _|
  / △ \ | '_ \ / _` | | | | |/ _` | '__|  | |   | |    | |
 / ___ \| | | | (_| | |_| | | (_| | |     | |___| |___ | |
/_/   \_\_| |_|\__, |\__,_|_|\__,_|_|      \____|_____|___|
               |___/
Angular CLI : 1.7.4
Node : 6.9.5
OS : win32 x64
```

▌Angular CLI help 명령어

Angular CLI를 처음 사용할 때 help 명령은 가장 유용한 기능 중 하나이다. 이 명령은 Angular CLI에서 사용할 수 있는 모든 옵션 목록과 기본 값을 제공한다. help 명령은 다음과 같이 실행한다.

```
ng --help
```

이 명령은 매우 긴데 화면의 일부를 보면 다음과 같다.

```
ng build <options...>
  Builds your app and places it into the output path (dist/ by default).
  aliases: b
  --target (String) (Default: development) Defines the build target.
    aliases: -t <value>, -dev (--target=development), -prod (--target=production), --target <value>
  --environment (String) Defines the build environment.
    aliases: -e <value>, --environment <value>
  --output-path (Path) Path where output will be placed.
    aliases: -op <value>, --outputPath <value>
  --aot (Boolean) Build using Ahead of Time compilation.
    aliases: -aot
```

help 명령의 결과는 ng build, ng generate, ng new, ng test 등과 같은 모든 옵션에 대한 설명이 나열되어 있다. 이번 장에서 모두 살펴볼 것이다. new와 같은 특정 명령어에 대한 옵션만 살펴보고 싶다면 다음과 같이 하면 된다.

```
ng new --help
```

이 명령은 ng new 명령에 대한 도움말만 표시한다. ng new 명령은 다음 스크린샷과 같이 초기 애플리케이션을 생성하는데 사용한다.

```
ng new <options...>
  Creates a new directory and a new Angular app eg. "ng new [name]".
  aliases: n
  --dry-run (Boolean) (Default: false) Run through without making any changes. Will list all files that would have been created when running "ng new".
    aliases: -d, --dryRun
  --verbose (Boolean) (Default: false) Adds more details to output logging.
    aliases: -w, --verbose
  --skip-install (Boolean) (Default: false) Skip installing packages.
    aliases: -si, --skipInstall
  --skip-git (Boolean) (Default: false) Skip initializing a git repository.
    aliases: -sg, --skipGit
  --skip-tests (Boolean) (Default: false) Skip creating spec files.
    aliases: -st, --skipTests
  --skip-commit (Boolean) (Default: false) Skip committing the first commit to git.
    aliases: -sc, --skipCommit
  --directory (String) The directory name to create the app in.
    aliases: -dir <value>, --directory <value>
  --source-dir (String) (Default: src) The name of the source directory. You can later change the value in ".angular-cli.json" (apps[0].root).
    aliases: -sd <value>, --sourceDir <value>
  --style (String) (Default: css) The style file default extension. Possible values: css, scss, less, sass, styl(stylus). You can later change the value in ".angular-cli.json" (defaults.styleExt).
    aliases: --style <value>
  --prefix (String) (Default: app) The prefix to use for all component selectors. You can later change the value in ".angular-cli.json" (apps[0].prefix).
    aliases: -p <value>, --prefix <value>
  --routing (Boolean) (Default: false) Generate a routing module.
    aliases: --routing
  --inline-style (Boolean) (Default: false) Should have an inline style.
    aliases: -is, --inlineStyle
  --inline-template (Boolean) (Default: false) Should have an inline template.
    aliases: -it, --inlineTemplate
  --minimal (Boolean) (Default: false) Should create a minimal app.
    aliases: --minimal
```

Angular CLI로 애플리케이션 만들기

먼저 다음 명령과 같이 Angular CLI를 사용하여 Angular 애플리케이션을 작성해 보자.

```
ng new trello-app --skip-install
```

이 명령은 다음 스크린샷과 같이 컴퓨터에 trello-app라는 이름의 새 폴더를 만든다.

```
installing ng
  create .editorconfig
  create README.md
  create src/app/app.component.css
  create src/app/app.component.html
  create src/app/app.component.spec.ts
  create src/app/app.component.ts
  create src/app/app.module.ts
  create src/assets/.gitkeep
  create src/environments/environment.prod.ts
  create src/environments/environment.ts
  create src/favicon.ico
  create src/index.html
  create src/main.ts
  create src/polyfills.ts
  create src/styles.css
  create src/test.ts
  create src/tsconfig.app.json
  create src/tsconfig.spec.json
  create src/typings.d.ts
  create .angular-cli.json
  create e2e/app.e2e-spec.ts
  create e2e/app.po.ts
  create e2e/tsconfig.e2e.json
  create .gitignore
  create karma.conf.js
  create package.json
  create protractor.conf.js
  create tsconfig.json
  create tslint.json
Project 'trello-app' successfully created.
```

위의 스크린샷에서 볼 수 있듯이 Angular CLI는 app 파일들을 포함해 애플리케이션에 필요한 파일과 설정 파일을 생성한다.

위의 명령에서 사용한 --skip-install 플래그는 Angular CLI에게 모든 Node.js 모듈을 다운로드하기 위해 npm install 명령을 실행하지 않고 싶다는 것을 알려준다. 다음 섹션에서 이 플래그와 다른 플래그를 살펴본다.

파일 개요

이제 VS Code에서 애플리케이션을 열고 생성된 파일을 살펴보자.

보이는 것처럼 Angular CLI가 생성한 파일들이 많이 있다. app 폴더 아래에는 애플리케이션 코드가 들어있는 src 폴더와 애플리케이션 레벨에서 사용되는 main.ts, style.css, tsconfig와 typing 파일이 있다. 다음은 중요한 파일들에 대한 설명이다.

▶ .editorconfig : 들여쓰기 등의 코드 구조와 관련된 설정이 들어 있다. 원하는 애플리케이션 스타일 가이드에 맞춰 들여쓰기 간격을 설정할 수 있다.

▶ .gitignore : 파일과 폴더를 Git에 체크인해야 하는지 아닌지에 대한 규칙을 제공한다. 예를 들어 Node.js 모듈 폴더는 Git에 체크인하지 않고 사용자가 코드를 다운로드할 때 패키지를 다운로드 하는 것을 선호한다.

▶ karma.conf.js : 이전 장에서 트렐로 애플리케이션을 테스트할 때 살펴보았다. 이 카르마 설정 파일은 테스트 케이스 프레임워크를 설정한다.

► package.json : 애플리케이션을 실행하는 데 필요한 모든 의존성 목록이 있다. ――skip―install 플래그를 사용하지 않은 경우 Angular CLI는 npm install을 사용하여 이 파일에 정의된 모든 의존성을 설치한다. 의존성 버전은 일반적으로 그 패키지의 안정된 최신 버전이다. 이 파일에 패키지 정보를 추가하거나 수정한 다음 npm install 명령을 실행하여 해당 패키지를 node 모듈에 설치할 수 있다.

► protractor.conf.js : Angular CLI에서 종단간 테스트 케이스를 실행하는 데 사용된다.

► tsconfig.json : TypeScript에서 컴파일러 옵션을 구성하는 데 사용된다. base URL, 대상 컴파일 등을 구성할 수 있다.

► tslint.json : 린팅에 대한 규칙을 정의하며 표준 코드 규칙 및 스타일 가이드를 적용하는 데 도움을 줄 수 있다.

► .angular-cli.json : Angular CLI에서 애플리케이션 구성 요소를 생성할 때 따라야 할 규칙을 설정하는데 사용된다. 다음 섹션에서 이 내용을 자세히 살펴볼 것이다.

► src/index.html : 시작 파일이다. Angular 애플리케이션에서 index.html 파일은 모든 컴포넌트가 로드되는 기본 파일로 사용된다.

► src/main.ts : main.ts 파일은 애플리케이션의 진입점 역할을 한다. Angular는 이 파일에서 부트스트랩 논리를 정의한다.

► src/tsconfig : 로컬 TypeScript 컴파일러 옵션을 정의하는 데 사용되는 두 개의 tsconfig 파일 (tsconfig.app과 tsconfig.spec)이 있다.

▌ng new – 플래그와 커스터마이징

이전 섹션에서는 기본 플래그로 트렐로 앱을 만들었다. CLI가 패키지를 설치하지 않도록 명령하는 skip-install 플래그 외에 다른 모든 플래그는 기본 값을 사용했다. ng new ――help 명령을 실행하여 애플리케이션을 생성할 때 설정할 수 있는 많은 플래그를 확인할 수 있다. 다음 플래그를 간단히 살펴보자.

► dry run : 파일을 생성할지 또는 생성될 파일을 나열할지 여부를 CLI에 알려준다. 이 명령은 실제로 파일을 만들지 않고 CLI로 만들 파일과 폴더만 확인하려는 경우 매우 유용하다. 이 명령은 일반적으로 여러 구성 옵션을 사용하여 필요한 것을 확인하려는 경우에 사용한다.

► skip install : 이전에 이 플래그를 사용했다. 애플리케이션 파일은 생성하지만 패키지에 필요한 Node.js 모듈을 다운로드하지 않는다.

► skip git : Angular CLI는 기본적으로 프로젝트의 로컬 Git을 초기화한다. 원하지 않으면 이 플래그의 값을 true로 설정할 수 있다.

- skip tests : 이름에서 알 수 있듯이 이 플래그는 CLI가 테스트와 관련된 내용/파일을 생성하지 않도록 한다. 일반적으로는 이 플래그를 끄지 말고 테스트 케이스가 함수 동작을 검증하도록 해야한다.

- style : 이 플래그는 스타일 파일의 확장자를 정의한다. 기본적으로 CSS이지만 CSS를 SASS 또는 LESS로 변경할 수 있다.

- prefix : 기본적으로 컴포넌트를 생성할 때 컴포넌트 선택자의 이름은 app-*이다. 여기서 *는 컴포넌트의 이름이다. 상용 제품에서는 이 규칙을 따르지 않기를 원할 수 있다. 모든 컴포넌트 선택자에서 특정 접두사가 있는지 확인하고자 할 수 있다. 예를 들어 우리의 애플리케이션에서는 모든 컴포넌트에 trello-*라는 접두사가 있어야 한다. 이 플래그를 사용하여 값을 할당할 수 있으며 그러면 CLI가 컴포넌트를 생성할 때마다 이 접두어를 선택자에 사용한다.

- routing : 앞서 애플리케이션을 만들 때 라우팅 정보는 없었고 app 컴포넌트와 모듈 파일만 있었다. 그러나 대부분의 경우 컴포넌트를 탐색할 수 있도록 애플리케이션에서 라우팅 로직이 필요하다. 기본값은 false이고, true로 설정한 경우 라우팅을 위해 관련 파일을 생성하고 기본 NgModule에 연결한다.

▍앱 커스터마이징

이제 앞에서 설명한 플래그와 함께 CLI를 사용해 애플리케이션을 다시 만들어 보겠다.

라우팅이 가능하고 컴포넌트 선택자로 trello 설정, css보다는 sass로 정의된 스타일을 만들어볼 것이다. 다음 명령을 사용한다.

```
ng new trello-app --skip-git true --style sass --prefix trello --routing true
--dry-run
```

여기에서는 dry-run을 사용하여 Angular CLI가 하드에 생성하지 않은 채로 무엇을 생성하는지 확인한다. 또한 dry-run 플래그를 사용했기 때문에 CLI는 npm install도 실행하지 않을 것이다. 다음은 명령을 실행했을 경우의 출력 화면이다.

```
You specified the dry-run flag, so no changes will be written.
  create .editorconfig
  create README.md
  create src/app/app-routing.module.ts
  create src/app/app.component.sass
  create src/app/app.component.html
  create src/app/app.component.spec.ts
  create src/app/app.component.ts
  create src/app/app.module.ts
  create src/assets/.gitkeep
  create src/environments/environment.prod.ts
  create src/environments/environment.ts
  create src/favicon.ico
  create src/index.html
  create src/main.ts
  create src/polyfills.ts
  create src/styles.sass
  create src/test.ts
  create src/tsconfig.app.json
  create src/tsconfig.spec.json
  create src/typings.d.ts
  create .angular-cli.json
  create e2e/app.e2e-spec.ts
  create e2e/app.po.ts
  create e2e/tsconfig.e2e.json
  create karma.conf.js
  create package.json
  create protractor.conf.js
  create tsconfig.json
  create tslint.json
Project 'trello-app' successfully created.
```

첫 번째 행에서 보았듯이 CLI는 "no changes will written"같은 메시지를 통해 변경 사항이 작성되지 않는다는 경고를 표시한다. 또 다른 특이 사항은 app-routing.module.ts 파일이다. 라우팅 플래그를 ON으로 했기 때문에 이 파일이 생성되었음을 알아야한다. 또한 우리가 가지고 있는 스타일 파일은 css가 아니라 sass 확장자 파일이라는 것을 알 수 있다. Angular CLI는 webpack을 빌드 시스템으로 사용하고 sass 파일을 css로 빌드하고 렌더링을 위해 함께 번들링한다.

이번에는 dry-run 플래그 없이 다시 같은 명령을 실행해 보자. 그러면 CLI가 하드 드라이브에 파일을 생성하고 비주얼 스튜디오 코드에서 trello-app 폴더를 열 수 있다. 원하는 경우 skip-install 플래그를 추가하여 npm install 실행을 건너뛰고 나중에 npm install을 실행할 수 있다.

다음 섹션에서 app-routing.module.ts를 살펴본다.

앱 라우팅 파일

다음은 Angular CLI에 의해 생성된 app-routing.module.ts 파일의 코드이다.

```typescript
import { NgModule } from '@angular/core';
import { Routes, RouterModule } from '@angular/router';
const routes: Routes = [
  {
    path: '',
    children: []
  }
];
@NgModule({
  imports: [RouterModule.forRoot(routes)],
  exports: [RouterModule]
})
export class AppRoutingModule { }
```

보는 것처럼 Angular CLI는 App 라우팅 모듈을 만들고 라우트 경로를 추가했다. 아직 CLI는 정의할 경로를 모르기 때문에 경로가 비어 있다. 그러나 CLI는 다음 코드에서 보이는 것처럼 app.module.ts에 라우팅을 설정하고 이를 app 모듈에 연결하는 기본 작업을 모두 준비했다.

```typescript
import { BrowserModule } from '@angular/platform-browser';
import { NgModule } from '@angular/core';
import { AppRoutingModule } from './app-routing.module';
import { AppComponent } from './app.component';
@NgModule({
  declarations: [
  AppComponent
],
imports: [</span>
  BrowserModule,
  AppRoutingModule
],
providers: [],
bootstrap: [AppComponent]
})
export class AppModule { }
```

app 모듈의 imports 배열에서 라우팅 모듈을 import했다. 이제 CLI를 사용하여 기본적인 기능이 포함된 최소 버전의 애플리케이션을 실행할 수 있게 되었다.

Angular CLI 파일

Angular CLI는 모든 설정을 루트 폴더에 있는 .angular-cli.json 파일에 유지한다. 이전 섹션에서 trello-app를 만들 때 정의한 모든 설정이 여기에 저장된다. 이 파일의 일부 설정 내용을 살펴보자.

먼저 프로젝트 이름을 정의한다. 여기에서는 trello-app이다. 이것은 ng new 명령을 실행할 때 정의한 이름이다.

그리고 JSON 파일의 apps 배열에는 다음과 같은 내용이 저장되어 있다.

```json
"apps": [
  {
    "root": "src",
    "outDir": "dist",
    "assets": [
      "assets",
      "favicon.ico"
    ],
    "index": "index.html",
    "main": "main.ts",
    "polyfills": "polyfills.ts",
    "test": "test.ts",
    "tsconfig": "tsconfig.app.json",
    "testTsconfig": "tsconfig.spec.json",
    "prefix": "trello",
    "styles": [
      "styles.sass"
    ],
    "scripts": [],
    "environmentSource": "environments/environment.ts",
    "environments": {
      "dev": "environments/environment.ts",
      "prod": "environments/environment.prod.ts"
    }
```

```
    }
  ],
```

이 태그들을 살펴보자.

- ▶ root : 이 태그는 코드를 어디에 위치시킬지 설정한다. 기본적으로 src 폴더이지만 원하는 곳으로 변경할 수 있다.
- ▶ outDir : 빌드 파일을 저장할 폴더 이름을 설정한다. 따라서 ng build 명령을 실행하면 Angular CLI가 애플리케이션을 빌드하고 outDir에서 정의한 dist 폴더에 파일을 저장한다. 나중에 이 폴더의 파일을 사용하여 배포할 수 있다.
- ▶ Assets : 애플리케이션과 함께 제공하려는 리소스를 나열한다.
- ▶ prefix : ng new 명령에서 사용한 값을 나타낸다. Angular CLI는 이를 사용하여 컴포넌트 선택자 이름 앞에 접두어를 붙인다.
- ▶ styles : ng new 명령에서 sass 확장자를 스타일로 지정했었다. 이 설정 값이 이곳에 반영된다.
- ▶ environment : 환경 파일의 경로를 지정한다. dev와 prod 버전에 대한 경로를 반드시 지정해야 한다.

main, test, polyfills 및 config와 같은 다른 태그가 있는데, 이 모든 태그는 각각의 파일이 위치할 경로를 나타낸다.

ng new 명령에서 살펴본 모든 플래그는 Angular CLI JSON 파일에서도 사용할 수 있다. 이를 통해 사전에 정의한 모범사례를 따르는 애플리케이션을 쉽게 구성할 수 있다.

애플리케이션용 파일 만들기

애플리케이션을 생성하고 나면 다음 단계는 애플리케이션에 컴포넌트, 서비스 또는 파이프 같은 기능을 추가하는 것이다. Angular CLI는 이러한 것들을 쉽게 생성할 수 있는 명령을 제공한다. generate 명령과 마찬가지로 이 명령에는 파일을 어떻게 생성할지 결정하는 다양한 옵션이 있다.

Angular CLI는 다음과 같이 컴포넌트, 파이프, 서비스 및 클래스를 생성하는 명령을 제공한다.

```
ng generate <<기능이름>> <<파일이름>> <<옵션>>
```

이 명령은 ng generate 다음에 기능 이름(컴포넌트, 서비스 또는 파이프), 그 다음에 파일명 그리고 마지막으로 옵션을 지정하면 된다. 옵션을 지정하는 것은 필수 사항이 아니며 지정하지 않으면 Angular CLI가 옵션의 기본 값을 사용한다.

ng generate 명령에는 애플리케이션을 생성할 때 보았던 dry-run과 동일한 옵션이 있다. 이 옵션을 사용하면 하드 드라이브에 쓰지 않고 생성되는 내용을 먼저 볼 수 있다.

컴포넌트 만들기

Angular 애플리케이션에서 가장 일반적으로 필요한 것은 컴포넌트이다. 다음은 컴포넌트를 생성하는 명령이다.

```
ng generate component homepage --dry-run
```

명령의 출력은 다음과 같다.

```
You specified the dry-run flag, so no changes will be written.
  create src/app/homepage/homepage.component.css
  create src/app/homepage/homepage.component.html
  create src/app/homepage/homepage.component.spec.ts
  create src/app/homepage/homepage.component.ts
  update src/app/app.module.ts
```

Angular CLI는 src/app/homepage 폴더 아래에 컴포넌트, 스타일, 템플릿, 마지막으로 테스트 용도의 4개의 파일을 만든다. Angular CLI는 이러한 파일을 포함하는 homepage 폴더도 생성한다.

또한 Angular CLI는 app.module.ts라는 기존 파일을 업데이트한다. 이것은 Angular가 로드해야하는 모든 파일을 참조하는 기본 모듈 파일이다. 이번에는 dry-run 플래그 없이 동일한 명령을 다시 실행하여 컴포넌트를 생성한다.

Angular CLI는 단축 명령으로 일부 명령에 대해 별칭을 제공한다. 컴포넌트를 생성하기 위해 다음 명령과 같이 별칭을 사용할 수 있다.

```
ng g c homepage
```

g는 generate의 별명이고 c는 component의 별명이다.

Angular CLI의 컴포넌트 옵션

컴포넌트를 생성할 때 Angular CLI가 제공하는 옵션을 살펴본다. 이 옵션은 필수는 아니며 지정하지 않을 경우 Angular CLI는 기본값을 사용한다.

● flat 옵션

flat 옵션은 작성될 파일이 별도 폴더에 있어야하는지 여부를 Angular CLI에 알린다. 기본 동작은 homepage 컴포넌트를 생성할 때 보았듯이 각 컴포넌트에 대한 폴더를 갖는 것이다. 플래그를 true로 설정하면 Angular CLI는 폴더를 생성하지 않고 상위 폴더 자체에 파일을 생성한다. 권장되는 방법은 항상 각 컴포넌트에 대한 별도의 폴더를 만드는 것이다.

● inline-template 옵션

일반적인 경우와 다르게 컴포넌트에 대한 별도의 템플릿 파일을 원하지 않을 때가 있다. 이러한 옵션은 최소 크기의 컴포넌트를 최소한의 템플릿과 함께 작성하는 경우에만 고려해야 한다.

Angular CLI는 이 동작을 구성할 수 있는 인라인 템플릿 옵션을 제공한다. true로 설정하면 컴포넌트 ts 파일에 템플릿이 정의된 컴포넌트가 생긴다.

● inline style 옵션

inline style 옵션은 인라인 템플릿 옵션과 비슷하게 스타일을 인라인으로 할지 또는 별도의 파일로 만들지 결정하는데 사용된다. 기본 동작은 스타일이 별도의 파일에 생성된다.

● spec 옵션

spec 옵션은 컴포넌트 파일과 함께 테스트 파일을 생성할지 여부를 설정하는데 사용된다. 기본값은 true로 설정된다. 즉, Angular CLI는 컴포넌트의 테스트 케이스 작성을 위해

* .spec.ts 파일을 생성한다. 다시 한 번 권장되는 방법은 spec 파일을 가지고 항상 컴포넌트에 대한 테스트 케이스를 작성하는 것이다.

서비스 생성

Angular CLI를 사용하여 서비스를 생성하는 경우 ng generate와 동일한 명령을 사용하지만 다음과 같이 component 대신 service 옵션을 사용한다.

```
ng generate service trello.service
```

별칭을 사용하면 다음과 같이 하면 된다.

```
ng g s trello.service
```

이 명령을 실행하면 다음과 같이 Angular CLI에서 생성한 두 개의 파일을 볼 수 있다. 하나는 service용 파일이고 다른 하나는 spec용 파일이다.

```
create src/app/trello.service.service.spec.ts (422 bytes)
create src/app/trello.service.service.ts (120 bytes)
```

서비스의 경우 컴포넌트를 생성하는 것과는 다른 점이 있다.

- ▶ 관련 파일이 컴포넌트와 다르게 별도의 폴더가 아니라 루트 폴더에 생성된다.
- ▶ 추가로 angular-cli 1.4 이하의 버전을 사용할 경우 "WARNING Service is generated but not provided, it must be provided to be used"와 같은 경고 메시지가 출력되지만 최신 버전에서는 경고 메시지가 출력되지 않는다.

좀 더 자세히 살펴보자.

Angular CLI 서비스 옵션

컴포넌트와 마찬가지로 Angular CLI는 서비스 생성 시 구성할 수 있는 몇 가지 옵션을 제공한다.

● flat 옵션

flat 옵션은 컴포넌트의 경우와 동일한 의미를 가지며, 유일한 차이점은 기본값이 true라는 것이다. 이것이 서비스를 생성하기 위해 앞의 명령을 실행했을 때 새 폴더가 아닌 상위 폴더에 파일이 생성된 이유이다. 일반적으로 이러한 동작을 원하지 않으므로 다음에 표시된 것처럼 플래그를 false로 설정하는 것이 좋다.

```
ng generate service trello.service --flat false
```

● spec 옵션

spec 옵션도 컴포넌트와 동일한 의미를 가지고 있다. 이 옵션을 끄면 Angular CLI는 서비스의 spec 파일을 생성하지 않는다.

● module 옵션

이전 페이지에서 설명한 것처럼 예전 Angular CLI는 서비스를 생성할 때 경고를 보냈었다. "WARNING Service is generated but not provided, it must be provided to be used" 라는 경고는 작성한 서비스가 모듈에서 참조되지 않아서 Angular가 런타임에 이를 찾을 수 없다는 것을 의미한다.

Angular에서는 생성한 서비스에 접근하기 위해서 컴포넌트나 모듈 중 하나에서 참조해야만 한다. Angular CLI는 생성한 서비스를 제공하고자하는 위치를 알지 못하기 때문에 경고 메시지를 출력한다.

module 옵션은 CLI에 서비스 참조를 추가할 위치를 알려준다. 따라서 서비스를 app 모듈에 추가하려면 다음 플래그를 추가하면 된다.

```
ng generate service trello.service --flat false --module app.module
```

이 명령을 실행하면 Angular CLI가 별도의 폴더에 서비스 파일을 생성하고 다음에 보이는 것처럼 provider 태그에 서비스 참조의 참조를 추가하도록 app.module 파일을 수정한다.

```
create src/app/trello.service.service.spec.ts (422 bytes)
create src/app/trello.service.service.ts (120 bytes)
update src/app/app.module.ts (388 bytes)
```

파이프 생성

파이프를 생성하는 것은 컴포넌트를 생성하는 것과 비슷하다.

```
ng generate pipe custome-sort.pipe --flat false
```

이 명령은 파이프를 생성하고 app.module 파일에 참조를 추가한다. flat 플래그를 지정하지 않으면 Angular CLI가 상위 폴더에 파이프를 생성한다. shared 폴더와 같이 모든 파이프를 보관할 별도의 폴더가 있을 경우 flat 플래그를 제거하고 해당 폴더를 지정하면 된다. 서비스와 컴포넌트의 경우와 비슷하게 spec과 module 플래그를 사용할 수 있다.

모듈 생성

대규모 애플리케이션에서는 여러 모듈이 필요하며 각 모듈에는 관련 기능이 포함되어 있다. 모듈을 사용하면 코드가 보다 조직화되고 재사용성이 높아진다. Angular CLI는 다음과 같이 모듈을 생성하는 명령을 제공한다.

```
ng generate module login
```

이 명령은 login이라는 새 폴더를 만들고 login.module.ts라는 이름의 모듈을 생성한다. 1.4 이하의 버전인 경우 출력 화면에서 서비스를 생성할 때 보았던 경고와 유사한 경고가 표시된다.

앱 모듈에 로그인 모듈 제공

app 모듈의 imports 배열에 로그인 모듈에 대한 참조를 매우 쉽게 추가할 수 있다. Angular가 애플리케이션 시작 시 로드하려면 로그인 모듈에 대한 참조가 있어야 한다.

다음은 로그인 모듈에 대한 참조를 추가한 app.module 코드이다.

```
import {LoginModule} from './login/login.module';
....
@NgModule({
  declarations: [
    AppComponent,
    HomepageComponent,
    CustomSortPipe
  ],
  imports: [
    BrowserModule,
    AppRoutingModule,
    LoginModule
  ],
  providers: [],
  bootstrap: [AppComponent]
})
```

LoginModule을 imports 배열에 추가했다.

로그인 모듈에 컴포넌트, 서비스 등 추가하기

로그인 모듈을 추가한 상태에서 컴포넌트나 서비스 또는 파이프에서 로그인 모듈을 참조하게 하려는 경우 module 플래그를 사용하면 된다.

따라서 로그인 모듈에 등록해야 하는 appLogin 컴포넌트를 만들려면 다음 명령을 사용할수 있다.

```
ng generate component appLogin --module login --dry-run
```

그러면 다음 스크린샷과 같이 appLogin과 연결된 네 개의 파일이 생성된다.

```
create src/app/app-login/app-login.component.html (28 bytes)
create src/app/app-login/app-login.component.spec.ts (643 bytes)
create src/app/app-login/app-login.component.ts (280 bytes)
create src/app/app-login/app-login.component.css (0 bytes)
update src/app/login/login.module.ts (276 bytes)
```

파일은 appLogin 컴포넌트와 템플릿, 스타일 그리고 테스트 파일이다. 또한 login.module 파일이 appLogin 컴포넌트에 대한 참조로 업데이트된다. 이를 통해 다양한 기능을 모듈로 분리하고 모든 변경사항에 대해 애플리케이션이 일관성을 유지할 수 있다.

모듈에 라우팅 추가

ng new 명령을 사용하여 애플리케이션을 만들 때 routing 플래그를 사용하여 라우팅 기능을 추가했다. Angular CLI는 이 플래그를 보고 라우팅을 위한 파일을 생성하도록 하고 앱 모듈 파일에 참조를 추가한다.

이제 기존 애플리케이션에서 새 모듈을 만들 때 두 가지 옵션이 있다.

- ▶ 기존 라우팅 파일을 사용하여 새 모듈 내부의 컴포넌트에 대한 경로를 정의
- ▶ 코드를 보다 깨끗하고 관리하기 쉽도록 모듈에 대한 별도의 라우트를 생성

Angular CLI는 모듈을 생성할 때 라우팅 플래그를 제공하여 CLI가 해당 모듈에 대한 별도의 경로를 정의하도록 알려준다. 라우팅을 사용하여 모듈을 생성하는 명령을 살펴본다.

```
ng generate module login --routing true --dry-run
```

다음과 같이 별칭을 사용할 수도 있다.

```
ng g m login -r true -d
```

여기서, r은 라우팅을 나타내고 d는 dry-run을 나타낸다.

이 두 명령은 모두 다음과 같은 결과를 반환한다.

```
create src/app/login/login-routing.module.ts (248 bytes)
create src/app/login/login.module.ts (275 bytes)
```

여기서는 login.module 파일과 별도로 login-routing.module이라는 파일이 하나 더 생성된다는 것을 알 수 있다. login-routing.module 파일은 로그인 모듈의 모든 경로를 따로 정의하므로 코드를 유지관리하기 좋다.

TypeScript 파일 생성

지금까지 컴포넌트, 서비스, 모듈과 파이프와 같은 Angular 관련 파일을 생성하는 방법을 살펴보았다.

이 파일들 외에도 모델이나 인터페이스와 같은 일부 독립형 TypeScript 파일을 생성해보자. Angular CLI는 이러한 파일을 생성할 수 있는 옵션을 제공한다.

클래스 생성

Angular CLI는 다음 명령을 사용하여 클래스를 생성한다.

```
ng generate class board
```

이 명령은 부모 폴더에 board.ts 파일을 생성한다. 그런데 이번 경우에는 보드 클래스가 모델이나 비즈니스 로직 클래스를 나타내어 특정 폴더에서만 사용되므로 부모 폴더에 생성되길 원하지 않을 수 있다. 따라서 특정 폴더에 클래스를 생성하려면 폴더를 만들고 커맨드창에서 해당 폴더로 이동한 다음 명령을 실행해야 한다.

인터페이스 생성

인터페이스를 생성하는 것은 클래스를 생성하는 것과 동일하다. 차이점은 다음에 표시된 것처럼 class가 아닌 interface 옵션을 사용해야 한다는 것이다.

```
ng generate interface IBoard
```

다음 명령과 같이 generate와 interface의 별칭을 사용할 수도 있다. 아래 명령은 위 명령과 동일한 출력을 생성한다.

```
ng g i IBoard
```

enum 생성

클래스나 인터페이스와 마찬가지로 다음 명령을 사용하여 별도의 파일에 enum을 생성할 수 있다.

```
ng generate enum taskEnum
```

그러면 다음과 같이 빈 열거형을 정의한 클래스가 생성된다.

```
export enum taskEnum {
}
```

일반적으로 하나의 클래스에 여러 개의 enum을 정의할 수 있는데 이런 경우는 직접 파일을 만들어야 한다.

Angular 앱 빌드

Angular CLI를 사용하여 애플리케이션 개발의 첫 번째 단계인 프로젝트 설정을 마무리했다. 그런 다음 이전 장에서 한 것처럼 트렐로 애플리케이션의 코드를 작성했다. 다음은 Angular CLI가 제공하는 API를 사용하여 코드를 빌드하는 것이다.

Angular CLI는 개발 환경과 상용 환경에서의 빌드와 같은 다양한 호스팅 옵션을 제공한다. Angular CLI는 애플리케이션을 작성하기 위해 웹팩(webpack)을 사용하며 이제 웹팩이 애플리케이션과 의존성을 관리하는데 어떻게 도움을 주는지 살펴보자.

▌빌드 프로세스

Angular CLI가 애플리케이션을 빌드할 때 실행하는 많은 단계가 있다. 이 단계는 애플리케이션을 개발 모드 또는 프로덕션 모드로 빌드하는지 여부에 따라 다를 수 있다. 프로덕션 모드로 빌드할 때는 번들링, 최소화와 tree-shaking(빌드 시 사용하지 않는 데드 코드를 제거하는 프로세스)을 고려해야하는 반면, dev 모드에서는 디버깅 및 코드 효율성에 중점을 둔다.

애플리케이션 빌드는 애플리케이션을 컴파일하여 출력 디렉토리로 보내고, 애플리케이션을 번들링하고, 프로덕션 빌드의 경우 최적화를 하는 것으로 구성된다.

Angular CLI는 이러한 차이점을 관리 할 수 있는 옵션을 제공한다.

빌드 커맨드

Angular CLI는 애플리케이션을 빌드할 때 다음 명령을 제공한다.

```
ng build <<options>>
```

다음 명령과 같이 help 옵션을 사용하여 ng build에서 사용할 수 있는 모든 옵션을 확인할 수 있다.

```
ng build --help
```

위 명령을 실행하면 많은 옵션을 확인할 수 있다. 다음 목록에서 일부 옵션을 살펴보자.

- ▶ target : 이 옵션은 빌드의 target을 정의한다. 즉, 개발(dev) 모드로 빌드할지, 프로덕션(prod) 모드로 빌드할지를 정의한다. 다음 섹션에서 두 가지가 어떻게 다른지 자세히 살펴본다. 여기서는 Angular CLI가 선택한 대상을 기반으로 하는 몇 가지 사항이 있음을 기억하자. 가능한 값은 development와 production이다.

- ▶ environment : 이 플래그는 Angular CLI에 환경 변수로 사용할 파일을 알려준다. 따라서 dev와 prod 환경에 대해 서로 다른 웹 서비스 URL을 가질 수 있다. 이러한 구성은 애플리케이션의 환경 폴더 아래에 있는 각각의 환경 파일에 보관될 수 있다. 기본적으로 dev 모드에서 애플리케이션을 빌드하면 CLI는 environment.ts 파일을 사용하고 prod 모드에서는 environment.prod.ts 파일을 사용한다. 가능한 값은 dev와 prod이다.

- ▶ output-path : Angular CLI는 .angular-cli.json 파일에 정의된 경로를 사용하여 빌드 파일을 생성한다. JSON 파일을 보면 dist라는 값을 가진 outDir 태그가 있다. 이렇게 하면 Angular CLI가 dist 폴더에 모든 빌드 파일을 복사한다. 그러나 output-path 플래그를 사용하여 파일을 복사할 경로를 변경할 수 있다.

- ▶ aot : Angular CLI는 빌드 대상에 따라 Ahead-of-Time(AoT) 컴파일을 처리한다. Angular 애플리케이션은 브라우저에서 렌더링되기 전에 실행 가능한 JavaScript 코드로 변환(컴파일)되어야 한다. Angular는 컴파일하는 두 가지 방법을 제공하는데 하나는 Just-in-Time(JIT) 방식으로 브라우저에서 실시간으로 컴파일하는 것이고, 다른 하나는 빌드 타임에 미리 컴파일을 하는

Ahead-of-Time(AOT) 방식이다. AOT를 사용해 미리 컴파일하면 브라우저에서 다운로드하는 크기도 줄어들고 외부 HTML 템플릿과 CSS를 인라인 처리하여 비동기 요청을 줄이고 렌더링 속도가 빨라지기 때문에 prod 모드로 배포할 경우는 AOT 방식으로 컴파일 하는 것을 권장한다. (*참조 링크 : https://angular.io/guide/aot-compiler) 그래서 dev 모드에서 애플리케이션을 빌드하는 경우 AoT의 값은 false가 되고 prod 모드에서 빌드하는 경우 true가 된다. 그러나 AOT 플래그를 사용하여 어떤 빌드 대상에서도 원하는 옵션을 사용할 수 있다.

▶ sourcemaps : 소스 맵 파일은 TypeScript 코드를 디버깅하는데 사용된다. 브라우저는 TypeScript를 인식하지 못하며, TypeScript 코드로 컴파일한 JavaScript를 실행한다. 그러나 브라우저에서 애플리케이션을 실행할 때 JavaScript를 디버깅하는 것은 어려울 수 있다. sourcemap은 이 문제를 해결하는 데 도움이 된다. 빌드 시 sourcemaps를 사용하면 브라우저에서 TypeScript 파일을 디버깅할 수 있다. sourcemaps는 기본적으로 dev 모드에서 활성화되지만 prod 모드에서도 플래그를 true로 설정하여 활성화할 수 있다. 프로덕션 모드에서는 이 플래그를 설정하지 않을 것을 권장한다. sourcemap을 배포하면 보안 문제가 발생할 수 있기 때문이다.

▶ watch : 이 플래그를 사용하면 소스 파일에 변경 사항이 있을 때 Angular CLI가 자동으로 빌드를 실행할 수 있다. true로 설정하면 코드를 수정할 때마다 CLI가 변경 사항을 감지하고 빌드를 실행한다. 이 기능은 특히 대규모 애플리케이션에서 변경 사항에 대한 즉각적인 피드백을 얻을 수 있기 때문에 유용하다.

이 외에도 자주 사용하지 않는 더 많은 플래그가 있다. help 명령을 사용하여 확인할 수 있다.

dev 모드로 애플리케이션 빌드

이제 트렐로 애플리케이션을 빌드하고 Angular CLI가 수행하는 작업을 살펴보자. 애플리케이션을 빌드하려면 커맨드창에서 코드가 있는 경로로 이동한다. dev 모드에서 애플리케이션을 빌드하는 것은 ng build 명령의 기본 동작이므로 터미널에서 다음 명령을 실행하면 된다.

```
ng build
```

이 명령을 실행하면 다음과 같이 Angular CLI가 코드를 빌드한 결과를 볼 수 있다.

```
--------------------------------------------------------------------------
Hash: e85a4a6de54b3bf0c0b8
Time: 5056ms
```

```
chunk {inline} inline.bundle.js, inline.bundle.js.map (inline) 3.89 kB [entry]
[rendered]
chunk {main} main.bundle.js, main.bundle.js.map (main) 13.4 kB [initial]
[rendered]
chunk {polyfills} polyfills.bundle.js, polyfills.bundle.js.map (polyfills) 205
kB [initial] [rendered]
chunk {styles} styles.bundle.js, styles.bundle.js.map (styles) 14.5 kB
[initial] [rendered]
chunk {vendor} vendor.bundle.js, vendor.bundle.js.map (vendor) 2.83 MB
[initial] [rendered]
--------------------------------------------------------------------------
```

Angular CLI는 inline, vendor, main, polyfill과 style 번들에 각각 2 개씩 총 10 개의 파일을 생성한다. 하나의 파일은 번들과 연관되고 두 번째 파일은 sourcemap를 위한 것이다. 프로덕션 모드에서 코드를 빌드한 경우는 sourcemap 파일이 생성되지 않는다.

이전에 언급한 것처럼 Angular CLI는 모든 빌드 파일을 Angular CLI JSON 파일에서 정의한 폴더에 생성한다. 여기서는 dist 폴더이다.

dist 폴더 세부사항

탐색기의 dist 폴더로 이동하여 빌드 프로세스 중에 Angular CLI가 생성한 파일을 확인해보자. 다음은 dist 폴더의 스크린샷이다.

api	
favicon.ico	6 KB
index.html	1 KB
inline.bundle.js	6 KB
inline.bundle.js.map	6 KB
main.bundle.js	49 KB
main.bundle.js.map	49 KB
polyfills.bundle.js	212 KB
polyfills.bundle.js.map	253 KB
styles.bundle.js	13 KB
styles.bundle.js.map	17 KB
vendor.bundle.js	2,596 KB
vendor.bundle.js.map	3,132 KB

이제부터 각 파일들을 살펴보며 애플리케이션에서 이 파일들의 목적을 확인할 것이다.

API 폴더

트렐로 애플리케이션에서는 API 폴더의 JSON 파일에서 보드와 작업 목록을 가져온다. 애플리케이션을 정상적으로 실행하려면 이 파일이 Angular에 제공되는지 확인해야한다. 이는 다음 코드에서처럼 Angular CLI JSON 파일의 assets 태그에 필요한 자원을 정의하면 된다.

```
"assets": [
  "assets",
  "favicon.ico",
  "api/board/boards.json"
],
```

마지막 줄에 JSON 파일이 있는 경로가 정의되어 있다. 그 외에도 assets 폴더와 favicon을 위한 두 개의 항목이 더 있다. Angular CLI는 assets 태그에 있는 이 항목을 사용하여 어떤 정적 파일을 필요한지를 결정한다. 여기서는 board.json 파일이 추가된다.

favicon

API 폴더와 마찬가지로 Angular CLI는 assets 태그에 정의되었기 때문에 favicon을 빌드 과정에 제공한다.

index.html 파일

index.html 파일은 애플리케이션이 실행 시 모든 컴포넌트를 로드하는 시작 파일이다. 이 파일은 다음과 같이 Angular CLI JSON 파일에 있는 index 태그를 기반으로 한다.

```
"index": "index.html",
```

다른 파일 이름을 사용하면 Angular CLI가 해당 파일을 선택한다.

inline 번들 파일

인라인 번들 파일은 런타임을 포함하는 웹팩 코드이다. 웹팩을 사용하여 애플리케이션을 로드하고 모든 것을 결합하려면 이 파일이 필요하다. Angular CLI는 웹팩을 하나의 파일로 컴파일한 다음 브라우저에서 애플리케이션을 렌더링하는데 사용한다.

main 번들 파일

이것은 애플리케이션의 핵심 파일이다. 이 파일에는 모든 애플리케이션 코드가 들어 있다. Angular CLI는 모든 코드 파일을 컴파일하고 main 번들 파일을 만든다. 이 파일을 열면 다음 코드와 같이 Board 컴포넌트, Task 컴포넌트, SubTask 컴포넌트, 심지어 Trello 서비스와 사용자정의 정렬 파이프까지 모든 코드를 볼 수 있다.

```
....
var BoardComponent = (function () {
function BoardComponent(el, _route, _trelloService) {
  this.el = el;
  this._route = _route;
  this._trelloService = _trelloService;
  this.board = new __WEBPACK_IMPORTED_MODULE_3__model_board__["a" /* Board*/];
  this.tasksAdded = 0;
  this.editingTitle = false;
}
....
```

이 코드에는 두 가지 차이점이 있다. 첫째, 이것은 TypeScript 코드가 아니라 Angular CLI가 컴파일한 JavaScript 코드이다. 둘째, __WebPack에 대한 참조가 있다. 해당 코드는 웹팩 API와 통합되고 애플리케이션을 로드하는데 사용된다.

polyfill 번들 파일

polyfill의 목적은 애플리케이션을 실행할 때 여러 브라우저의 차이점을 처리하는 것이다. Angular는 polyfill을 사용하여 브라우저가 실행하려는 작업을 지원하는지 확인한다. 일부 브라우저는 특정 기능을 구현하지 않을 수 있으므로 동작을 일관되게 처리하려면 polyfill 코드를 사용하는 것이 도움이 된다.

style 번들 파일

이 파일은 애플리케이션에서 사용한 모든 스타일을 포함한다. Angular CLI는 하나의 파일에 모든 스타일을 번들로 제공하여 네트워크 호출을 최소화한다.

vendor 번들 파일

Angular가 존재하는 번들이다. Angular 기본 코드와 기타 타사 라이브러리는 vendor 번들 파일에 통합된다. 따라서 JQuery나 rxJs 또는 다른 파일을 사용하면 이 파일들이 모두 이 번들에 포함된다.

map 파일

앞의 번들 파일들에는 각각의 sourcemap 파일이 첨부되어있어 애플리케이션을 실행할 때 브라우저에서 코드를 디버그하고 접근할 수 있다.

▍상용 모드에서 애플리케이션 빌드

이전 섹션에서는 개발 모드에서 애플리케이션을 빌드하는 방법을 살펴보았다. 상용 모드에서 애플리케이션을 빌드할 때도 큰 차이점은 없다. prod 플래그를 추가하기만 하면 Angular CLI가 다음 명령과 같이 프로덕션 모드에서 코드를 작성한다.

```
ng build --prod
```

그러면 Angular CLI에서 다음과 같은 결과가 출력된다.

```
--------------------------------------------------------------------
Hash: da258a6a2b3b54453ca0
Time: 23388ms
chunk {0} polyfills.77d59861e39435768676.bundle.js (polyfills) 59.7 kB
[initial] [rendered]
chunk {1} main.389d12114a5b0993edfb.bundle.js (main) 154 kB [initial]
[rendered]
chunk {2} styles.ac89bfdd6de82636b768.bundle.css (styles) 0 bytes [initial]
[rendered]
```

```
chunk {3} inline.318b50c57b4eba3d437b.bundle.js (inline) 796 bytes [entry]
[rendered]
--------------------------------------------------------------------------
```

dev 빌드와 다른 주요 차이점은 목록에서 sourcemap 파일이 없다는 것이다. 앞 섹션에서는 ng build에서 사용할 수 있는 플래그를 살펴보고 dev와 prod 모드에서의 기본값을 살펴보았다. Angular CLI는 prod 모드에서 다음 기본값을 사용한다.

▶ AOT를 true로 설정

▶ sourcemap을 false로 설정

▶ 난독화(uglification) 활성화

▶ Tree-shaking(사용되지 않는 데드 코드 제거) 실행

▶ 번들이 아닌 CSS 파일에서 추출한 스타일 사용

▶ 애플리케이션에 필요한 모든 설정에 대해 prod 환경설정 파일 사용

이제는 dist 폴더를 살펴보고 프로덕션 플래그로 생성된 파일의 차이점을 살펴보자.

dist 폴더 세부사항

Angular CLI가 생성한 dist 폴더와 파일을 살펴보자.

이 dist 폴더는 dev 빌드 구성에 있는 폴더와 비교할 때 약간의 차이점이 있다.

번들 파일

inline, main, polyfill, vendor에 대한 번들 파일이 있지만 이상한 명명 규칙이 있다.

Angular CLI가 프로덕션 모드에서 코드를 작성하면 내용을 난독화하고 고유한 GUID를 파일 이름에 추가한다.

이 파일 중 하나를 열면 내용이 압축되어 있어서 main 파일에서 코드를 찾지 못할 가능성이 높다.

Angular CLI는 최소화(minification) 프로세스를 통해 모든 변수의 이름을 단일 문자 이름으로 바꾸고, 주석을 제거하고, 공백을 잘라내어 파일 크기를 줄인다. 파일의 크기가 작을수록 브라우저가 콘텐츠를 다운로드하고 렌더링하는 속도가 빨라진다. 이렇게 하여 파일의 컨텐츠를 읽는 비용을 줄여 애플리케이션을 빠르게 할 수 있다.

dev 모드와 prod 모드에서 생성될 때 파일 크기의 차이를 볼 수 있다. dev 모드에서 약 2.5 MB였던 vendor 파일은 이제 prod 모드에서 400 KB 정도에 불과하다. 이것은 prod 모드의 기본값이 ahead-of-time 컴파일을 사용하도록 설정되어 Angular 컴파일러가 사용하지 않는 코드를 제거하였기 때문에 발생한다.

마찬가지로 main 파일은 49KB에서 29KB로 줄었다.

Angular 앱 구동

2장의 애플리케이션 – Sports News Combinator 이후 ng serve 명령을 사용하여 애플리케이션을 실행했으므로 이 명령에 대해 어느 정도 알고 있다. 이제 이 명령에 대해 자세히 살펴보자.

Angular CLI는 웹팩을 사용하여 빌드된 애플리케이션을 구동한다. 웹팩은 렌더링에 필요한 파일을 가져오기 위해 dist 폴더로 이동하지 않고 실제로는 인 메모리(in-memory) 파일을 사용한다. 이를 통해 애플리케이션의 렌더링 속도가 빨라질 뿐만 아니라 런타임에 변경사항이 생겼을 때 애플리케이션을 실시간으로 다시 로드할 수 있다.

다음 serve 명령을 살펴보자.

```
ng serve
```

Angular CLI는 serve 명령을 발견하면 먼저 웹팩에 코드를 빌드하여 메모리에 올리도록 요청한 다음 서버를 구동한다. 이 서버는 물리적인 서버는 아니다. 웹팩이 애플리케이션을 실행하기 위해 사용하는 간단한 개발 서버이다. 이 명령을 실행하면 다음과 같은 출력이 표시된다.

```
-------------------------------------------------------------------------

** NG Live Development Server is listening on localhost:4200, open your
browser on http://localhost:4200/ **
...
Hash: e9aff0a3f8ecd71032b3
Time: 8416ms
chunk {inline} inline.bundle.js (inline) 3.85 kB [entry] [rendered]
chunk {main} main.bundle.js (main) 18 kB [initial] [rendered]
chunk {polyfills} polyfills.bundle.js (polyfills) 554 kB [initial] [rendered]
chunk {styles} styles.bundle.js (styles) 41.5 kB [initial] [rendered]
chunk {vendor} vendor.bundle.js (vendor) 7.42 MB [initial] [rendered]
webpack: Compiled successfully.
-------------------------------------------------------------------------
```

Angular CLI는 애플리케이션을 빌드하고 4200번 포트의 개발 서버에서 이 애플리케이션을 호스팅한다. 이제 원하는 브라우저로 이동하여 http://localhost:4200을 입력하면 애플리케이션이 렌더링된다. 또한 빌드된 파일의 크기를 확인해보자. 이 코드는 개발 모드에서 작성되었음을 알 수 있다.

ng serve 옵션

ng serve 명령은 ng build 명령에서 본 것과 동일하게 많은 옵션을 가지고 있으며 이는 ng serve 명령이 내부적으로 애플리케이션의 빌드를 수행하기 때문이다. serve에서 자주 사용되는 몇 가지 옵션을 살펴본다.

▶ open : ng serve 명령을 실행하면 로컬 개발 서버에서 코드를 빌드하고 배포하지만 브라우저로 이동하여 애플리케이션 URL을 열어야한다. 이 단계를 자동화하기 위해 open 플래그를 사용할 수 있다. 이 플래그를 true로 설정하면 빌드 및 호스팅 후 기본 브라우저를 열고 애플리케이션을 로드한다.

▶ live-reload : 이름에서 알 수 있듯이 Angular CLI에게 코드를 변경할 때마다 애플리케이션을 다시 로드할지 여부를 알려준다. 이 기능은 작은 애플리케이션에 유용하고 생산적일 수 있지만 큰 애플리케이션을 사용하는 경우에는 변경 작업을 수행할 때마다 자동으로 다시 로드하지 않는 것이 편할 수 있다. 값을 false로 설정하면 브라우저를 새로고침하여 애플리케이션의 최신 변경 사항을 확인할 수 있다.

▶ port : ng serve 명령을 실행했을 때 보았듯이 기본적으로 애플리케이션은 4200번 포트에서 호스팅된다. 그러나 port 플래그를 사용하여 애플리케이션이 사용할 다른 포트를 지정할 수 있다.

▶ target : 이 플래그의 목적은 dev 모드 또는 prod 모드에서 애플리케이션을 빌드하기 위해 ng build 명령에서 본 것과 유사하다. 주요 차이점 중 하나는 다음과 같이 대상을 production 모드로 실행할 때 Angular CLI에 표시되는 경고이다.

```
********************************************************************************
This is a simple server for use in testing or debugging Angular applications locally.
It hasn't been reviewed for security issues.

DON'T USE IT FOR PRODUCTION USE!
********************************************************************************
** NG Live Development Server is listening on localhost:4200, open your browser on http://localhost:4200 **
Hash: d599de0b870e9118025f                                          t Time: 11396ms
chunk    {0} polyfills.c36d5e908a5c7f176ed9.bundle.js (polyfills) 183 kB {4} [initial] [rendered]
chunk    {1} main.0bfb175803120004eb04.bundle.js (main) 1.1 kB {3} [initial] [rendered]
chunk    {2} styles.33a8c6ba6eafb36ebd16.bundle.css (styles) 69 bytes {4} [initial] [rendered]
chunk    {3} vendor.00d803af3db4b5257d2a.bundle.js (vendor) 1.13 MB [initial] [rendered]
chunk    {4} inline.8f8d35497ee1ba7c4a19.bundle.js (inline) 0 bytes [entry] [rendered]
```

Angular CLI는 프로덕션 서버가 아니라 파일을 호스트할 로컬 서버임을 알려준다. 프로덕션 서버에 배포하기 전에 프로덕션 모드에서 애플리케이션을 한 번 실행하여 문제가 없는지 항상 확인하는 것이 좋다.

Angular 애플리케이션 린팅

Angular CLI에 뛰어난 기능이 하나 더 있다면 바로 린팅 기능이다. Angular CLI는 tslint JSON 파일과 통합되어 코드에서 린팅 규칙을 실행하고 프로젝트에 정의된 스타일 가이드와 모범 사례를 따르도록 한다. 코드에서 린팅을 실행하기 위한 명령은 다음과 같다.

```
ng lint
```

이 명령의 Angular CLI는 정의된 규칙에 위반이 있는지 여부를 확인한다.

린팅 규칙

Angular CLI 프로젝트에서 프로젝트가 생성되면 CLI는 이름이 tslint.json인 파일을 추가한다. 이 파일에는 TypeScript 코드를 작성하기 위해 권장되는 모든 규칙이 들어있다. 다음은 파일에 있는 규칙 중 일부이다. 린팅 규칙의 전체 목록을 보려면 파일을 참조한다.

```
"arrow-return-shorthand": true,
"callable-types": true,
...
"curly": true,
"eofline": true,
....
"quotemark": [
  true,
  "single"
],
```

위의 규칙은 파일에 정의된 집합의 일부이다. 팀의 환경 설정에 따라 이 파일을 수정하고 규칙을 정의할 수 있다. Angular CLI가 ng lint 명령을 실행하면 이 파일을 참조하여 위반 사항을 표시한다.

린팅 옵션

Angular CLI가 린팅을 위해 제공하는 가능한 옵션을 확인하려면 다음과 같이 help 명령을 사용할 수 있다.

```
ng lint --help
```

그러면 ng lint 명령과 함께 사용할 수 있는 모든 옵션이 표시된다. 유용한 두 가지 주요 옵션은 다음과 같다.

- ▸ format : 순수 린팅 결과는 읽기가 어렵기 때문에 출력 결과를 포맷팅하여 가독성을 높일 수 있다. 이 플래그를 사용하여 Angular CLI가 위반 사항을 표시하는 색상 조합을 지정할 수 있다.

- ▸ fix : 이름에서 알 수 있듯이 Angular CLI는 린팅 위반 사항을 수정하려고 한다. 이 명령은 매우 유용하지만 린팅 규칙을 수정한 후에는 항상 코드를 확인해야 한다. 항상 변경 사항을 검토하여 변경 사항이 예상한대로 이루어졌는지 확인해야 한다.

▌트렐로 애플리케이션 린팅

Trello 코드 기반에서 lint 명령을 실행하고 우리가 가지고 있는 위반 사항을 살펴보자. 먼저 다음 명령을 실행한다.

```
ng lint
```

이 명령을 실행하면 다음과 같이 여러 오류가 표시된다.

```
ERROR: /Users/sachin/Documents/TypeScript_Book/Git/SampleTrelloApplication/src/app/model/subtask.ts[2, 1]: space
indentation expected
ERROR: /Users/sachin/Documents/TypeScript_Book/Git/SampleTrelloApplication/src/app/model/task.ts[7, 2]: file shou
ld end with a newline
ERROR: /Users/sachin/Documents/TypeScript_Book/Git/SampleTrelloApplication/src/app/model/task.ts[6, 18]: missing
whitespace
ERROR: /Users/sachin/Documents/TypeScript_Book/Git/SampleTrelloApplication/src/app/model/board.ts[7, 2]: file sho
uld end with a newline
ERROR: /Users/sachin/Documents/TypeScript_Book/Git/SampleTrelloApplication/src/app/services/trello.service.ts[53,
 15]: comment must start with a space
ERROR: /Users/sachin/Documents/TypeScript_Book/Git/SampleTrelloApplication/src/app/services/trello.service.ts[41,
 56]: trailing whitespace
```

오류를 읽기가 매우 어렵기 때문에 이번에는 다음과 같이 format 플래그를 사용하여 다시 실행한다.

```
ng lint --format sylish
```

이제 출력은 다음 스크린샷과 같이 보인다.

```
/Users/sachin/Documents/TypeScript_Book/Git/SampleTrelloApplication/src/app/model/subtask.ts
ERROR: 2:1      indent                        space indentation expected

/Users/sachin/Documents/TypeScript_Book/Git/SampleTrelloApplication/src/app/model/task.ts
ERROR: 7:2      eofline                       file should end with a newline
ERROR: 6:18     whitespace                    missing whitespace

/Users/sachin/Documents/TypeScript_Book/Git/SampleTrelloApplication/src/app/model/board.ts
ERROR: 7:2      eofline                       file should end with a newline
```

일단 포맷 플래그를 추가하면 그 차이를 볼 수 있다. 이제 린팅 오류를 쉽게 읽을 수 있다.

fix 플래그를 사용하면 Angular CLI가 가능한 많은 문제를 수정하도록 할 수 있다. 다음은 fix 플래그로 lint를 실행하는 명령이다.

```
ng lint --format sylish --fix true
```

이 명령을 실행하면 Angular CLI가 대부분의 문제를 해결하고 남은 것은 오류로 표시된다. 보이는 것처럼 대부분의 오류는 공백, 개행문자 및 주석과 관련이 있다. 이 옵션들은 작업 하는 팀의 기본 설정에 맞춰 구성할 수 있다.

그러나 린팅 사용의 진정한 가치를 보여주는 몇 가지 매우 흥미로운 위반 사항이 있다. GitHub에 있는 코드는 일부러 이러한 오류를 수정하지 않았으므로 다운로드 받아서 이러 한 오류를 직접 확인한 뒤에 수정할 수 있다. 이러한 오류는 다음과 같다.

- ▶ === 대신 ==을 사용한 에러 : JavaScript에서는 항상 ===를 사용하여 타입이 올바르게 강제 변환되도록 해야 한다. tslint 파일은 이것을 검사하는 규칙을 제공한다.
- ▶ const 대신 let을 사용한 오류 : let과 const의 주된 차이점은 재할당되지 않는다는 것이다. 재할당 되지 않는 변수가 있는 경우 let 대신 const를 사용하는 것이 좋다. 린팅 규칙은 이러한 검사를 하 는 옵션을 제공한다.

이제 린팅을 사용하는 것이 팀이 모범 사례를 따르고 코드를 관리할 수 있는 일관된 코딩 환경을 제공는데 가치가 있다는 것을 알 수 있을 것이다. 이러한 규칙은 모두 설정 가능하 기 때문에 자체 규칙을 관리하고 적용하는데 유연성을 제공한다.

Angular CLI를 사용한 코드 커버리지

7장 Trello 애플리케이션 테스트에서 Angular 애플리케이션을 테스트 해보았다. 그리고 유닛 테스트를 작성하는 방법과 Angular CLI를 사용하여 테스트 케이스를 실행하고 관리하는 방법에 대해 자세히 설명했다. 우리는 컴포넌트, 서비스 및 파이프에서 여러 테스트 케이스를 작성한 후 ng test 명령을 사용하여 별도의 브라우저에서 테스트를 실행할 수 있었다.

Angular CLI는 또한 ng test의 테스트 환경을 설정할 수 있는 몇 가지 옵션을 제공한다. 코드에 변경 사항이 있을 때 자동으로 테스트 케이스를 실행해야 한다는 것을 CLI에 알려주는 watch 플래그가 있다. 그리고 single-run 옵션을 사용하여 테스트 케이스를 한 번만 실행하고 테스트 스크립트는 실행하지 않도록 할 수 있다.

single-run 플래그는 코드를 검증하고 테스트 케이스를 계속 실행하지 않도록 하므로 CI를 사용하는 시나리오에서 매우 유용하다. 또한 테스트 케이스를 실행할 브라우저를 선택하거나 테스트 케이스를 실행하기 위해 애플리케이션을 호스팅할 포트를 변경할 수도 있다.

테스트 스위트에서 가장 유용한 플래그 중 하나로 code-coverage가 있다. 이 플래그를 사용하면 작성된 테스트 케이스와 관련하여 애플리케이션의 코드 커버리지가 제공된다. 코드 커버리지의 기본 값은 false이지만 true로 설정하면 Angular CLI가 애플리케이션의 루트에 coverage라는 이름의 폴더를 만든다.

이 폴더에는 index.html 파일이 있다. 이 파일을 열면 애플리케이션에 대한 현재 코드 커버리지가 제공된다. 트렐로 애플리케이션에 대한 코드 커버리지를 살펴보자.

▌트렐로 애플리케이션 코드 커버리지

터미널 창에서 애플리케이션 폴더로 이동하여 다음 명령을 실행한다.

```
ng test --code-coverage true
```

이 명령은 다음과 같이 애플리케이션용 단위 테스트를 실행하기 위해 웹 브라우저를 시작한다.

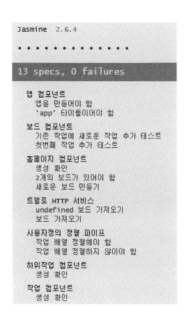

또한 다음 스크린샷에 보이는 것처럼 애플리케이션의 현재 코드 커버리지에 대한 세부 정보가 있는 coverage라는 이름의 폴더를 루트 폴더에 만든다.

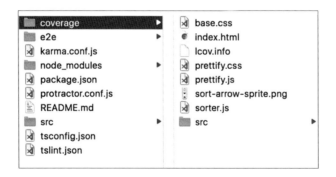

보이는 것처럼 coverage 폴더가 있고 그 안에는 많은 파일이 있다. Angular CLI는 전체코드를 탐색하고 함수, 코드 흐름 및 코드 블록을 검사하여 테스트 케이스에서 다루어진 코드와 그렇지 않은 코드를 찾는다. coverage 폴더의 src 폴더 아래에는 app 폴더가 있는데모든 컴포넌트, 서비스와 파이프에 대한 폴더가 있다. 각 폴더에는 두 개의 HTML 파일이있다. 하나는 해당 컴포넌트의 결과를 표시하는 index.html이고 다른 하나는 코드 플로우가 처리되지 않은 코드를 강조하여 표시한 파일이다.

coverage 폴더의 index.html 파일에는 다음 스크린샷과 같이 모든 코드 파일이 포함된 통합 결과가 표시된다.

File ▲		Statements ⬍			Branches ⬍		Functions ⬍		Lines ⬍	
All files										
55.02% Statements 178/389		36.36% Branches 44/121		42.65% Functions 29/68		53.09% Lines 146/275				
src		100%	16/16		100%	0/0	100%	1/1	100%	16/16
src/app		100%	6/6		100%	0/0	100%	2/2	100%	4/4
src/app/board		39.73%	29/73		30.3%	10/33	17.65%	3/17	39.06%	25/64
src/app/homepage		95.83%	23/24		75%	6/8	83.33%	5/6	95%	19/20
src/app/model		100%	9/9		100%	0/0	100%	3/3	100%	6/6
src/app/services		48.28%	28/58		44.44%	4/9	33.33%	4/12	46.3%	25/54
src/app/shared		93.33%	14/15		83.33%	5/6	100%	4/4	92.31%	12/13
src/app/subtask		51.85%	14/27		28.57%	4/14	50%	4/8	48%	12/25
src/app/task		38.27%	31/81		29.41%	15/51	20%	3/15	36.99%	27/73

보이는 것처럼 일부 파일은 100%에 가깝고 일부는 50% 정도의 코드 커버리지를 가지고 있다. 7장 Trello 애플리케이션 테스트에서 논의했듯이 아직은 전체 코드 흐름을 다루기보다는 단위 테스트 케이스의 일부만 만들었다.

코드 커버리지는 테스트 케이스를 얼마나 잘 작성했는지, 누락된 특정 코드 흐름이 있는지 식별할 수 있는 매우 유용한 도구이다. 경험에 비추어 볼 때 100% 코드 커버리지를 달성했는지 여부보다는 종단간 테스트 케이스와 함께 테스트 케이스에서 중요하고 크리티컬한 코드에 대해서 커버를 했는지가 중요하다.

요약

이번 장에서는 Angular CLI에 대해 알아보고 Angular CLI가 Angular 애플리케이션 개발의 속도를 높이는 방법에 중점을 두어 확인해보았다. 또한 Angular CLI가 애플리케이션과 그 컴포넌트, 서비스, 파이프 및 모듈을 생성하기 위해 제공하는 명령을 살펴보았다. 그런다음 Angular CLI 명령을 자세히 살펴보고 애플리케이션을 유연하게 설정하기 위해 제공하는 다양한 옵션 플래그를 살펴보았다.

또한 Angular CLI가 개발 및 프로덕션 환경에서 애플리케이션 빌드를 관리하고, 테스트를 위해 로컬 서버에서 애플리케이션을 구동하고, 모범 사례를 관리하기 위해 린팅 기능을 제공한다는 것도 확인했다.

현재까지 개발된 애플리케이션은 모든 플랫폼에서 접근 가능한 웹 애플리케이션이다. 그러나 만약 네이티브 모바일 애플리케이션으로 변환하고 싶다면 어떻게 해야할까? 이런 경우 NativeScript가 해법이다. 전체 코드를 다시 작성하지 않고 현재 웹 애플리케이션을 진정한 네이티브 모바일 플랫폼 애플리케이션으로 변환하려는 경우 NativeScript를 사용하여 이를 달성할 수 있다. 다음 장에서 이 부분을 살펴볼 것이다. NativeScript를 사용해 앞서 개발한 예제 트렐로 애플리케이션을 모바일 애플리케이션으로 변환해볼 것이다.

트렐로 모바일
– NativeScript
사용하기

예제 트렐로 애플리케이션은 모바일, 데스크톱, 태블릿과 같은 모든 브라우저에서 접근 가능하다. 그러나 모바일 플랫폼의 웹 애플리케이션으로는 성능 향상에 도움이 될 수 있는 네이티브 라이브러리에 접근할 수 없기 때문에 몇 가지 제한 사항이 생긴다.

이번 장에서는 예제 트렐로 애플리케이션을 네이티브 모바일 애플리케이션으로 변환한다. 이를 통해 모바일 장치에 애플리케이션을 배포하여 웹 애플리케이션이나 하이브리드 애플리케이션이 아닌 일반 모바일 애플리케이션처럼 사용할 수 있다.

NativeScript 라이브러리를 사용하여 이 작업을 할 수 있다. 이 라이브러리를 사용해 웹 기술을 사용하여 모바일 애플리케이션을 만들 수 있다. 이번 장에서는 다음 내용을 다룬다.

- ▶ NativeScript에 대한 소개와 NativeScript로 웹 애플리케이션을 모바일 애플리케이션으로 변환하는 방법을 알아본다.
- ▶ NativeScript를 설정한다.
- ▶ 설정이 완료되면 예제 트렐로 애플리케이션을 모바일 애플리케이션으로 변환한다.
- ▶ 애플리케이션을 변환하면서 NativeScript의 일부 기능을 살펴본다.

NativeScript란?

NativeScript는 웹 기술을 사용해 네이티브 안드로이드와 iOS 애플리케이션을 만들 수 있도록 해주는 오픈 소스 프레임워크이다. 이것은 JavaScript, TypeScript, Angular를 사용하여 네이티브 모바일 애플리케이션을 개발할 수 있다는 것을 뜻한다. NativeScript는 하나의 코드를 작성하여 모든 곳에서 실행한다(write once and run everywhere)는 생각을 기반으로 한다.

NativeScript로 개발된 애플리케이션은 순수한 모바일 애플리케이션으로 PhoneGap과 같은 기술로 개발된 애플리케이션과 비교된다. 네이티브 모바일 애플리케이션이므로 모바일 플랫폼의 모든 기능을 사용할 수 있고 동일한 성능을 낼 수 있다. 네이티브 API를 사용하고 네이티브 컨트롤을 사용하여 렌더링하므로 하이브리드 방식에 비해 더 정교한 애플리케이션을 만들 수 있다. 하이브리드 애플리케이션은 별도의 프레임워크에서 호스팅되며 저수준

모바일 API와 직접 상호 작용하지 않기 때문에 동일한 수준의 유연성이나 성능을 제공하지 않는다.

NativeScript의 가장 중요한 부분은 Objective-C 또는 Swift를 알아야하는 iOS 기반 애플리케이션을 개발과는 달리 새로운 프로그래밍 언어를 배울 필요가 없다는 것이다. 따라서 기존 기술을 사용하여 모바일 애플리케이션을 개발할 수 있다.

NativeScript 디자인

NativeScript는 네이티브 모바일 운영체제 위에서 구동되는 런타임으로, 안드로이드에서는 JavaScript Virtual Machine(JVM) V8, iOS에서는 JavaScriptCore를 사용한다. NativeScript는 이러한 플랫폼에 접근하여 개발자용 통합 API 시스템을 노출하며 런타임 시 네이티브 API로 변환한다.

JavaScript API와 네이티브 플랫폼 API 간의 이러한 변환은 리플렉션을 통해 가능하다. NativeScript는 자체 인터페이스 집합을 만들기 위해 리플렉션을 사용한다. NativeScript 에서 JavaScript를 사용하는 또 다른 이점은 특정 에디터에 종속되지 않는다는 것이다. 좋아하는 에디터를 사용하여 NativeScript 애플리케이션을 개발할 수 있으며, iOS 기반 Xcode나 안드로이드 기반 안드로이드 스튜디오를 사용하지 않아도 모든 기본 API에 접근할 수 있다.

NativeScript 아키텍쳐

다음은 NativeScript와 모바일 플랫폼 간의 상호 작용에 대한 전체적인 다이어그램이다.

NativeScript 런타임은 JavaScript 애플리케이션 코드를 네이티브 플랫폼 코드로 변환한다. 네이티브 API로 변환하고 호출하기 위해 사용하는 다양한 구성 요소가 있다. NativeScript는 JVM과 JavaScriptCore를 사용하기 때문에 개발 중에 최신 ECMAScript 언어 스펙을 사용할 수 있다. ES6 기능도 사용할 수 있다.

NativeScript 디자인에서 이해해야 할 주요 구성 요소 중 하나는 NativeScript 모듈이다.

NativeScript 모듈

NativeScript 팀은 NativeScript 플랫폼이 플러그인과 비슷하게 모듈 방식으로 개발되어 필요한 모듈만 포함할 수 있도록 했다.

이러한 모듈은 네이티브 API의 추상화를 제공하며 두 플랫폼 모두에서 작동하는 코드를 작성할 수 있도록 한다. NativeScript에는 논리적 기능별로 별도의 API가 있다. 예를 들어, SQLite 스토리지 사용을 위한 패키지가 있고, 파일 시스템을 위한 관련 패키지도 있다.

NativeScript 모듈이 멀티 플랫폼 환경에서 일관된 코드를 작성하는데 어떻게 도움이 되는지 예제를 통해 살펴보자. NativeScript를 사용하여 네이티브 플랫폼의 파일 시스템에 액세스하려면 다음 코드와 같이 작성하면 된다.

```
var filesystem = require("file-system");
new filesystem.file(path)
```

이 코드는 순수 JavaScript로 작성되었으며, 먼저 file-system 모듈에 대한 참조를 얻은 다음 파일 시스템 모듈의 API를 사용하여 파일 메서드를 호출한다. 이 코드는 NativeScript 런타임에서 실행될 때 먼저 실행하려는 플랫폼에 따라 코드를 변환한다.

안드로이드 버전의 코드는 다음과 같다.

```
new java.io.file(path)
```

iOS 버전의 코드는 다음과 같다.

```
nsFileManager.defaultManager();
fileManager.createFileAtPathContentsAttributes(path);
```

이전에 모바일 플랫폼에서 작업한 적이 있다면 이 코드가 파일 경로에 접근하기 위해 네이티브 파일시스템을 사용한다는 것을 알 수 있을 것이다.

NativeScript vs 웹 애플리케이션

지금까지 NativeScript로 웹 기술을 사용하여 모바일 애플리케이션을 작성할 수 있다는 것을 알아보았다. 그렇다면 순수한 웹 애플리케이션을 작성한 다음 NativeScript 런타임을 사용하여 모바일 애플리케이션을 만들 수 있을까?

이 질문의 대답으로 예라고 할 수도 있고 아니라고 할 수도 있다. 예라고 답할 수 있는 이유는 NativeScript를 사용하면 웹 애플리케이션을 개발할 때와 동일한 코드를 사용하기 때문이다. 아니라고 답할 수 있는 이유는 웹 애플리케이션의 모든 구성 요소가 NativeScript에서 직접 사용할 수 있는 것은 아니기 때문이다.

NativeScript를 사용하면 기존 JavaScript/TypeScript와 CSS 기술을 비즈니스 로직과 애플리케이션 디자인 개발에 사용할 수 있다. 그러나 네이티브 플랫폼은 웹 기반이 아니며 DOM이 없으므로 HTML을 애플리케이션의 템플릿으로 사용할 수 없다. 비록 템플릿 파일의 확장자는 HTML이지만 엘리먼트 태그는 약간 다르다.

간단한 예제를 살펴보면 NativeScript에는 〈div〉 또는 〈span〉과 같은 UI 요소가 없지만 UI 요소를 정렬할 수 있는 〈StackLayout〉과 〈DockLayout〉같은 엘리먼트가 있다.

여기서 주목해야 할 점은 이러한 UI 엘리먼트가 플랫폼에서 사용되는 기본 엘리먼트로 변환된다는 것이다. 따라서 NativeScript에서 〈Button〉 컨트롤을 사용하면 안드로이드 플랫폼에서는 android.widget.Button으로, iOS에서는 UIButton으로 변환된다.

NativeScript 환경 설정

NativeScript는 개발 환경 설치 및 설정을 위한 매우 훌륭한 문서를 제공한다. 이 설명서는 https://docs.nativescript.org/angular/start/quick-setup에서 확인할 수 있다. 여기서는 간단하게 설치 과정을 살펴보지만 전체 프로세스는 NativeScript 설명서를 통해 확인하는 것을 권장한다.

NativeScript CLI

NativeScript를 사용하는 가장 좋은 방법은 NativeScript CLI를 사용하는 것이다. 다음 명령을 사용하여 npm에서 NativeScript CLI를 설치할 수 있다.

```
npm install -g nativescript
```

이 명령은 전역 범위에 NativeScript 라이브러리를 설치한다. 설치가 성공적으로 완료되었는지 확인하려면 커맨드창에서 다음 명령을 실행한다.

```
tns
```

tns 명령은 Telerik NativeScript의 약자이며, 이 명령을 실행하면 NativeScript와 관련된 명령들을 보여준다.

NativeScript CLI에는 NativeScript 프로젝트를 생성하는 데 도움이 되는 여러 명령들이 있다. create 명령은 기본 NativeScript 프로젝트를 생성한다. deploy는 NativeScript CLI에게 애플리케이션을 디바이스에 배포하도록 전달한다. 디바이스는 연결된 장치이거나 에뮬레이터를 말한다. 다음과 같이 help 명령을 사용하여 NativeScript CLI에서 사용할 수 있는 모든 명령을 확인할 수 있다.

```
tns --help
```

모바일 플랫폼 의존성 설치

NativeScript를 사용하여 네이티브 애플리케이션을 빌드하려면 해당 모바일 플랫폼에 대한 의존성을 설치해야 한다. iOS용 NativeScript 애플리케이션을 만들고 iOS 호환 장치에서 실행하려면 맥OS를 사용해야한다는 점을 주의하자. 안드로이드 애플리케이션을 개발할 때는 윈도우와 맥OS를 모두 사용할 수 있다.

NativeScript는 필요한 도구와 프레임워크를 모두 설치해주는 윈도우와 맥OS용 단일 스크립트를 제공한다. 윈도우용 스크립트는 다음과 같다.

```
@powershell -NoProfile -ExecutionPolicy Bypass -Command "iex ((new-object
net.webclient).DownloadString('https://www.nativescript.org/setup/win'))"
```

iOS용 스크립트는 다음 코드와 같다.

```
ruby -e "$(curl -fsSL https://www.nativescript.org/setup/mac)"
```

이 스크립트는 관리자 수준의 권한이 필요하므로 sudo 명령을 사용하여 실행해야 할 수도 있다. NativeScript는 이러한 모든 종속성을 수동으로 설치하는 단계별 가이드도 제공한다. 자세한 내용은 https://docs.nativescript.org/start/ns-setup-win에서 확인할 수 있다.

모든 패키지를 설치했으면 다음 명령을 실행하여 설치가 완료되었는지 확인할 수 있다.

```
tns doctor
```

이 명령은 NativeScript 애플리케이션을 빌드하는 데 필요한 전제 조건을 모두 확인하고 문제가 없으면 "No issues was detected."라는 성공 메시지를 출력한다.

안드로이드 가상 기기 설치

모든 의존성을 설치했으면 다음 단계는 실제 장치를 연결하는 대신 테스트에 사용할 수 있는 안드로이드 에뮬레이터를 설치하는 것이다. 에뮬레이터를 만들려면 컴퓨터에 안드로이드 스튜디오가 있어야한다.

https://developer.android.com/studio/index에서 안드로이드 스튜디오를 다운로드 받아 설치할 수 있다. 안드로이드 스튜디오를 설치하면 올바른 안드로이드 SDK 버전이 있는지 확인할 수 있다. NativeScript CLI는 안드로이드 SDK 버전 25 이상이 필요하다. 필요한 안드로이드 SDK 버전이 없다면 다음 명령을 사용하거나 안드로이드 스튜디오 IDE를 사용하여 설치할 수 있다.

```
"% ANDOID_HOME%" "tools" "platform-tools"
"platforms;andoid-25" "build-tools;25.0.2" "extras;andorid;m2repository"
"extras;google;m2repository"
```

이번에는 안드로이드 에뮬레이터를 설치하기 위해 안드로이드 스튜디오를 사용한다. 자세한 내용은 https://docs.nativescript.org/tooling/android-virtual-devices에서 확인할 수 있다.

맥OS에서는 XcodeCode가 설치되어 있는지 확인해야한다. 그렇지 않으면 iOS 기반 애플리케이션을 실행할 수 없다.

다시 한 번 tns doctor 명령을 사용하여 설치가 성공적인지 확인한다.

NativeScript를 사용한 예제 트렐로 애플리케이션 개발

예제 트렐로 애플리케이션을 모바일 플랫폼 애플리케이션으로 변환하는 방법을 살펴보자. 예제 트렐로 애플리케이션의 기능은 다음과 같다.

- ▶ 홈페이지는 모든 보드와 보드의 작업 개수를 보여준다.
- ▶ 홈페이지에 새 보드를 만들 수 있다.
- ▶ 작업 및 하위 작업의 세부 정보를 보여주는 보드 페이지
- ▶ 보드 페이지에 새 작업과 하위 작업을 추가할 수 있다.
- ▶ 기존 작업, 하위 작업과 보드 제목을 편집할 수 있다.

이번 애플리케이션은 위의 기능 중 일부만 구현하고 NativeScript의 기능을 보여주는데 중점을 둘 것이다. 네이티브 애플리케이션에는 다음과 같은 기능이 있다.

- ▶ 홈페이지 및 모든 보드와 해당 작업의 개수를 표시한다.
- ▶ 특정 보드를 선택하면 작업 목록과 하위 작업 목록이 표시된다.

애플리케이션 개발하는 두 가지 방법이 있다. 기존 애플리케이션을 리팩토링하여 NativeScript 컴포넌트를 플러그인하거나 처음부터 NativeScript으로 애플리케이션을 다시 만들어서 빌드할 수도 있다. Angular 애플리케이션을 NativeScript 환경에서 개발하는 방법을 배우는 데 도움이 될 뿐만 아니라 NativeScript의 복잡한 점을 이해할 수 있는 기회이기 때문에 후자의 방법을 사용할 것이다.

▍애플리케이션 골격 생성

NativeScript CLI는 몇 개의 컴포넌트로 애플리케이션의 기본 설정을 해주는 create 명령을 제공한다. create 명령은 순수한 JavaScript 템플릿, TypeScript 템플릿 또는 Angular 템플릿으로 애플리케이션을 작성할 수 있는 옵션을 제공한다. 기존 시작 프로젝트를 복사할 수도 있다. 다음은 명령은 create에 대한 모든 옵션을 보여준다.

```
tns create --help
```

여기서는 Angular 템플릿을 사용할 것이므로 다음과 같이 명령을 내린다.

```
tns create SampleTrello --template ng
```

이 명령은 SampleTrello라는 폴더를 만들고 NativeScript와 Angular의 모든 필수 의존성을 사용하여 프로젝트를 설정한다.

기본 NativeScript 애플리케이션 실행

이제 NativeScript CLI로 작성된 기본 애플리케이션을 실행하여 결과를 볼 수 있다. NativeScript 애플리케이션을 실행하려면 다음 명령과 같이 안드로이드와 iOS 용도의 두 가지 명령이 있다.

안드로이드에서는 다음 명령으로 실행한다.

```
tns run android
```

iOS에서는 다음 명령으로 실행한다.

```
tns run ios
```

create 명령과 마찬가지로 run 명령도 여러 개의 옵션을 가지며 help 명령을 사용하여 모든 옵션을 확인할 수 있다. 따라서 안드로이드에서 사용할 수 있는 구성을 확인하려면 다음 명령을 실행하면 된다.

```
tns run android --help
```

run 명령을 실행하면 NativeScript는 다음과 같은 작업을 수행한다.

- ▶ 애플리케이션을 설치할 장치 또는 에뮬레이터 식별
- ▶ 에뮬레이터가 실행중이 아니라면 에뮬레이터 시작
- ▶ Gradle을 사용하여 애플리케이션 빌드
- ▶ 에뮬레이터/디바이스에 애플리케이션 설치
- ▶ 애플리케이션 시작
- ▶ 변경 사항이 있을 경우 애플리케이션 새로 고침

정상적으로 처리된 경우 트렐로라는 이름의 앱이 디바이스/에뮬레이터에 설치되어야 하며, 이 앱을 열면 아이템 목록이 표시된다.

NativeScript 애플리케이션 기본 폴더 구조

create 명령을 실행할 때 NativeScript CLI가 수행한 작업을 살펴보자.

create 명령을 실행할 때 Angular 템플릿을 사용하여 애플리케이션을 만드는 옵션을 선택

했다. 이 템플릿은 NativeScript CLI에 Angular 컴포넌트와 라우팅 그리고 Angular 구조를 가진 애플리케이션을 만들도록 지시한다.

Angular 구조와 함께 NativeScript는 플랫폼용 파일과 각 플랫폼용 리소스를 관리하기 위한 파일을 만든다.

비주얼 스튜디오 코드 폴더 구조

비주얼 스튜디오 코드에서 방금 생성한 예제 트렐로 애플리케이션을 열어보자. 다음 스크린샷과 비슷한 폴더 구조가 있어야한다.

```
▲ app
    ▶ App_Resources
    ▶ item
    <> app.component.html
    JS app.component.js
    TS app.component.ts
    # app.css
    JS app.module.js
    TS app.module.ts
    JS app.routing.js
    TS app.routing.ts
    TS main.aot.ts
    JS main.js
    TS main.ts
    {} package.json
    ⓘ README.md
  ▶ hooks
  ▶ node_modules
  ▶ platforms
  {} package.json
  {} tsconfig.json
```

보이는 것처럼 폴더 구조는 Angular CLI 명령을 사용하여 Angular 애플리케이션을 만들 때와 비슷하다. 이제 폴더 구조를 간단히 살펴보자.

app 폴더

Angular 애플리케이션과 마찬가지로 Angular 시작 파일을 포함하여 애플리케이션 실행에 필요한 모든 파일을 가진 app 폴더가 있다.

- ▶ main.ts 파일은 Angular 애플리케이션과 비슷하게 부트스트랩 파일 역할을 한다.
- ▶ main.ts 파일은 NgModule을 포함하는 app.module 파일을 부트스트랩한다.
- ▶ app.routing 파일은 애플리케이션의 라우트를 정의한다. 기본 애플리케이션에는 이미 item 컴포넌트에 대한 라우팅이 있다.
- ▶ 템플릿과 연계된 주요 컴포넌트인 app.component가 있다.
- ▶ app.component 템플릿에는 page-router-outlet 태그가 포함되어 있다. 이 태그는 Angular 애플리케이션에서 사용하는 router-outlet 태그와 유사하다. page-router-outlet은 router-outlet의 NativeScript 래퍼이며 Angular가 라우팅을 관리하고 app.component 템플릿 안에서 HTML 내용을 표시하는 데 사용된다.
- ▶ app.css 파일은 Angular 애플리케이션과 비슷하게 애플리케이션 레벨에서 사용되는 스타일시트이다.
- ▶ item 폴더는 item 컴포넌트, item 모델, item 서비스와 관련된 파일들이 들어있다. 이러한 파일은 Angular 애플리케이션에서 작성한 것과 동일한 파일 유형이므로 매우 익숙하다.
- ▶ 모바일 애플리케이션의 리소스나 자원을 관리하는 것은 순수한 웹 애플리케이션의 리소스나 자원을 관리하는 것과는 조금 다르다. 안드로이드의 예를 들어보자. 해상도가 다른 여러 안드로이드 기기가 있으며 모든 안드로이드 기기에서 동일한 이미지 크기와 해상도로 렌더링하지 않을 것이다. 따라서 이러한 시나리오를 처리하기 위해 App_resources 폴더에 다양한 폴더가 있다.

● node_modules 폴더

node_modules 폴더에는 애플리케이션과 관련된 모든 Node.js 모듈이 들어 있다. 관련 모듈들은 설치 시 다운로드되며 package.json 파일에서 관리된다.

● platforms 폴더

플랫폼 폴더는 NativeScript가 특정 플랫폼용 애플리케이션을 빌드할 때 사용하는 빌드 폴더이다. 이 폴더에는 빌드 구성, 빌드 도구 및 필요한 모든 라이브러리가 포함된다.

또한 이 폴더의 src/main 폴더 안에는 애플리케이션 소스가 들어있다. 이 폴더는 설치 시 디바이스에 복사되는 폴더이다.

● hooks 폴더

hooks 폴더는 NativeScript에서 런타임 중에 라이브 감시 및 동기화 기능을 관리하는데 사용된다. 커맨드 창에서 애플리케이션을 실행하면 "Looking for file changes"라는 메시지가 나타난다. 이 기능은 Angular CLI의 라이브 업데이트 기능과 유사하다. 이 기능을 사용하면 프레임워크가 파일을 추적하고 변경 사항이 있으면 자동으로 프로젝트를 빌드하고 에뮬레이터/디바이스에 최신 코드를 배포한다.

홈페이지 컴포넌트 개발

예제 트렐로 애플리케이션의 첫 번째 컴포넌트부터 시작하겠다. 알고 있는 것처럼 홈페이지 컴포넌트는 기존 보드를 표시하고 각 보드의 작업 수를 계산한다. 메인 애플리케이션에서는 API 폴더에 있는 JSON 파일에서 이 데이터를 가져왔다. 네이티브 애플리케이션에서도 같은 로직을 사용한다.

▌기존 컨텐츠 제거

기능을 추가하기 전에 먼저 기존 코드를 정리하고 애플리케이션에 필요하지 않은 것들을 제거한다. NativeScript CLI를 사용하여 애플리케이션을 만들 경우 CLI가 빈 애플리케이션이 아닌 몇 가지 샘플 기능이 있는 애플리케이션을 만들었기 때문에 정리 작업이 필요하다. 이 경우 item 목록이 표시되고 있다.

예제 트렐로 애플리케이션의 경우 이 기능이 필요하지 않으므로 다음 단계를 수행하여 필요 없는 모든 컨텐츠를 제거해 보겠다.

> ▶ item 컴포넌트와 item detail 컴포넌트 그리고 item 서비스가 들어있는 item 폴더를 제거한다.
> ▶ 컴포넌트를 제거했으므로 이 컴포넌트들에 대한 참조도 제거해야 한다.
> ▶ app 모듈 파일에서 ItemService, ItemComponent, ItemDetailComponent에 대한 참조를 제거한다.
> ▶ app.routing 파일에서 이러한 컴포넌트에 대해 정의한 라우트를 제거한다.

트렐로 보드 모델

Homepage 컴포넌트를 만들기 전에 먼저 모델을 애플리케이션으로 마이그레이션해야 한다. 웹 애플리케이션에서 가지고 있는 모델, 즉 Board, Task, SubTask는 네이티브 애플리케이션에서도 그대로 유지된다.

app 폴더 밑에 models 폴더를 만들고 기존 웹 애플리케이션에서 사용하던 모델 파일을 복사한다.

> **NOTE**
>
> 예제 트렐로 애플리케이션의 웹 애플리케이션 버전과 동일한 코드는 표시하지 않는다.

트렐로 서비스 구현

이전에 언급했듯이 NativeScript를 사용하여 네이티브 애플리케이션을 개발할 때 가장 좋은 점은 JavaScript/TypeScript, Angular와 CSS에서 사용하던 기술과 코드를 재사용할 수 있다는 점이다.

홈페이지 컴포넌트는 시작 시에 트렐로 서비스를 사용하여 보드의 정보를 가져온다. 이 트렐로 서비스는 웹 애플리케이션과 동일한 코드이다.

먼저 새로운 services 폴더를 만들고 trello.service.ts 파일을 추가한다.

웹 애플리케이션에서 했던 것처럼 board JSON 파일에서 데이터를 가져오기 위해 계속 프로미스를 사용한다. 여기서 사용되는 JSON 파일은 app 폴더의 api/board 폴더에 있으며 정확히 동일한 파일이다.

서비스를 모두 구현했으면 다음 단계는 app.module 파일에 서비스에 대한 참조를 추가하는 것이다.

app.module 파일에 트렐로 서비스 추가

Angular 웹 애플리케이션의 경우와 마찬가지로 서비스를 만들 때마다 해당 서비스를 모듈이나 컴포넌트에 제공해야한다. NativeScript 애플리케이션에서도 이 개념이 동일하게 유지된다. 서비스를 제공하지 않으면 Angular NgModule은 서비스를 참조하여 해당 컴포넌트에 인스턴스를 제공할 수 없다.

다음은 trello.service를 참조하는 app.module 코드이다.

```
import { TrelloService } from './services/trello.service';
....
providers:[TrelloService],
```

app.module 파일에서는 다음 코드와 같이 Angular 웹 애플리케이션에는 없는 다른 import문을 발견할 수 있다.

```
import { NativeScriptModule } from "nativescriptangular/nativescript.module";
```

이 import문은 NativeScript 모듈에서만 사용된다. 이 모듈은 〈StackLayout〉나 〈ListItem〉과 같이 NativeScript에 특화된 엘리먼트나 태그에 접근하기 위해 필요하다. 자세한 내용은 이후 섹션에서 설명한다.

NativeScriptModule 모듈만 필요한 것이 아니다. 앞에서 설명한 것처럼 NativeScript 프레임워크는 모듈 방식으로 설계되었으므로 HTTP 모듈을 사용해야 하는 경우 NativeScriptHTTPModule을 import해야 하며, 비슷하게 폼 엘리먼트에 접근하려는 경우 NativeScriptFormModule을 import해야 한다.

▌홈페이지 컴포넌트 구현

모델과 트렐로 서비스가 준비 완료되었다. 이제 Homepage 컴포넌트를 구현할 차례이다.

먼저 app 폴더 아래에 homepage 폴더를 만든다. Angular 기반 애플리케이션이므로 Homepage 컴포넌트에는 다음과 같은 세 가지 구성 요소가 있다.

- ▶ homepage.component : 메인 컴포넌트 파일
- ▶ homepage.component.html : 홈페이지와 관련된 템플릿 파일
- ▶ hompeage.component.css : 홈페이지와 연관된 스타일시트 파일

홈페이지 컴포넌트 파일

Homepage 컴포넌트는 두 가지 기능에 대한 책임을 가진다.

▶ Trello 서비스를 사용하여 JSON 파일에서 모든 보드를 가져오기

▶ 사용자가 홈페이지에서 보드 중 하나를 선택하면 보드 컴포넌트로 라우팅

다음은 Homepage 컴포넌트의 코드이다.

```
export class HomepageComponent implements OnInit {
  boards: Board[] = Array();
  errorMessage: string;
  constructor(private _trelloService:TrelloService,private _router: Router)
  { }
  ngOnInit() {
    console.log("homepage");
    this._trelloService.getBoardsWithPromises()
      .then(boards => this.boards = boards,
        error => this.errorMessage = <any>error);
  }
  public boardDetail(item: Board){
    this._router.navigate(["board", item.id]);
  }
}
```

위에서 볼 수 있듯이 Homepage 컴포넌트에 클래스에는 두 가지 메서드가 있다.

▶ ngOnInit : 이 메서드의 코드는 웹 애플리케이션에서 사용한 코드와 완전히 동일하다. 여기서는 Promises에서 반환하는 모든 보드 정보를 가져오기 위해 HTTP 호출을 수행한다.

▶ boardDetail : 이 메서드는 사용자를 보드 컴포넌트로 라우팅하는 역할을 한다. 보드 컴포넌트는 이후 섹션에서 정의할 것이다. 여기서는 사용자가 선택한 보드를 지정하는 파라미터를 보드 컴포넌트에 전달한다.

여기서는 NativeScript 애플리케이션에서 어떻게 기존 코드를 재사용하는지 살펴보았다.

홈페이지 스타일시트 파일

NativeScript는 애플리케이션을 스타일링하는 세 가지 방법을 제공한다.

- ▶ app.css : 이름에서 알 수 있듯이 app.css에 정의된 모든 스타일은 기본적으로 전역이며 전체 애플리케이션에 적용할 수 있다.
- ▶ viewName.css : 뷰 이름은 컴포넌트의 이름과 동일하므로 홈페이지의 경우 homepage.css이다. 이 스타일시트는 Angular 웹 애플리케이션에서 사용하는 것과 동일하다. 여기에 정의된 스타일은 연관된 템플릿에만 적용된다.
- ▶ viewName.platform.css : NativeScript는 여러 모바일 플랫폼을 대상으로 하며, 때로는 안드로이드 애플리케이션과 iOS 애플리케이션에서 다른 스타일을 원하는 경우가 있다. 이런 경우 viewname.android.css 또는 viewname.ios.css와 같이 플랫폼마다 별도의 스타일을 만들 수 있다. 이렇게 하면 NativeScript가 특정 플랫폼에 맞는 올바른 스타일을 패키지화한다.

앞서 NativeScript 소개에서 언급했듯이 NativeScript는 CSS 파일을 스타일시트 파일로 지원하므로 Angular 웹 애플리케이션에 대한 CSS 파일을 변경할 필요가 없다.

다음은 홈페이지 템플릿에 대한 CSS이다.

```css
.boards-wrapper {
  padding: 10px;
  background-color: rgb(147, 191, 192);
  display: inline-block;
}
.label {
  color: #333;
  font-weight: 700;
  line-height: 20px;
  font-size: 25pt;
  padding: 10pt;
}
.board {
  background-color: rgb(173, 51, 102);
  height: auto;
  width: 500px;
  color: white;
  margin-right: 20px;
  margin-bottom: 20px;
  text-align: left;
  padding: 9pt 8pt;
  text-decoration: none;
}
.board .title {
```

```
    font-weight: 700;
    line-height: 20px;
    font-size: 18pt;
  }
```

CSS의 크기가 웹 애플리케이션에서 사용한 것보다 훨씬 크기가 작다는 것을 알 수 있다. 왜냐하면 여기서는 일부 하위 기능에만 초점을 맞추기 때문이다.

홈페이지 HTML 파일

지금까지 홈페이지 컴포넌트 클래스와 홈페이지 스타일시트를 살펴보았다. 이 두 파일은 웹 애플리케이션에서 사용한 코드와 비슷한 코드를 가지고 있다.

NOTE

코드 상의 작은 차이점은 주로 일부 기능에만 초점을 맞추고 있기 때문이다.

NativeScript로 개발된 순수한 웹 애플리케이션과 모바일 애플리케이션의 주요 차이점은 템플릿 정의이다. 네이티브 모바일 플랫폼에는 DOM 또는 DOM 관련 액션 개념이 없으므로 NativeScript는 웹 기반 UI 엘리먼트와 동일한 기능을 하는 다른 UI 엘리먼트 집합을 가지고 있다. 왜냐하면 이러한 UI 엘리먼트는 네이티브 모바일 플랫폼에서 렌더링되어야 하기 때문이다. 안드로이드는 Java 기반 컴파일러를 사용하며 iOS는 Objective-C 기반 컴파일러를 사용한다.

NativeScript의 이러한 UI 엘리먼트는 두 플랫폼 모두에서 공통적으로 사용되며 해당 플랫폼의 UI 엘리먼트로 변환하는 것은 NativeScript의 책임이다. 홈페이지 컴포넌트의 템플릿 코드를 살펴보고, 템플릿에서 사용된 NativeScript 기능 중 일부는 다음 섹션에서 살펴볼 것이다.

```
<StackLayout class="boards-wrapper">
<label text="All Boards" class="label"></label>
<ListView [items]="boards" class="large-spacing">
<ng-template let-item="item">
<WrapLayout class="board" on-tap="boardDetail(item)">
```

```
<Label [text]="item.title" class="title"></Label>
<Label style="font-size: smaller" text="Total Task:
{{item.task.length}}"></Label>
</WrapLayout>
</ng-template>
</ListView>
</StackLayout>
```

보이는 것처럼 웹 애플리케이션과 비교해 UI 엘리먼트가 상당히 많이 달라졌다.

홈페이지 템플릿의 UI 엘리먼트

홈페이지 HTML 파일에서 페이지가 배치되는 방식은 웹 애플리케이션에서의 방식과 다르다. 여기서 사용된 태그들은 다음과 같다.

● StackLayout

이름에서 알 수 있듯이 StackLayout 요소를 사용하면 하위 UI 엘리먼트를 스택에 넣을 수 있다. StackLayout을 사용하여 자식 엘리먼트를 가로 또는 세로로 쌓을 수 있다. StackLayout는 가장 자주 사용되는 UI 엘리먼트 중 하나이다. 거의 대부분은 웹 애플리케이션의 〈div〉와 비슷하게 가장 바깥쪽 UI 엘리먼트로 StackLayout를 사용할 것이다.

● Label

웹 애플리케이션의 label 컨트롤과는 다르게 NativeScript의 label 컨트롤은 text 프로퍼티를 가지고 있다. 여기서는 컴포넌트의 heading 프로퍼티에 바인딩되는 text 프로퍼티가 있다. 이 레이블 UI 엘리먼트는 iOS에서는 UILabel 엘리먼트로, 안드로이드 플랫폼에서는 android.widget.Textview로 렌더링된다.

● ListView

ListView UI 엘리먼트는 DOM에서의 〈li〉와 매우 비슷하다. 이 엘리먼트는 목록 형식으로 데이터를 표시하는 데 사용된다. 이전 웹 애플리케이션에서 ngFor 지시문을 사용했었다. ngFor 지시문은 배열을 돌면서 각 엘리먼트를 표시한다.

NativeScript의 경우 ListView 컨트롤이 있다. 이 컨트롤에는 표시할 객체의 배열을 나타내는 items 프로퍼티가 있다. ListView 내부에는 객체의 각 행을 표시하는데 사용되는 자식 컨트롤인 ng-template이 있다.

ng-template에는 배열의 단일 항목을 나타내는 let-item 프로퍼티가 있다. 이 item 프로퍼티를 사용하여 객체에 접근하고 필요한 정보를 표시할 수 있다.

이번 경우에는 〈ListView〉 컨트롤에 바인딩된 보드 배열이 있고 ng-template 컨트롤은 각 보드 엘리먼트에 접근하게 된다.

NativeScript Angular 템플릿 빌드

Angular를 사용할 때 NativeScript 바인딩의 사용법은 순수한 Angular 애플리케이션의 사용법과 동일하다. 단방향 바인딩, 양방향 바인딩 그리고 이벤트 바인딩을 사용할 수 있다.

홈페이지 템플릿 코드에서 볼 수 있듯이 이중 중괄호를 사용하여 label 컨트롤을 바인딩할 때 단방향 바인딩을 사용했다.

양방향 바인딩은 ngModel 구문을 사용하여 Angular와 비슷하게 처리한다.

Angular와의 차이점은 바인딩할 대상이 다르다. 웹 애플리케이션에서는 span, label, div 또는 input 엘리먼트의 프로퍼티가 대상이 될 수 있다. 그러나 NativeScript의 UI 엘리먼트에는 고유한 프로퍼티가 있다. 예를 들어, listview의 경우 items 프로퍼티가 있고 label 의 경우 text 프로퍼티가 있다.

예를 들어 양방향 바인딩을 하는 텍스트 상자가 필요한 경우 다음 코드와 같이 텍스트 컨트롤에서 ngModel 프로퍼티를 웹 애플리케이션에서 한 것과 비슷한 방식으로 사용한다.

NativeScript 코드는 다음과 같다.

```
<TextField [(ngModel)]="name" hint="새 작업 추가" ></TextField>
```

HTML 코드는 다음과 같다.

```
<input [(ngModel)]="addtaskText" placeholder="새 작업 추가" />
```

● 이벤트 바인딩

프로퍼티 바인딩과 마찬가지로 이벤트 바인딩 구문은 HTML 이벤트 바인딩과 비슷하다. 다만 한 가지 바인딩이 일어나는 이벤트는 다르다.

HTML에서는 click 이벤트에 컴포넌트 클래스의 함수를 바인딩했었다. NativeScript에서는 다음 코드와 같이 동일한 작업을 tap 이벤트에서 한다.

```
<WrapLayout class="board" on-tap="boardDetail(item)">
  <Label [text]="item.title" class="title"></Label>
  <Label style="font-size: smaller" text="Total Task: item.task.length">
  </Label>
</WrapLayout>
```

첫 번째 행에서 볼 수 있듯이 on-tap 이벤트는 컴포넌트 클래스의 boardDetail 메서드에 바인딩된다. 이것을 HTML로 작성하면 다음과 같다.

```
<span (click)="boardDetail()"></span>
```

따라서 바인딩 태그 이름을 제외하면 Angular 애플리케이션과 동일하다.

▌홈페이지 컴포넌트 연결

이제 홈페이지 컴포넌트가 준비되었고 앱에서 사용할 수 있도록 연결하는 작업이 남아있다. Angular에서 배운 것처럼 홈페이지 컴포넌트에 대한 경로를 정의해야 한다.

홈페이지 컴포넌트가 애플리케이션의 기본 페이지이기 때문에 홈페이지의 라우트도 기본 라우트가 된다. 다음은 app.route 파일에 있는 코드이다.

```
import { HomepageComponent } from "./homepage/homepage.component";
export const appRoutes: any = [
  { path: "", component: HomepageComponent },
];
export const appComponents: any = [
  HomepageComponent,
];
```

이 코드는 웹 애플리케이션에서 정의한 라우트와 매우 유사하다. 한 가지 차이점은 새로운 상수인 appComponents이다. 이 차이는 그저 컴포넌트에 대한 참조를 정의하는 또 다른 방법일 뿐이다. 웹 애플리케이션에서 했던 것처럼 이 상수에 app.module 파일의 컴포넌트에 대한 참조를 추가할 수 있다. 다음은 라우팅을 참조하는 app.module 파일의 코드이다.

```
import { NgModule } from "@angular/core";
import { NativeScriptFormsModule } from "nativescript-angular/forms";
import { NativeScriptHttpModule } from "nativescript-angular/http";
import { NativeScriptModule } from "nativescriptangular/nativescript.module";
import { NativeScriptRouterModule } from "nativescript-angular/router";
import { AppComponent } from "./app.component";
import { TrelloService } from './services/trello.service';
import { appRoutes, appComponents } from "./app.routing";
@NgModule({
  imports: [
    NativeScriptModule,
    NativeScriptFormsModule,
    NativeScriptHttpModule,
    NativeScriptRouterModule,
    NativeScriptRouterModule.forRoot(appRoutes)
  ],
  declarations: [AppComponent, ...appComponents],
  providers:[TrelloService],
  bootstrap: [AppComponent]
})
```

https://github.com/sachinohri/SampleTrello-NativeScript에서 전체 코드를 다운로드할 수 있다. 여기에서는 애플리케이션의 컴포넌트를 참조하기 위해 appComponents 상수를 어떻게 사용했는지 보여주고자 한다.

나중에 BoardComponent를 라우팅 배열에 추가하기를 원하면 appComponents에 컴포넌트 이름을 추가하기만 하면 app.module 파일에 참조를 추가할 필요가 없다.

이 방법은 app.module 파일을 깨끗하게 유지하고 모든 참조를 포함하지 않도록 도와준다.

지금까지의 애플리케이션 검토

이제 홈페이지 컴포넌트와 트렐로 서비스가 통합된 트렐로 애플리케이션의 초기 버전이 완성되었다. 이제 애플리케이션을 실행하고 결과를 확인해보자.

이전 섹션에서 보았던 것처럼 NativeScript CLI는 코드를 빌드 및 실행하고, 선택한 플랫폼에 배포하기 위한 run 명령을 제공한다. 플랫폼을 지정하지 않고 run 명령을 실행하면 NativeScript가 연결된 모든 장치에서 애플리케이션을 실행하게 된다. 따라서 만약 iOS와 안드로이드 장치가 연결되어있는 경우라면 NativeScript는 두 디바이스에 애플리케이션을 배포하고 실행한다.

물론 run 명령을 실행할 때 특정 플랫폼을 지정할 수 있으며, 심지어 NativeScript에서 코드를 설치하기를 원하는 특정 디바이스 ID를 지정할 수도 있다.

run 명령어 실행

코드에서 다음 명령을 실행하고 결과를 확인해보자.

```
tns run android
```

테스트를 위해 iOS 장치를 사용하는 경우 다음 명령을 실행할 수 있다.

```
tns run ios
```

이 명령은 애플리케이션을 빌드하여 에뮬레이터와 디바이스에 배포한다. 정상적으로 실행된 경우 다음 스크린샷과 유사한 화면이 나와야 한다.

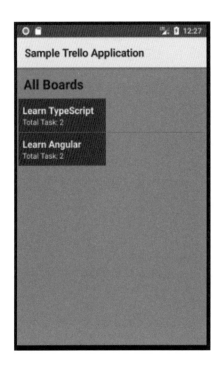

여기에서 보이는 것은 안드로이드의 네이티브 엘리먼트이다. 앞서 추가한 Label은 안드로이드 Label 위젯으로 변환되고 ListView는 안드로이드 네이티브 ListView 컨트롤이 된다. 마찬가지로 iOS 환경에서 코드를 실행한 경우 이러한 컨트롤은 네이티브 iOS 컨트롤이 된다.

이것이 NativeScript를 경쟁사의 제품보다 뛰어나게 하는 매우 중요한 요소이다. 다른 프레임워크는 코드 재사용성과 모바일 플랫폼에서 호스팅되는 하이브리드 웹 애플리케이션 코드에 중점을 두었기 때문에 네이티브 컨트롤을 사용할 때와 동일한 성능상의 이점을 제공하지 못하는 경우가 있다.

애플리케이션 디버깅

그렇다면 모바일 장치에서 호스팅되는 애플리케이션은 어떻게 디버깅할까?

NativeScript는 애플리케이션을 브라우저에 연결하여 디버깅할 수 있는 구성을 제공한다. 이 동작을 통해 웹 애플리케이션을 실행할 때와 비슷한 방식으로 디버깅할 수 있다.

debug 커맨드

NativeScript CLI는 디버그 모드에서 애플리케이션을 실행하는 debug 명령을 제공한다. 명령은 다음과 같다.

```
tns debug android
```

이 명령은 안드로이드 에뮬레이터/디바이스에 애플리케이션을 설치하고 다음 스크린샷과 같이 링크를 제공한다. 해당 링크를 웹페이지에서 열면 디버그 모드로 애플리케이션을 실행할 수 있다.

```
# NativeScript Debugger started #
To start debugging, open the following URL in Chrome:
chrome-devtools://devtools/bundled/inspector.html?experiments=true&ws=localhost:40000
```

위의 스크린샷에서 볼 수 있듯이 NativeScript는 디버깅을 위해 40000 포트에서 애플리케이션을 호스팅한다. 이제 크롬 브라우저에서 URL을 열면 개발자 도구가 표시된다.

NativeScript는 크롬 프로토콜용 WebSocket을 사용하여 디버깅할 수 있다. 보이는 것처럼 이것은 웹 애플리케이션을 디버깅하는 방법과 유사하다. 이제 웹 애플리케이션 디버깅과 마찬가지로 중단점을 추가하고 값을 검사하고 watch에 조사식을 추가할 수 있다.

보드 컴포넌트 개발

이제 보드 컴포넌트를 추가하여 애플리케이션을 마무리해보자. 보드 컴포넌트는 선택한 보드에 대한 작업과 하위 작업을 표시하는 하나의 기능만 갖고 있다. 따라서 보드 컴포넌트의 코드는 매우 간단하다. 즉, 라우팅 정보를 기반으로 보드 ID를 가져온 다음 보드의 세부 정보를 화면에 표시한다. 코드는 다음과 같다.

```
@Component({
  selector: 'app-board',
  templateUrl: './board/board.component.html',
  styleUrls: ['./board/board.component.css']
})
export class BoardComponent implements OnInit {
  board: Board = new Board;
  boardId: number;
  constructor(private _route: ActivatedRoute, private _trelloService:
    TrelloService) { }
  ngOnInit() {
    this._route.params.subscribe((params) => {
      this.boardId = params["id"];
    });
    console.log(this.boardId);
    this.board = this._trelloService.Boards.find(x => x.id == this.boardId);
  }
}
```

가장 큰 차이점은 HTML 파일에 있다.

보드 컴포넌트 템플릿

보드 컴포넌트에 대한 템플릿 코드를 살펴본 다음 코드 구조를 간단히 살펴본다.

```
<StackLayout class="main">
  <label text="Tasks for: {{board.title}}" class="label"></label>
  <ListView [items]="board.task" class="large-spacing">
    <ng-template let-item="item">
```

```
        <WrapLayout >
          <Label [text]="item.title" class="task" ></Label>
          <StackLayout orientation="vertical">
            <StackLayout class="subTask" *ngFor="let subtask of item.subtask">
              <Label [text]="subtask.title" ></Label>
            </StackLayout>
          </StackLayout>
        </WrapLayout>
      </ng-template>
    </ListView>
</StackLayout>
```

앞서 배운 것처럼 NativeScript에서는 일반적으로 〈StackLayout〉을 템플릿의 래퍼로 사용한다. 작업과 하위 작업 목록을 표시할 때 〈ListView〉 컨트롤을 사용하여 보드와 관련된 작업을 표시하는 것이 좋다. 작업 목록에서 〈StackLayout〉과 Angular의 ngFor 지시어를 사용한 하위 작업을 표시하는 또 다른 목록이 필요하다.

보드 컴포넌트 라우팅 변경

마지막으로 해야 할 일은 보드 컴포넌트를 라우팅 규칙에 추가하여 사용자가 보드 중 하나를 클릭하면 Angular 라우팅을 탐색할 수 있도록 하는 것이다. 마지막 app.routing 코드는 다음과 같다.

```
import { HomepageComponent } from "./homepage/homepage.component";
import { BoardComponent } from './board/board.component';
export const appRoutes: any = [
  { path: "", component: HomepageComponent },
  { path: "board/:id", component: BoardComponent }
];
export const appComponents: any = [
  HomepageComponent,
  BoardComponent
];
```

appComponent 배열에 BoardComponent를 추가했으므로 app.module 파일을 변경할 필요가 없다.

코드 실행

애플리케이션이 완료되었으므로 애플리케이션을 실행하고 모바일 애플리케이션에서 어떻게 동작하는지 살펴보자.

다시 run 명령을 실행하면 모바일 에뮬레이터/디바이스에서 애플리케이션이 다시 로드된다. 이제 홈페이지에서 보드 중 하나를 탭하면 다음 스크린샷과 같이 보드 페이지로 이동해야 한다.

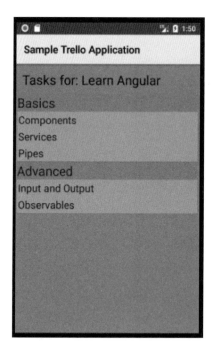

새로운 작업이나 하위 작업을 추가하는 것은 NativeScript에 대한 추가 학습을 위해 과제로 남겨놓았다.

NativeScript UI 엘리먼트

이번 애플리케이션에서는 기존 HTML 코드를 대체하는 NativeScript UI 엘리먼트를 많이 사용했다. 이번에는 보다 견고한 UI를 만들기 위해 NativeScript 프레임워크에서 제공하는 다른 UI 엘리먼트를 살펴보자.

▶ TextField : TextField 컨트롤은 NativeScript의 입력 필드로 사용된다. hint, maxlength, keyboard 타입과 같은 프로퍼티가 있어서 디바이스의 입력 포맷을 설정할 수 있다.

▶ TextView : 이 컨트롤은 사용자가 여러 줄에 문자를 입력할 수 있게 하는 TextField 컨트롤의 확장 버전이다.

▶ Picker 컨트롤 : NativeScript는 DatePicker, TimePicker와 ListPicker 세 가지 피커 컨트롤을 제공한다. 이러한 컨트롤은 사용자가 값을 선택할 수 있도록 리스트 뷰 형태의 보기 방식을 제공한다.

▶ Layout : 앞의 애플리케이션에서는 StackLayout 컨트롤을 사용했었다. NativeScript는 애플리케이션을 표현할 수 있는 다양한 레이아웃 컨트롤을 제공한다.

    – GridLayout : 이 컨트롤을 사용하면 하위 UI 엘리먼트를 행, 열 형식으로 배치할 수 있다.

    – DockLayout : 이 컨트롤을 사용하면 자식 UI 엘리먼트를 화면 가장자리에 배치할 수 있다. 애플리케이션에 헤더와 풋터가 있는 경우 유용하다.

    – AbsoluteLayout : 이것은 화면상의 절대 위치에 자식 엘리먼트를 배치하도록 한다.

▶ Action Bar : 안드로이드와 iOS 모두 애플리케이션에 탐색 표시줄이 있지만 두 가지 모두 다른 방식으로 표시된다. NativeScript 프레임워크는 네이티브 컨트롤 모두를 래핑하는 ActionBar 컨트롤을 제공한다. ActionBar는 이미지, 탐색 및 스타일링을 허용하고 필요에 따라 사용자가 정의할 수 있는 설정을 제공한다.

https://docs.nativescript.org/ui/basics에서 NativeScript의 전체 컨트롤 목록을 확인할 수 있다.

요약

이번 장에서는 NativeScript에 대해 살펴본 후 웹 애플리케이션을 네이티브 모바일 애플리케이션으로 변환하는 것이 얼마나 쉬운지 살펴보았다. NativeScript는 웹 기술을 사용하여 순수한 네이티브 모바일 애플리케이션을 구축할 수 있는 프레임워크를 제공한다.

예제 트렐로 애플리케이션을 NativeScript를 사용하여 네이티브 모바일 애플리케이션으로 변환하고 NativeScript의 기본 개념을 살펴보았다. 기존 JavaScript나 TypeScript 코드를 모바일 애플리케이션을 개발하기 위해 NativeScript가 어떻게 NativeScript 모듈과 NativeScript 런타임을 사용하는지 살펴보았다. 또한 애플리케이션을 실행하고 디버깅하기 위해 NativeScript CLI에서 멀티 설정을 하는 방법을 살펴보았다.

다음 장에서는 웹 애플리케이션을 클라우드에 배포하는 방법을 살펴본다. 마이크로소프트 Azure를 클라우드 플랫폼으로 사용하여 예제 트렐로 애플리케이션을 배포하는 방법을 살펴본다.

마이크로소프트 Azure를 사용해서 예제 트렐로를 클라우드에 배포하기

Chapter **10**

지금까지 예제 트렐로 애플리케이션을 개발하며 Angular와 TypeScript에 대해 배워보았다. 또한 웹 애플리케이션을 기본 모바일 애플리케이션으로 변환하는 데 도움이 되는 NativeScript도 살펴보았다. 애플리케이션 개발의 마지막 단계는 배포이다.

웹 애플리케이션을 배포하는 방법은 여러 가지가 있다. 범용적으로 사용 가능한 모든 호스팅 서버에서 애플리케이션을 배포할 수 있다. 회사에서 일하고 있다면 대부분의 상용 가능한 서버를 사용할 수 있다.

또 다른 옵션으로 클라우드가 있다. 클라우드를 사용하면 웹 애플리케이션 배포에 필요한 여러 가지 도구 모음을 얻을 수 있다.

이번 장에서는 클라우드를 사용해 배포해볼 것이다. 이번 장에서는 다음 주제를 다룬다.

- ▶ 마이크로소프트 Azure 클라우드 플랫폼을 살펴본다.
- ▶ Azure가 웹 애플리케이션을 호스트하기 위해 제공하는 다양한 옵션에 대해 간단히 살펴본다.
- ▶ Azure에 FTP와 GitHub를 사용해 배포하는 방법을 중점적으로 살펴본다.
- ▶ GitHub 배포를 사용해 Azure에서 제공하는 지속적인 통합(CI : Continuous Integration)을 살펴볼 것이다.

배포 플랫폼으로서의 Azure 클라우드

마이크로소프트 Azure를 사용하여 예제 트렐로 애플리케이션을 배포하면서 Azure 클라우드 플랫폼의 일부 기능을 살펴보도록 하겠다.

아마존의 AWS나 구글 클라우드와 경쟁 관계에 있는 Azure는 최고의 클라우드 서비스를 제공하고 있다. 마이크로소프트 Azure는 가상 머신이나 웹 애플리케이션에서부터 IoT와 기능 컴퓨팅(Functional Computing : 최대한 물리적인 장비나 OS에 독립적으로 추상화하여 컴퓨팅 기능을 제공하는 방법)에 이르기까지 다양한 클라우드 플랫폼 서비스를 제공한다.

클라우드는 모든 유형의 애플리케이션에 필요한 배포 요구 사항을 관리하고 처리할 수 있는 플랫폼을 제공한다. 애플리케이션은 웹 애플리케이션이나 데이터베이스 또는 Active Directory를 사용하는 인증 서비스일 수 있다. 이러한 다양한 서비스를 사용해 모든 IT 서비스의 단일 통합 창을 만듦으로써 훨씬 편리하게 서비스를 관리할 수 있다.

클라우드 플랫폼의 장점

클라우드를 사용하여 배포하면 기존의 사내 구축 배포(in-house deployment)에 비해 많은
이점을 얻을 수 있다.

- ▶ 하드웨어 관리 비용 절감
- ▶ 애플리케이션을 상용 환경에 배포하는 속도 향상
- ▶ 신속하게 확장 또는 축소 가능
- ▶ 상용 시스템을 손쉽게 모니터링하고 관리 가능

이러한 이점들로 인해 기업들이 빠르게 클라우드 환경으로 전환하고 있다. 클라우드 개발
환경은 애자일 방식으로 개발하거나 배포 환경과 통합하는 것을 용이하게 하여 지속적인
통합과 배포(Continuous Integration/Continuous Deployment) 메커니즘을 제공한다. 이제 이
러한 이점에 대해 자세히 살펴보자.

효율적인 호스팅과 배포

클라우드 플랫폼을 사용하면 배포주기를 단축할 수 있다. 이는 필요한 하드웨어를 확보하
고 운영체제, 데이터베이스 등과 같은 필수 소프트웨어를 설치하는 데 더 이상 며칠 또는
몇 주가 걸리지 않기 때문이다.

마이크로소프트 Azure를 사용하면 필요한 만큼 리소스를 할당하고 몇 분 안에 필요한 소프
트웨어를 설치할 수 있다. 배포 프로세스는 Azure CLI, Azure 포털 또는 FTP를 사용할 수
있으며 마이크로소프트 Azure와 끊김없이 연결된다.

마이크로소프트 Azure는 필요한 모든 인프라를 차례로 설치할 수 있는 프로세스를 제공하
여 배포에 집중할 수 있게 해준다. 예를 들어 프로덕션 박스에 예제 트렐로 애플리케이션을
배포하려는 경우 다음과 같이 하면 된다.

1 먼저 윈도우 또는 리눅스 기반의 박스를 설치한다.
2 그런 다음 모든 필요한 패치가 완료되어 있는 운영체제를 설치한다.
3 윈도우를 설치한 경우 IIS(Internet Information Services)를 활성화한다.
4 데이터베이스를 사용할 경우 동일한 박스에 설치하거나 데이터베이스 전용의 박스를 구성한다.
5 사용자가 많을 것으로 예상된다면 하나 이상의 박스를 사용한다.

6 여러 개의 박스가 있으면 로드밸런싱 프로세스가 필요하다.

7 이 외에도 훨씬 많은 것들이 제공된다.

마이크로소프트 Azure에 애플리케이션을 배포하려면 다음 단계를 수행한다.

1 가상 머신에 배포하려는 경우 필요한 운영체제와 소프트웨어와 함께 새 가상 머신을 시작한다.

2 가상 머신에 로그인하고 배포한다.

3 웹앱을 Azure에 SaaS(Service as a Software) 형태로 배포하려는 경우 새로운 웹앱을 만든다.

4 GitHub, Dropbox, FTP 같은 배포 설정을 하면 모든 설정이 끝난다.

보이는 것처럼 Azure가 배포에 필요한 모든 초기 설정을 처리해주므로 개발 효율성이 향상된다.

확장성(scaling)

만약 애플리케이션이 처리할 수 있는 것보다 많은 사용자가 유입된다면 어떻게 해야 할까? 스케일 업을 하거나 스케일 아웃을 해야 할 것이다. 스케일 업(scale up)은 기존의 프로덕션 박스의 처리 능력을 향상시키는 것이고 스케일 아웃(scale out)은 프로덕션 박스를 추가하는 것이다. 두 경우 모두 더 많은 하드웨어를 구입한 다음 배포해야 한다.

만약 휴가철이나 일시적인 이벤트로 사용자 조회 수가 급격히 증가할 것으로 예상된다면 어떻게 해야 할까? 더 많은 하드웨어를 구입할 수 있겠지만 해당 기간이 끝나면 더 이상 해당 하드웨어를 최적으로 사용하지 않을 것이다.

마이크로소프트 Azure는 스케일 업/아웃을 자유롭게 설정할 수 있도록 지원하고 원할 때는 다시 원래 구성으로 되돌릴 수 있는 완벽한 솔루션을 제공한다. 이러한 솔루션은 최상의 하드웨어 구성을 유지하는 데 도움이 된다. 이러한 확장은 새 서버를 수동으로 설정하는 것이 아니기 때문에 몇 분 안에 완료된다. 또한 마이크로소프트 Azure는 CPU 사용률을 트리거로 하여 자동으로 스케일링하는 옵션을 제공한다.

유지보수성

비즈니스가 항상 실행되고 있는지 확인하기 위해서는 정기적으로 수행해야 하는 작업이 있다. 운영체재나 설치된 소프트웨어에 대해 최신 패치를 적용해야 하고, 하드웨어가 예상하는 대로 작동하고 있는지 실패 이벤트가 발생한다면 하드웨어를 교체하거나 수리해야 한다.

마이크로소프트 Azure는 이러한 모든 작업을 처리하고 가상 머신이나 웹앱 또는 심지어 IoT 서비스 등 모든 서비스에 대한 기본적인 관리 기능을 제공한다.

모니터링

모니터링은 Azure를 사용한 배포가 제공하는 엄청난 이점 중 하나이다. 서비스 운영을 하려면 애플리케이션 성능을 모니터링하고 이를 기반으로 의사 결정을 수행할 수 있어야 한다. 마이크로소프트 Azure는 애플리케이션 성능뿐만 아니라 하드웨어 성능도 모니터링할 수 있는 기본 도구 집합을 제공한다. 다음과 같은 기능을 모니터링 할 수 있다.

- ▶ HTTP 서버 오류 확인
- ▶ 요청/응답 횟수 확인
- ▶ 평균 응답 시간 확인
- ▶ 헬스 체크
- ▶ CPU 사용량 초과
- ▶ 실제 메모리 사용량 확인. 커밋된 메모리 사용량(committed memory usage : 물리 메모리와 가상 메모리 중에 실제 사용 중인 메모리의 양)과 페이지 작업(page operation : 가상 메모리의 단편화를 방지하기 위해 일정 단위로 쪼갠 블록인 페이지를 실제 물리 메모리와 교환(스와핑)하는 작업) 확인

경제성

위에서 언급한 모든 이점은 가장 중요한 이점이 비용으로 귀결된다. 필요할 때 리소스를 할당할 수 있는 기능, 필요한 경우 확장 또는 축소한 다음 필요할 때 되돌릴 수 있는 기능, 통합된 모니터링 도구와 손쉬운 유지관리를 지원하는 기능 모두 저렴한 운영비용으로 연결된다.

마이크로소프트 Azure는 비용 효율적이며 특정 요구 사항에 맞는 다양한 계획을 제공한다. 또한 마이크로소프트 Azure를 사용하면 사용한 만큼 비용을 지불할 수 있는 옵션(pay per use)을 제공한다. 이 옵션을 사용하면 실제 사용한 시간과 리소스에 대해서만 비용이 부과된다.

이렇게 함으로써 비용을 절약하여 수익을 얻을 수 있다.

마이크로소프트 Azure 배포 옵션

크게 보면 마이크로소프트 Azure는 웹 기반 애플리케이션을 위해 두 가지 배포 옵션을 제공한다. PaaS(Platform as a Service)와 SaaS(Software as a Service)이다.

이 두 가지 옵션은 웹 애플리케이션을 완벽하게 배포할 수 있는 다양한 속성을 제공한다. 한 가지는 자신의 머신을 만들고, 리소스를 구성하고, 애플리케이션을 배포할 수 있는 옵션이다. 다른 하나는 마이크로소프트 Azure에서 제공하는 기존 서비스를 사용하여 리소스 관리에 신경 쓰지 않고 애플리케이션을 배포하는 것이다.

PasS(Platform as a Service)

이름에서 알 수 있듯이 PaaS는 클라우드 제공 업체가 플랫폼을 제공하는 클라우드 컴퓨팅을 사용하는 것으로 사용자가 애플리케이션을 작성하고 관리할 수 있도록 한다. 사용자는 네트워크, 저장소, 운영체제 또는 필수 소프트웨어 설치와 같은 인프라 관련 작업을 수행하지 않는다.

클라우드 제공 업체는 인프라를 유지하고 운영하는 모든 작업을 관리한다. Azure에서는 가상 머신을 PaaS로 사용한다. 마이크로소프트 Azure는 가상 머신을 구성하고 이러한 컴퓨터를 사용하여 모든 종류의 애플리케이션을 관리, 개발 및 배포할 수 있는 기능을 제공한다. 이 접근 방식은 웹 애플리케이션에서만 사용할 수 있는 것은 아니고 특정 인프라를 사용하고자 하는 모든 서비스에서도 사용할 수 있다.

마이크로소프트 Azure는 다음 스크린샷과 같이 가상 머신에 대한 다양한 옵션을 제공한다.

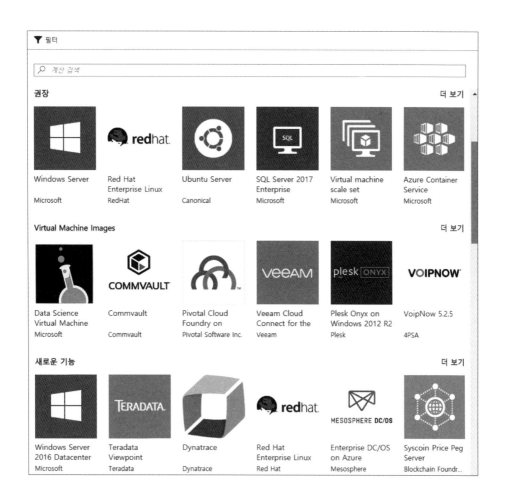

보이는 것처럼 윈도우 기반 운영체제를 위한 가상 머신과 우분투 또는 레드햇과 같은 리눅스 기반 운영체제도 있다. 이미 SharePoint, MEAN(웹 애플리케이션을 개발하기 위한 세트로 MongoDB, Express, Angular, NodeJS 집합을 말한다) Stack, SQL Server 등과 같이 이미 설치된 소프트웨어가 있는 가상 머신이 있다. 이 모든 경우에 대해 머신을 설치하고 기본적인 소프트웨어를 구성하고 유지 보수할 필요가 없다. 이 머신들을 사용하여 필요에 따라 애플리케이션을 설정하기만 하면 된다.

SaaS(Service as a Service)

SaaS에서 클라우드 제공 업체는 Azure 포털과 같은 웹 애플리케이션을 통해 접근할 수 있는 주문형(on-demand) 소프트웨어를 제공한다. 이 소프트웨어는 사용자에게 애플리케이션을 관리하고 배포하는 데 도움이 되는 기능을 제공한다.

SaaS의 주요 특징은 사용자가 정의하고 설정할 수 있는 공통 플랫폼을 제공하는 것이다. SaaS를 사용하면 사용자는 인프라가 아닌 애플리케이션에 집중할 수 있다. SaaS를 사용하면 해당 애플리케이션을 배포하고 관리하는 것과 같은 물리적인 측면을 걱정하지 않아도 된다.

SaaS를 플랫폼으로 사용하는 또 다른 중요한 이점은 비용이다. SaaS는 일반적으로 전통적인 소프트웨어의 경우처럼 라이선스 비용을 청구하지 않고 서비스를 사용한 만큼에 대해서만 청구한다. 일반적으로 클라우드 플랫폼 서비스는 최고의 서비스를 제공하므로 SaaS는 전용 하드웨어를 구입하여 관리하는 것보다 저렴하다.

마이크로소프트 Azure에는 다음 스크린샷과 같이 다양한 파라미터가 있는 여러 SaaS를 제공한다.

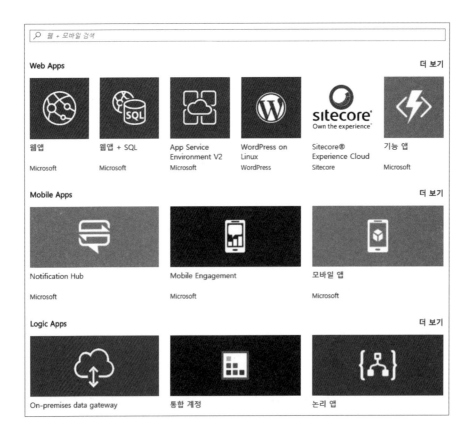

보이는 것처럼 웹앱은 SaaS의 하나로 웹 애플리케이션을 배포하는 데 사용된다. 기능 앱 (function app)은 독립적으로 수행될 수 있는 특정한 기능을 배포하거나 워크플로우를 연결 하는데 사용된다. 이 외에도 여러 가지가 있다.

이번에는 SaaS를 사용한 배포 전략에 초점을 맞추고 애플리케이션의 배포와 관리를 얼마 나 쉽고 강력하게 할 수 있는지 살펴볼 것이다.

FTP를 사용한 예제 트렐로 웹앱 서비스 배포

웹 애플리케이션을 배포하는 가장 쉽고 빠른 방법부터 시작한다. 마이크로소프트 Azure는 FTP를 사용하여 웹앱을 배포하는 옵션을 제공한다. 이 방법은 특정 웹앱을 만들고 필요한 서비스에 복사하는 것을 포함한다.

Azure는 애플리케이션을 호스팅, 관리, 모니터링하는 것을 담당한다. Azure에서 웹앱 서 비스를 만들기 전에 Azure 계정을 만들어야한다.

마이크로소프트 Azure는 1개월 동안 200달러의 크레딧을 무료로 사용할 수 있는 옵션을 제공한다. https://azure.microsoft.com/en-us/에서 무료 계정을 만들 수 있다.

계정을 만들었으면 다음 섹션에서 볼 수 있는 것처럼 마이크로소프트 Azure의 모든 서비스 에 접근할 수 있는 https://portal.azure.com로 이동한다.

▌웹앱 서비스 관리

웹앱 서비스를 SaaS로 사용하기 위해 해야 하는 첫 번째 단계는 웹앱 서비스의 새로운 인 스턴스를 만드는 것이다.

▌ NOTE

FTP, 로컬 Git, GitHub 어떤 방식을 사용하든 이 과정은 동일하다.

다음 스크린샷에 보이는 것처럼 대시보드에서 [리소스 만들기] 〉 [웹 + 모바일] 메뉴를 선택한다.

웹 + 모바일 서비스 외에도 마이크로소프트 Azure에서 제공하는 컨테이너, IoT, Databases, 가상 머신 등 다양한 서비스를 볼 수 있다. 여기서는 웹앱에만 초점을 둔다.

웹앱 생성

앞 섹션에서 설명한 새 서비스 화면에서 **웹앱**을 선택하면 다음 스크린샷과 같은 웹 애플리케이션 양식이 표시된다.

이 화면에서는 고유한 이름을 가진 웹앱 서비스의 새로운 인스턴스를 만들 수 있다. 앱 이름 입력 상자에는 웹앱 서비스에서 사용할 이름을 입력한다. 구독은 Azure의 무료 계정을 사용할 것이므로 무료 체험을 선택한다. 웹앱을 배포 할 운영체제로 두 가지 옵션이 있다. 여기서는 Windows를 선택한다. 리눅스를 사용할 수도 있으며 유일한 차이점은 코드를 복사할 경로가 다르다는 것이다.

● 리소스 그룹

리소스 그룹은 여러 서비스를 통합하여 라이프 사이클과 정책을 공유할 수 있게 해주는 리소스 모음이다. 이전에 작성한 자원 그룹이 있는 경우 기존 자원 그룹을 사용하거나 새 자원 그룹을 생성할 수 있다. 여러 웹 서비스를 연결하려는 경우가 아니면 서비스마다 별도의 리소스 그룹을 만드는 것이 가장 좋다.

● 앱 서비스 계획

앱 서비스 계획(화면에서는 영문으로 App Service으로 표시됨)을 사용하면 애플리케이션 실행에 필요한 리소스를 설정할 수 있다. 여기서 "리소스"는 웹 애플리케이션을 배포하려는 지역, 가상 머신 수 및 공유 또는 전용 리소스가 필요한지 여부를 의미한다. 이러한 모든 설정을 통해 애플리케이션 가격 계획을 세울 수 있다.

앱 서비스 계획을 통해 스케일링 전략을 세울 수 있다. 이 전략을 사용하면 최소한의 리소스로 애플리케이션을 배포한 다음 애플리케이션 수요가 증가할 때마다 리소스를 늘릴 수 있다. 앱 서비스 요금제는 1시간 단위로 청구되므로 특정 요금제를 고집하지 않아도 된다. 마이크로소프트 Azure는 다양한 요금제와 함께 다양한 앱 서비를 제공하며 필요에 따라 서비스를 선택할 수 있다. 이번에는 1개의 코어와 1.75GB 메모리를 제공하고 최대 10개의 인스턴스를 제공하는 S1 Standard 계획을 사용한다.

모든 정보를 입력하고 만들기 버튼을 클릭하면 마이크로소프트 Azure에 새 웹앱 서비스를 만들고 배포한다.

> **NOTE**
>
> 웹앱을 만들 때 "대시 보드에 고정" 옵션을 선택하여 Azure 포털 대시 보드에 위젯을 만들어 쉽게 접근할 수 있다.

이제 리소스 그룹과 동일한 이름을 가진 SampleTrello-FTP라는 새로운 웹앱을 만들었다. 생성이 완료되면 다음 스크린샷과 같이 Azure 포털의 SampleTrelloFTP 페이지로 이동한다.

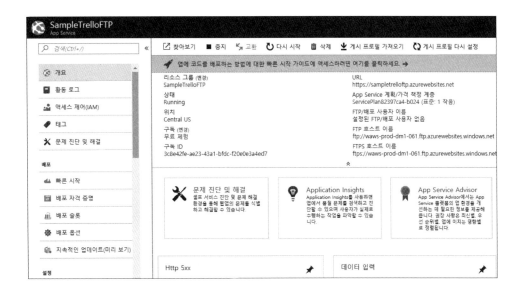

이것은 웹 애플리케이션 서비스의 관리 페이지로 애플리케이션 서버의 구성, 관리 및 모니터링 옵션을 표시한다. 관리 페이지의 URL 태그를 사용하여 웹 애플리케이션에 접근할 수 있다. 여기서는 http://sampletrelloftp.azurewebsites.net이다. 참고로 이 URL은 데모 시나리오 상의 URL로 실제로는 독자가 샘플로 입력한 URL을 사용해야 한다. 현재 샘플 웹 서비스에 예제 트렐로 애플리케이션을 배포하지 않았으므로 이 URL로 이동하면 Azure가 제공하는 기본 페이지를 표시한다.

트렐로 예제 애플리케이션 배포

SampleTrello-FTP 서비스에 애플리케이션을 배포해보자. 이 경우 윈도우 OS의 기본 폴더인 wwwroot 폴더에 코드를 전송하고 애플리케이션을 실행해야 한다.

FTP를 사용하여 웹 애플리케이션 서비스에 액세스하기 전에 연결 시 사용할 배포 자격 증명을 만들어야한다. 이 자격 증명은 FTP 및 로컬 Git 배포 옵션 모두에 사용된다.

프로젝트의 코드는 https://github.com/sachinohri/SampleTrelloAzure에서 확인할 수 있다.

배포 자격 증명 생성

마이크로소프트 Azure는 웹 애플리케이션 서비스 관리 페이지에서 새로운 배포 자격 증명을 만들 수 있는 메뉴을 제공한다. 창의 왼쪽에서 **배포 자격 증명** 메뉴를 선택하고 다음 스크린샷과 같이 웹 애플리케이션 서비스의 새 사용자 이름과 암호를 만든다.

이렇게 만들어진 웹 애플리케이션 서비스에 대한 새 자격 증명을 사용해 서버에 FTP 업로드 시 사용한다.

웹앱에 코드 배포

다음 단계는 코드를 웹앱 서비스에 배포하는 것이다. 배포를 하려면 FTP URL과 사용자 자격 증명이 필요하다. 관리 페이지 우상단의 **게시 프로필 가져오기** 버튼을 클릭한다.

게시 프로필 가져오기 버튼을 클릭하면 Azure에서 FTP 및 FTPS에 대한 세부 정보가 있는 .PublishSettings 파일이 다운로드된다. 웹앱 서비스의 경우 파일의 내용은 다음과 같다.

```
<publishData><publishProfile profileName="SampleTrello-FTP - Web Deploy"
publishMethod="MSDeploy" publishUrl="sampletrelloftp.scm.azurewebsites.
net:443" msdeploySite="SampleTrello-FTP" userName="$SampleTrello-FTP"
userPWD="muHSB0Aqpjgcr9JLfSGzs0m8JEBuxZqh7hr2XrmDtqzZ6jE5D1ljce1hbQkf"
destinationAppUrl="http://sampletrello-ftp.azurewebsites.net"
SQLServerDBConnectionString="" mySQLDBConnectionString=""
hostingProviderForumLink="" controlPanelLink="http://windows.azure.com"
webSystem="WebSites"><databases /></publishProfile><publishProfile
profileName="SampleTrello-FTP - FTP" publishMethod="FTP" publishUrl="ftp://
waws-prod-dm1-031.ftp.azurewebsites.windows.net/site/wwwr oot"
ftpPassiveMode="True" userName="SampleTrello-FTP\$SampleTrello-FTP"
userPWD="muHSB0Aqpjgcr9JLfSGzs0m8JEBuxZqh7hr2XrmDtqzZ6jE5D1ljce1hbQkf"
destinationAppUrl="http://sampletrello-ftp.azurewebsites.net"
SQLServerDBConnectionString="" mySQLDBConnectionString=""
hostingProviderForumLink="" controlPanelLink="http://windows.azure.com"
webSystem="WebSites"><databases /></publishProfile></publishData>
```

보이는 것처럼 .PublishSettings 파일은 FTP 주소인 publishURL과 해당 사용자 이름과
비밀번호같은 세부 정보를 제공한다. destinationAppURL도 있다. 이 URL은 배포한 웹
애플리케이션의 URL이다.

배포하는 애플리케이션에 데이터베이스 종속성이 있는 경우 데이터베이스 세부 정보를
ConnectionString에서 설정할 수 있다.

FTP 연결을 위해 아무 FTP 클라이언트나 사용할 수 있다. 이번에는 FileZilla를 사용한다.
이번 예제의 FTP URL은 다음과 같다.

▶ ftp://waws-prod-dm1-031.ftp.azurewebsites.windows.net/site/wwwroot

다음 스크린샷은 FileZilla를 사용하는 FTP 연결을 보여준다.

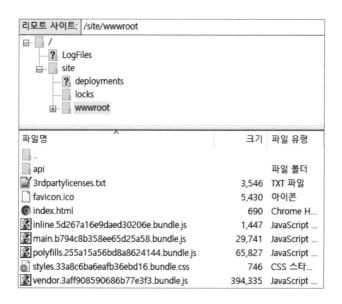

이 화면은 **[파일] 〉 [사이트 관리자]**에서 사용할 수 있다.

연결 후에는 예제 트렐로 애플리케이션에서 dist 폴더를 복사하기만 하면 된다. 8장에서 배웠듯이 Angular CLI는 애플리케이션을 빌드하고 dist 폴더에 파일을 생성하는 build 명령을 제공한다. 코드를 빌드하는 명령은 다음과 같다.

```
ng build --prod
```

이번 예제에서 웹앱은 윈도우 컴퓨터에 있기 때문에 다음 스크린샷과 같이 site/wwwroot 폴더 아래에 dist 폴더를 복사한다. GitHub의 내용을 그대로 업로드하는 경우 web.config 파일을 제외하고 업로드해야 한다. web.config 파일은 다음 섹션에서 설명한다.

앞의 스크린샷은 FileZilla의 화면으로 사용하는 소프트웨어에 따라 화면 구성은 다를 수 있다.

이제 모든 파일이 복사되었으므로 애플리케이션을 실행할 차례이다. 이전에 보았듯이 관리 페이지에서 애플리케이션을 실행하기 위한 URL을 확인한다. 앞서 코드를 복사하기 전에는 Azure에서 제공하는 기본 샘플 페이지를 보여줬다. 이제 코드를 복사한 뒤에는 애플리케이션이 정상적으로 실행 중인지 확인해 보자. http://sampletrelloftp.azurewebsites.net으로 이동한다. 앞서 설명한 것처럼 이 URL은 데모 시나리오 상의 URL로 실제로는 독자가 입력한 URL을 사용해야 한다.

이제 애플리케이션을 로드했지만 기존에 있던 두 개의 보드는 어디로 갔을까? 브라우저의 콘솔창을 살펴보자. 다음 코드와 같은 에러가 표시된다.

```
GET http://sampletrello-ftp.azurewebsites.net/api/board/boards.json 404
(Not Found)
```

애플리케이션에서 boards.json 파일에 접근하려했지만 해당 경로에서 찾을 수 없다는 메시지이다.

URL 리다이렉션을 위한 web.config 파일

api 폴더를 복사했는데도 애플리케이션에서 JSON 파일을 찾을 수 없는 이유는 무엇일까? 그 이유는 윈도우에서 URL 라우팅이 작동하는 방식이 다르기 때문이다. 윈도우에서는 웹 서버가 지원할 파일 확장명을 명시적으로 정의해야 한다. 그렇지 않으면 웹 서버가 알 수 없는 확장명을 발견할 경우 웹 서버가 파일을 처리하지 못한다. 이를 위해 web.config 파일을 만들어 wwwroot 폴더에 저장해야 한다. 이 파일에는 다음 스크린샷과 같이 JSON 확장에 대한 매핑이 들어있다.

```xml
<?xml version="1.0"?>
<configuration>
<system.webServer>
<staticContent>
<mimeMap fileExtension=".json" mimeType="application/json" />
</staticContent>
</system.webServer>
</configuration>
```

따라서 이 파일을 배포해야 하는데, 이 파일을 배포하는 두 가지 방법이 있다. 한 가지 방법은 파일을 만들고 직접 배포 폴더에 복사하는 것이다. 다른 방법은 이 파일을 프로젝트에 추가하여 빌드 프로세스의 일부로 가져오는 것이다.

두 번째 접근법의 장점은 이 파일을 프로젝트의 일부로 통합하여 이후 배포 시에도 web.config 파일이 자동으로 배포된다는 것이다. 또한 나중에 다른 파일 확장명을 추가하려는 경우에도 web.config 파일이 코드 폴더의 일부이므로 걱정할 필요가 없다는 점이다.

이제 web.config 파일을 src 폴더에 추가하고 angularcli.json 파일에서 참조하도록 하여 빌드 시 Angular CLI가 이 파일을 dist 폴더에 복사하도록 해보자. 다음은 변경된 angularcli.json 파일이다.

```json
"assets": [
  "assets",
  "favicon.ico",
  "api/board/boards.json",
  "web.config"
],
```

web.config에 대한 참조를 assets 아래에 추가했으므로 Angular CLI는 해당 파일을 정적 파일로 처리한다.

이제 코드를 빌드할 때 web.config 파일이 dist 폴더에 복사되고, dist 폴더를 FTP로 업로드하면 다음 스크린샷과 같이 웹 서버에도 파일이 복사된다.

결과

이제 웹 서버는 web.config 파일을 사용하여 JSON 파일 요청을 이해하고 application/
json에 매핑하여 서버에서 파일을 처리할 수 있게 한다.

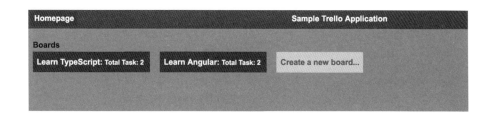

웹앱 서비스 GitHub를 사용한 예제 트렐로 배포

이전 섹션에서는 FTP를 사용하여 마이크로소프트 Azure에 코드를 배포했다. 이 접근 방식
을 사용하면 간단하게 몇 단계만 거치면 애플리케이션을 배포할 수 있다.

하지만 이 방법에는 단점이 있다. 코드를 변경하고 빌드하고 테스트할 때마다 FTP를 사용하여 웹 서버에 애플리케이션을 수동으로 배포해야 한다. 이 방법은 혼자 개발하는 작은 프로젝트라면 괜찮지만 대규모 프로젝트에서는 부담이 된다. 체크인할 때마다 웹 서버에 신속하게 통합하고 배포할 수 있는 메커니즘이 필요하다.

이런 경우 배포 프로세스를 중앙 저장소와 통합하는 것이 도움이 된다. 마이크로소프트 Azure는 다음 중앙 저장소와 통합할 수 있다.

> ▶ 비주얼 스튜디오 Team Services
>
> ▶ OneDrive
>
> ▶ GitHub
>
> ▶ 로컬 Git
>
> ▶ BitBucket
>
> ▶ Dropbox

여기서는 GitHub를 저장소로 사용하여 예제 트렐로 애플리케이션 코드를 배포한다.

GitHub 통합

마지막 섹션에서 웹앱 서비스를 만들 때 FTP에 필요한 배포 자격 증명을 추가했다. 중앙 저장소와의 통합을 위해 Azure는 **[배포] > [배포 옵션]** 메뉴를 제공한다.

그 전에 FTP 기반으로 만든 것과 비슷한 새로운 웹 애플리케이션 서비스를 만든다. 동일한 웹앱 서비스를 FTP 배포에서 GitHub 배포로 변경할 수 있지만 별도의 웹앱 서비스가 필요하다는 것을 이해하는 것이 중요하다.

웹앱 서비스를 만드는 과정은 이전 섹션에서 설명했으므로 자세히 설명하지는 않는다.

웹앱 서비스(SampleTrello-GitHub)를 만든 후에 GitHub를 배포 저장소에 통합할 수 있다.

GitHub 설정

저장소를 구성하려면 웹 애플리케이션의 관리 페이지에 있는 [배포] > [배포 옵션] 메뉴를 선택해야한다. 다음 스크린샷과 같이 소스 목록이 표시된다.

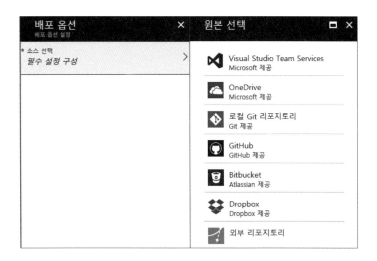

목록에서 GitHub를 선택한다. 프로젝트에 사용할 다른 저장소를 선택할 수 있으며 비슷한 단계를 제공한다. 소스로 GitHub를 선택하면 Azure는 자격 증명을 묻고 프로젝트 옵션을 묻는다. master를 상용 브랜치로 하고 다른 hotfix나 기능 브랜치를 가질 수도 있다. 어떤 브랜치로 배포할 것인지 설정할 수 있다.

이러한 옵션을 모두 구성하면 다음 스크린샷과 비슷한 화면이 나타난다.

확인 버튼을 클릭하면 Azure가 배포를 시작하고 GitHub에서 웹앱 서비스가 실행되는 컴퓨터의 로컬 폴더로 복사한다.

애플리케이션 실행

Azure가 웹앱 배포를 완료하면 다음 URL로 접속할 수 있다. 앞서 설명한 것처럼 다음 URL은 데모 시나리오 상의 URL로 실제로는 독자가 입력한 URL을 사용해야 한다. 또한 지금 데모 시나리오에서는 dist 폴더가 .gitignore에 포함되어 있다고 가정하므로 GitHub에서 그대로 다운로드 받은 경우 .gitignore에 dist 폴더를 추가하거나 dist 폴더를 제거해야 아래 에러를 볼 수 있다.

▶ http://sampletrello-github.azurewebsites.net/

애플리케이션을 실행하면 다음 에러가 표시된다.

```
You do not have permission to view this directory or page.
```

이는 Azure가 GitHub 저장소의 코드를 복사할 때 소스를 포함한 모든 파일을 복사했기 때문이다. Azure가 웹 애플리케이션을 실행할 수 있도록 dist 폴더가 필요하다.

GitHub에 dist 폴더 추가

따라서 GitHub 저장소에서 dist 폴더를 체크인해야 한다. 이렇게 하려면 .gitignore 파일에서 dist 폴더를 제거하여 dist 폴더를 체크인해야 한다.

이제 Azure는 GitHub 저장소에 변경 사항이 생기면 코드가 배포된 로컬 파일 시스템에 자동으로 동기화한다. 그러나 애플리케이션을 실행하려고하면 여전히 동일한 오류가 발생한다. 왜냐하면 dist 폴더가 있어도 웹 서버는 여전히 애플리케이션의 위치를 알지 못한 상태에서 전체 코드를 배포했기 때문이다.

서버에서 FTP 또는 원격 데스크톱을 수행하여 wwwroot 폴더에 배포된 코드를 확인할 수 있다.

Azure는 다음 스크린샷과 같이 repository라는 이름의 폴더를 만들고 GitHub의 모든 파일을 wwwroot 폴더에 복사한다.

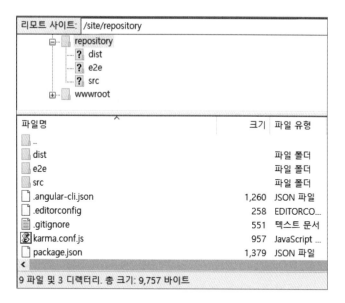

웹 서버에 코드를 wwwroot 폴더에 복사하도록 올바른 경로를 알려줘야 한다. 이를 위해 Azure는 [설정] > [응용 프로그램 설정] 메뉴를 제공한다.

애플리케이션 설정 추가

설정 섹션에 응용 프로그램 설정 메뉴가 있다. 웹 서버는 이 설정을 사용하여 애플리케이션을 실행하는 데 필요한 다양한 구성을 확인한다.

예를 들어 응용 프로그램 설정 아래에는 default.html, index.html 등과 같은 모든 기본 문서를 나열하는 기본 문서 섹션이 있다. 웹 서버는 wwwroot 폴더에서 이러한 파일을 발견하면 해당 파일을 렌더링한다.

이번 예제의 경우 index.html이 있으며 http://sampletrello-github.azurewebsites.net URL을 사용하여 애플리케이션을 요청하면 웹 서버는 기본 문서 중 하나를 확인하여 렌더링한다.

마찬가지로 닷넷 기반 웹 애플리케이션을 배포하는 경우 닷넷 버전을 지정하거나 자바 기반의 애플리케이션을 배포하는 경우 자바 버전을 지정할 수 있다. 애플리케이션이 연결할 데이터베이스를 판별할 수 있도록 데이터베이스 연결 문자열을 추가할 수도 있다.

이번 애플리케이션의 경우 **[응용 프로그램 설정]** 섹션에서 다음 키 값 한 쌍을 추가한다.

```
key: Project
value: ./dist
```

다음은 수정한 응용 프로그램 설정의 스크린샷이다.

응용 프로그램 설정

WEBSITE_NODE_DEFAULT_VERSION	6.9.1		☑ 슬롯 설정
Project	./dist		☑ 슬롯 설정

Project 키는 값 속성에서 정의한 폴더 아래에서 웹 프로젝트를 확인하도록 웹 서버에 알린다. 여기에서는 웹 서버의 dist 폴더 아래에 웹 애플리케이션이 있음을 알리고 있다. 따라서이 앱 설정을 저장하면 Azure가 코드를 재배포하고 이번에는 스크린샷과 같이 웹 서버의 repository 폴더 아래에 있는 dist 폴더의 파일을 wwwroot 폴더로 복사한다.

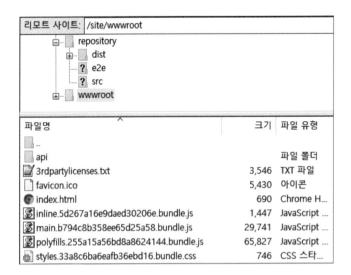

이제 애플리케이션을 실행하면 예제 트렐로 애플리케이션이 성공적으로 실행되는 것을 확인할 수 있다.

지속적인 배포와 모니터링

GitHub를 배포 프로세스와 통합할 때의 주요 이점은 Azure에서 자동으로 배포된다는 것이다. 코드를 수정하여 버그를 수정한 다음 로컬 컴퓨터에서 실행한다고 가정해보자. 애플리케이션이 예상대로 작동하는지 확인한 후 코드와 GitHub 저장소에 업데이트된 dist 폴더를 체크인한다.

Azure는 WebHook을 GitHub 저장소에 연결하여 Azure가 변경 사항을 추적할 수 있도록 한다. 새로운 변경 사항이 GitHub에 반영되면 Azure는 동기화 프로세스를 트리거하여 GitHub에서 최신 코드를 가져 와서 웹 서버에 코드를 재배포할 수 있다.

이렇게 변경 사항을 웹 서버에 자동으로 배포할 수 있고 전체 배포 프로세스가 Azure에서 처리된다. Azure는 또한 배포 옵션을 통해 수동으로 동기화를 하는 옵션을 제공한다.

웹 애플리케이션 모니터링

웹앱 서비스의 관리 페이지에서 일부 지표를 그래프로 볼 수 있다. 이 그래프는 애플리케이션의 상태를 모니터할 때 유용한 다양한 정보를 나타낸다. Azure에서 제공하는 기본 지표는 다음과 같다.

- ▶ HTTP 5xx 오류 : 보고된 서버 오류 수를 알려준다.
- ▶ 데이터 입력/출력 (Data in/out) : 서버로 전송되거나 서버로부터 전송되는 바이트 수에 대한 세부 정보를 제공한다.
- ▶ 요청 : 일정 기간 동안 웹 애플리케이션에 들어온 요청 횟수 정보를 제공한다.
- ▶ 평균 응답 시간 : 요청에 대한 서버의 응답 시간에 대한 정보를 보여준다. 이 측정 기준을 통해 애플리케이션이 얼마나 빨리 수행되는지 확인할 수 있다.

Azure는 이러한 지표 외에도 웹 서버에 **[경고]**를 추가하여 HTTP 4xx 발생 횟수, 평균 메모리 사용량, CPU 시간 등과 같은 다른 특정 지표를 설정할 수 있는 옵션을 제공한다. 다음 스크린샷과 같이 관리 페이지의 **[모니터링]** 섹션에서 해당 메뉴를 확인할 수 있다.

모니터링

💡 Application Insights

✔ 경고

📉 진단 로그

🖥 로그 스트림

🖥 프로세스 탐색기

요약

이번 장에서는 마이크로소프트 Azure에 예제 트렐로 애플리케이션을 배포하는 방법을 살펴보았다. Azure의 기능과 함께 일반적인 클라우드의 배포 기능을 살펴보았다. 그리고 기존의 사내 구축 방식과 비교하여 클라우드 플랫폼을 통해 배포하는 이점을 확인했다.

그런 다음 웹앱 서비스를 사용하여 예제 트렐로 애플리케이션을 배포하는 방법을 살펴보았다. FTP를 사용하여 웹앱 서비스를 배포하는 방법과 배포 소스로 GitHub를 선택하여 배포하는 방법을 살펴보았다. 새로운 웹앱 서비스를 만들고 GitHub를 사용해 해당 서비스와 통합하는 방법과 가장 경제적인 설정을 제공하기 위해 앱 서비스 계획을 관리하는 방법을 살펴보았다.

이 책에서는 두 개의 애플리케이션을 개발하며 TypeScript와 Angular를 심도 있게 학습해 보았다. 이렇게 함으로써 개념뿐 아니라 구현에도 초점을 두었다. 이제 TypeScript와 Angular를 보다 깊게 이해하기 위해 멋진 애플리케이션을 직접 개발해볼 것을 권한다.

부록

Appendix A

1. 비주얼 스튜디오 코드에서 TypeScript 디버깅하기

TypeScript 코드가 실제로 어떻게 동작하는지 확인하려면 IDE에서 제공하는 디버거를 사용하는 것이 가장 좋다. 빌드하는 방법은 1장에서 살펴보았고 여기서는 비주얼 스튜디오 코드에서 TypeScript를 디버깅하는 방법에 대해 알아본다.

앞서 살펴 본 것처럼 Node.js 역시 TypeScript가 아닌 JavaScript를 인식하기 때문에 TypeScript 코드를 디버깅하기 위해서는 source map 파일이 필요하다. tsconfig.json에서 sourceMap 속성을 true로 한 뒤에 빌드하여 .map 파일이 생성되었는지 확인한다.

비주얼 스튜디오 코드에서 디버깅을 하기 위해서는 디버깅을 원하는 파일을 선택한 상태에서 [디버그] > [디버그 시작] 메뉴를 선택하거나 [F5]를 눌러서 디버거를 선택하는 화면을 띄운다. 여기서는 Node.js를 선택한다. 그러면 자동으로 Node.js 프로세스에 연결이 되고 원하는 곳에 브레이크 포인트를 설정하여 정확한 값을 확인할 수 있다.

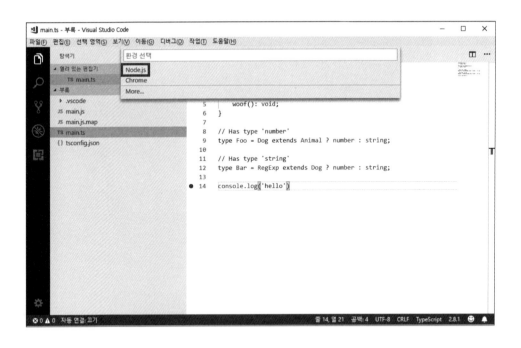

만약에 명시적으로 디버거를 지정하고 싶은 경우는 .vscode 폴더의 launch.json에서 직접 설정할 수 있다. 다음 과정을 통해 launch.json 파일을 생성할 수 있다. 화면 좌측의 활동

바(Activity Bar)에서 벌레 모양의 아이콘을 클릭하여 디버그 화면으로 전환한다. 그리고 화면 위쪽의 녹색 화살표 아이콘을 클릭하여 디버거 선택창을 띄우고 Node.js를 선택한다.

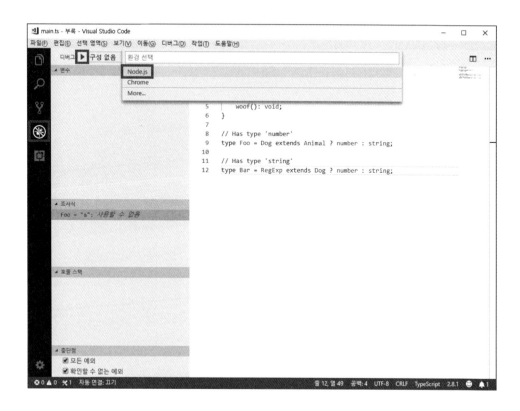

이제 이전과 마찬가지로 **[디버그] > [디버그 시작] 메뉴**를 선택하거나 **[F5]**를 눌러서 디버깅을 시작할 수 있다. 이때 주의할 것은 탐색기에서 꼭 디버깅하려는 .ts나 .js 파일을 선택한 뒤에 디버깅을 시작해야 한다는 것이다. 만약 .map 파일이나 launch.json, tsconfig.json과 같이 마지막 편집하던 파일을 선택한 채로 디버깅을 시작하면 아래와 같은 에러가 발생한다.

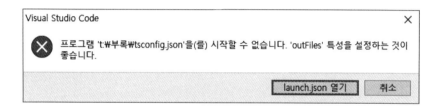

2. TypeScript 2.8 소개

TypeScript는 2012년 10월 1일 발표된 이래 벌써 5년이 넘는 기간 동안 꾸준히 업데이트 되었다. 이번 장에서는 2.8 버전에 새롭게 추가된 주요 기능을 소개한다. 기존에 하위 버전을 사용하던 경우 다음 명령어를 사용하여 최신 버전으로 업데이트할 수 있다.

```
npm install typescript@latest -g
```

조건부 타입(Conditional Type)

조건부 타입은 조건에 따라 타입을 결정하는 새로운 방법으로 다음과 같은 문법을 따른다.

```
T extends U ? X : Y
```

여기서 T, U, X, Y는 모두 타입이다. 위 구문은 T 타입이 U에 할당 가능한 타입이면 X라는 타입으로 결정하고 아니면 Y라는 타입으로 결정하라는 것을 뜻한다.

예제를 살펴보기 전에 먼저 TypeScript의 타입 별칭(Type Alias)에 대해 알아보자. 타입 별칭은 특정 타입에 대해 사용자가 원하는 또 다른 이름을 부여하는 것으로 type 키워드 뒤에 별칭을 쓰고 = 기호 뒤에 원본 타입을 정의한다. 다음은 string 타입에 Name이라는 별칭을 부여하는 예이다.

```
type Name = string;
let myName: Name = 'Kim';
```

물론 위의 코드는 JavaScript로 var myName = 'Kim'처럼 변환되기 때문에 특별한 타입이 추가되는 것은 아니다. 이제 조건부 타입을 사용한 다음 예제를 살펴보자.

```
interface Human {
  intro(): void;
}
```

```
interface Student extends Human {
  study(): void;
}
// Student는 Human에 할당 가능하므로 Person은 number 타입이 된다.
type Person = Student extends Human ? number : string;
// Person은 number 타입의 별칭이므로 kim에 문자열을 할당하면 에러가 발생한다.
let kim: Person = 'bad';
```

이쯤에서 조건부 타입이 어떤 경우에 유용한지 의아할 것이다. 조건부 타입은 C 언어의 삼항 연산자와 같이 연산식에 따라 타입을 결정하는 것이 아니고 오로지 타입끼리의 조건에 따라 결정하는 것임을 이해하는 것이 중요하다. T, U, X, Y가 모두 타입이므로 특히 제네릭에서 유용하다. 다음 예제를 살펴보자.

```
function getCustomer(name:string):string;
function getCustomer(id:number):string;
function getCustomer(property:any):string{
    if(typeof property == 'string'){
        return "getCustomer by name string"
    }
    else if(typeof property == "number"){
        return "getCustomer by id number"
    }
    return "customer";
};
console.log(getCustomer(1));      // getCustomer by id number 출력
console.log(getCustomer('name')); // getCustomer by name string 출력
```

3장의 "함수 오버로드"에서 설명한 것처럼 TypeScript 함수 오버로드는 시그니처 개수만큼 함수 선언을 하고 마지막에 any 파라미터를 가진 하나의 구현 함수를 만들어야 했던 것을 기억하자. 명시적으로 타입을 지정할 수 없기 때문에 getCustomer 함수를 여러 번 선언해야만 했다. 이제 조건부 타입을 사용하면 다음과 같이 수정할 수 있다.

```
type IdOrName<T extends number | string> = T extends number ? number : string;
function newGetCustomer(idOrName: IdOrName<number|string>):string{
    if(typeof idOrName == 'string'){
        return "newGetCustomer by name string"
```

```
    }
    else if(typeof idOrName == "number"){
        return "newGetCustomer by id number"
    }
    return "customer";
};
console.log(newGetCustomer(1)); // newGetCustomer by id number 출력
console.log(newGetCustomer('name')); // newGetCustomer by name string 출력
```

위의 예제에서는 2개의 타입 조건만 사용했지만 다음처럼 여러 개의 타입을 연결하여 사용할 수도 있다.

```
type TypeName<T> =
  T extends string ? "string" :
  T extends number ? "number" :
  T extends boolean ? "boolean" :
  T extends undefined ? "undefined" :
  T extends Function ? "function" :
  "object";
```

T 자리에 union 형태의 A | B | C 타입이 들어오면 **조건부 타입 분배**(distributive conditional type)가 이루어진다.

- ▶ 원본 : (A | B | C) extends U ? X : Y
- ▶ 분배 후 : (A extends U ? X : Y) | (B extends U ? X : Y) | (C extends U ? X : Y)

TypeScript 2.8에는 사전 정의한 조건부 타입도 몇 가지 추가되었다.

- ▶ Exclude⟨T, U⟩ : U에 할당 가능한 T는 제외
- ▶ Extract⟨T, U⟩ : U에 할당 가능한 T만 선택
- ▶ NonNullable⟨T⟩ : T에서 null과 undefined 제외
- ▶ ReturnType⟨T⟩ : 함수의 리턴 타입을 구한다.
- ▶ InstanceType⟨T⟩ : 생성자 함수의 리턴 타입을 구한다.

선언 파일만 출력하기(Declaration-only Emit)

TypeScript는 다른 시스템과의 인터페이스 규약을 명확하게 할 수 있다는 것이 장점이다. 이 때 다른 시스템에게 구현은 빠져있고 선언부만 기록되어 있는 TypeScript의 Type Definition 파일인 .d.ts 파일만 전달하면 된다.

앞의 모든 예제들은 빌드 시 .ts 파일을 변환하여 .js 파일이나 .map 파일을 생성하도록 했었다. 그러나 다른 시스템에 규약을 알려주기 위해 .d.ts 파일만을 생성하려고 하거나 Babel과 같은 별도의 TypeScript 컴파일러를 사용하는 경우는 선언 파일만을 출력할 경우가 있다. 이럴 때는 tsc 빌드 시 --emitDeclarationOnly 플래그를 사용하여 .d.ts 파일만 생성할 수 있다.

초기화 되지 않은 프로퍼티 수정

TypeScript 2.7에서 새롭게 소개된 --strictPropertyInitialization 플래그를 사용하면 클래스의 프로퍼티를 초기화하지 않은 경우 에러를 발생시킬 수 있다. TypeScript 2.8에서는 한걸음 더 나아가 에러를 발견했을 때 자동으로 초기 값을 할당해주는 기능이 추가되었다.

```
1   export class a1 {
2       hello: string;
3   }
4   export class a2 {
5       hello: string;
6   }
```

```
1    export class a1 {
2        hello: string;
3    }
4    ex
5                'hello' 속성에 '정의되지 않은' 형식 추가
6    }           'hello' 속성에 '정의되지 않은' 형식 추가 (Fix all in file)
7                'hello: string;' 속성에 한정된 할당 어설션 추가
8                'hello: string;' 속성에 한정된 할당 어설션 추가 (Fix all in file)
9                'hello' 속성에 이니셜라이저 추가
10               'hello' 속성에 이니셜라이저 추가 (Fix all in file)
11
```

수정 옵션 중 Fix all in file은 파일에서 같은 유형의 오류를 한꺼번에 수정하는 것이다. 수정 유형은 크게 3가지가 있다.

1 '정의되지 않은' 형식 추가 : 여기서 말하는 '정의되지 않은 형식'이란 undefined 타입을 말하는 것으로 hello: string | undefined;로 수정한다.

2 한정된 할당 어셜션 추가 : 한정된 할당 어셜션(definite assignment assertsion)이란 TypeScript 2.7에서 추가된 기능으로 컴파일 중에는 발견하지 못하겠지만 개발자가 의도한 것으로 실행 중 어딘가에서는 분명히(definite) 할당했음(!)을 확인하는 것이다. 이 메뉴를 선택하면 hello!: string; 처럼 변수명 뒤에 느낌표를 붙여준다.

3 이니셜라이저 추가 : 각각의 타입에 맞는 초기값을 부여한다. string은 " ", boolean은 false, number는 0으로 초기화하고 class는 new로 인스턴스를 하나 생성해준다.

keyof 교차 타입 기능 추가

keyof 키워드는 TypeScript 2.1에서 추가된 기능으로 어떤 객체의 public 프로퍼티 목록을 구한다. 이때 readonly나 옵션 프로퍼티를 정의하는 ? 또는 "초기화 되지 않은 프로퍼티 수정" 섹션에서 설명한 한정된 할당 어셜션(definite assignment assertsion) ! 같은 제한자와는 상관없이 public 프로퍼티라면 keyof의 목록이 된다. 다음 예제를 보자.

```
class Person {
  name?: string;
  age!: number;
  weight: number = -1;
  readonly height: number = -1;
  private gender!: boolean;
}

type K1 = keyof Person; // "name" | "age" | "weight" | "height"
let keyofTest1:K1 = 'name'; // pubilc 프로퍼티의 이름이므로 할당 가능
let keyofTest2:K1 = 'age'; // pubilc 프로퍼티의 이름이므로 할당 가능
let keyofTest3:K1 = 'weight'; // pubilc 프로퍼티의 이름이므로 할당 가능
let keyofTest4:K1 = 'height'; // pubilc 프로퍼티의 이름이므로 할당 가능
let keyofTest5:K1 = 'gender'; // "gender"는 keyof 목록에 없으므로 에러
let keyofTest6:K1 = 'test'; // "test"는 프로퍼티 이름이 아니므로 에러
```

TypeScript 2.8에서는 keyof에 교차 타입 형태의 파라미터를 받아서 각각의 typeof 결과를 더해주는 기능이 추가되었다. keyof (A & B)는 keyof A | keyof B로 변환이 된다.

```
type A = { a: string };
type B = { b: string };
type T1 = typeof (A & B); // "a" | "b"
```

매핑된 타입 제어자 제거 기능 추가

TypeScript 2.8에서는 매핑된 타입(Mapped Type)의 제어자(modifier)를 제거하는 기능이 추가되었다. 매핑된 타입이란 기존 타입을 토대로 만들어진 새로운 타입이다. 모든 프로퍼티를 옵션형으로 변경하는 작업을 예로 들어보자.

```
interface Person {
  name: string;
  age: number;
}
class Human implements Person {
  name?: string;
  age?: number;
}
```

위의 예제에서 Person 인터페이스에서는 name, age 프로퍼티가 필수이지만, Person을 구현한 Human 클래스에서는 해당 프로퍼티가 옵션형이기 때문에 에러가 발생한다. 결국 옵션형 프로퍼티를 갖게 하려면 번거롭게 똑같은 프로퍼티를 복사하여 직접 새로운 클래스를 만들어야 한다. 이럴 때 다음과 같은 방법으로 모든 프로퍼티를 옵션형으로 만들 수 있다.

```
/* TypeScript 표준 라이브러리에서 제공하는 Partial 타입
type Partial<T> = {
  [P in keyof T]?: T
} */
interface Person {
  name: string;
  age: number;
}
type PartialPerson = Partial<Person>;
class Human implements PartialPerson {}
let kim: Human = new Human;
console.log(kim); // Human {}
```

마찬가지로 Readonly, Nullable과 같은 타입을 만들 수 있다.

```
type NullablePerson = { [P in keyof Person]: Person[P] | null }
type ReadonlyPerson = { readonly [P in keyof Person]: Person[P] }
```

좀 더 일반적인 형태로 TypeScript 라이브러리에서 다음과 같은 코드를 제공한다.

```
type Nullable<T> = { [P in keyof T]: T[P] | null }
type ReadonlyPerson<T> = { readonly [P in keyof T]: T[P] }
```

또 다른 TypeScript 라이브러리의 매핑된 타입으로 Pick을 사용하면 일부의 프로퍼티만 가져올 수도 있다. 아래는 name 프로퍼티만 복사하는 예이다.

```
interface Person {
    name: string;
    age: number;
}
type NamePerson = Pick<Person, "name">;
class Human implements NamePerson {
    name: string = "kim";
}
let kim: Human = new Human;
console.log(kim); // Human { name: 'kim' }
```

앞의 Partial, Readonly, Pick은 기본적으로 원본 객체와 같은 이름과 타입의 프로퍼티를 같게 된다. 그러나 Record 타입을 사용하면 사용자가 원하는 새로운 타입을 만들 수 있다.

```
/*
type Record<K extends string, T> = {
    [P in K]: T;
} */
type NewPerson = Record<'name' | 'address', string>
class NewHuman implements NewPerson {
    name: string = "lee";
    address: string = "seoul";
}
let lee: NewHuman = new NewHuman;
```

```
console.log(lee); // NewHuman { name: 'lee', address: 'seoul' }
```

그렇다면 이러한 Partial, Readonly, Pick, Record와 같은 타입을 사용할 때 어떤 부분이 개선된 것일까? TypeScript 2.8 이전에는 프로퍼티의 제어자를 제거하는 방법이 없었다. 이제 +, - 기호를 사용하여 readonly나 ? 프로퍼티 제어자를 매핑된 타입에서 더하거나 제거할 수 있다. 옵션형 프로퍼티를 제거하여 모두 필수로 만들려면 다음과 같이 하면된다.

```
type Required<T> = { [P in keyof T]-?: T[P] };
```

모든 프로퍼티에서 readonly와 ? 제어자를 제거하려면 다음과 같이 하면 된다.

```
type MutableRequired<T> = { -readonly [P in keyof T]-?: T[P] };
```

모든 프로퍼티에서 readonly와 ? 제어자를 추가하려면 다음과 같이 하면 된다.

```
type ReadonlyPartial<T> = { +readonly [P in keyof T]+?: T[P] };
```

이와 같은 방법으로 원하는 형태의 매핑된 타입을 만들 수 있다. Requred는 표준 라이브러리에 포함되어 있다.

import 정렬

인텔리J와 같은 IDE에서 제공하는 **사용하지 않는 import를 제거**하는 기능이 TypeScript 언어 서비스에 추가되었다. 거기에 더해 파일 경로로 순서를 정렬하고, import 안의 이름도 정렬해준다. 아직은 한글이 제공되지 않아서 커맨드 팔레트에서 "TypeScript: Organize Imports"를 선택한다.

```
>
```
TypeScript: Organize Imports   <Shift> + Alt + O   최근에 사용한 항목

```
 1    import * as a from "./myclass";
 2    import * as c from "./anotherclass";
 3    import { aaa, bbb } from "./myclass";
 4    import * as b from "./myclass";
 5    import * as d from "./myclass";
 6
 7    let m: a.aaa = new a.aaa();
 8    let n: b.bbb = new b.bbb();
 9    let x: aaa = new aaa();
10    let y: bbb = new bbb();
11    let z: c.ccc = new c.ccc();
```

파일 경로에 대해 먼저 정렬을 하고 import 별칭 순서로 정렬을 한다.

```
 1    import * as c from "./anotherclass";
 2    import * as a from "./myclass";
 3    import * as b from "./myclass";
 4    import { aaa, bbb } from "./myclass";
 5
 6    let m: a.aaa = new a.aaa();
 7    let n: b.bbb = new b.bbb();
 8    let x: aaa = new aaa();
 9    let y: bbb = new bbb();
10    let z: c.ccc = new c.ccc();
```

파일별로 JSX 팩토리 지원

여기서 말하는 JSX는 페이스북에서 가독성을 높이기 위해 만든 JavaScript의 확장으로 일본 DeNA에서 개발한 정적 타입 언어인 JSX와는 관련이 없다. DeNA의 JSX는 기존 JavaScript의 문제점을 해결하기 위해 2012년 5월에 나온 웹 애플리케이션 개발 언어로 TypeScript와 비슷하게 정적 타입을 지원하고 JavaScript로 변환하는 과정에서 최적화를 통해 속도도 빠르게 하는 특징이 있다. 페이스북의 JSX는 프론트엔드 개발 프레임워크인 React와 함께 2013년 3월에 소개되었다. DeNA의 JSX가 먼저 출시되었지만 웹에서는 React의 인기와 함께 페이스북의 JSX가 훨씬 많이 언급되고 있다. 한글로 된 자료가 많지 않아 처음 접하는 사용자에게는 혼동스러운 부분이 있을 수 있으니 검색에 유의하길 바란다.

JSX의 홈페이지인 https://facebook.github.io/jsx에 따르면 JSX는 XML과 비슷한 문법을 가진 ECMAScript의 확장으로 그 자체로는 어떤 의미도 가지고 있지 않다. 엔진이나 브라우저에서 구현하지 않아도 되고 ECMAScript에 포함시키려는 목적도 아니다. JSX의 목적은 트리 형태의 속성을 가진 구조를 간결하고 익숙한 방법으로 정의하는 것이다. 일반적이면서도 잘 정의된 하나의 구문을 정의하면 여러 파서(parser)와 하이라이팅 툴들이 따를 수 있는 기준이 생기게 된다. 또한 기존 언어에 새로운 구문을 추가하는 것은 어려운 일이 되겠지만 문법 자체만을 정의함으로써 다른 언어를 디자인할 때 JSX를 참고할 수 있다. JSX는 최종적으로 표준 ECMAScript로 변환된다.

또한 JSX는 구조를 시각화할 뿐 아니라 { } 괄호를 사용해 JavaScript의 표현식을 그대로 사용할 수 있어 편리하다. 이번 섹션에서는 구체적인 실행 예제를 보여주는 것이 아니므로 태그를 어떻게 사용하는지 중점을 두고 살펴보자. 다음과 같은 JavaScript 코드가 있다고 해보자.

```javascript
class ReactUserComp extends React.Component {
  render() {
    return React.createElement('h1', null, `Hello ${this.props.name}`);
  }
}
ReactDOM.render(
  React.createElement(Hello, {name: 'World'}, null),
  document.getElementById('app')
);
```

이 코드는 TypeScript와 JSX를 사용해 다음과 같이 표현할 수 있다.

```typescript
interface UserProps { name: string; }
class ReactUserComp extends React.Component<UserProps, {}> {
    render() {
        return <h1>Hello {this.props.name}!</h1>;
    }
}
ReactDOM.render(
    <ReactUserComp name="Kim"/>,
    document.getElementById("app")
);
```

React.createElement를 통해 엘리먼트를 만드는 것보다 〈h1〉Hello \${this.props.name}〈/h1〉처럼 작성하는 것이 훨씬 보기 쉽고 간결하다.

TypeScript는 2015년 9월에 출시한 1.6 버전에서 React/JSX를 지원하기 시작했다. .tsx 확장자를 추가하여 JSX를 활성화하도록 하고 해당 파일에서는 TypeScript의 타입 변환과 중복되지 않도록 〈〉 대신에 as 연산자를 추가했다. var x = 〈number〉num;은 var x = num as number;와 같이 사용하면 된다. 이후 1.8에서는 --reactNamespace 지원, VS2015에서 JSX 문법 컬러링 지원, 2.1.3에서 jxsFactory 지원, 2.6에서 JSX fragment 지원을 하며 꾸준히 업데이트되고 있다. 세부적인 내용은 이 책의 범위를 벗어나므로 TypeScript가 지속적인 업데이트를 했다는 것만 알아두면 된다.

TypeScript 2.8에서는 JSX의 구현체가 React가 아닌 경우에 대응하여 파일마다 JSX factory를 지정하는 기능이 추가되었다. TypeScript 2.1.3에서부터 jsxFactory 옵션을 지정하여 전체 프로젝트의 JSX factory를 지정하는 기능이 있었다. TypeScript 2.8에서는 파일의 시작부분에 @jsx 전처리 지시어를 주석 형태로 작성하여 좀 더 편리하게 지정할 수 있게 되었다. 다음과 같은 형태로 작성하면 된다.

```
/** @jsx h */
import { h } from "preact";
<h1></h1>
```

이 코드는 다음과 같이 JavaScript로 변환된다.

```
/** @jsx h */
var preact_1 = require("preact");
preact_1.h("h1", null);
```

jsxFactory의 기본값은 React.createElement이다. 별도로 지정하지 않으면 react의 jsxFactory를 사용할 것으로 가정하는 것이다. 그러나 특히 모바일 환경에서 React의 용량과 속도를 개선하기 위해 React와 비슷한 컨셉을 사용한 Deku, Preact, virtual-DOM과 같은 경량의 라이브러리들이 나오고 있다. 이러한 라이브러리들은 JSX의 구현체가 다를 수 있다. TypeScript 2.8에서는 파일별 jsxFactory 지정 옵션을 제공함으로써 하나의 프로젝트에서 여러 jsxFactory를 사용할 수 있게 되었다.

JSX 팩토리별로 네임스페이스 구분

TypeScript 2.8 이전의 컴파일러는 모든 JSX의 엘리먼트를 global에 있다고 가정하고 타입 체크를 했다. 그러나 앞의 섹션에서 설명한 것처럼 TypeScript 2.8부터는 @jsx 전처리 지시어를 사용해 하나의 프로젝트에 여러 jsxFactory를 사용할 수 있게 되었다. 때문에 모든 JSX 엘리먼트가 global 네임스페이스에 있다고 가정하면 이름이 충돌하여 컴파일 타임 에러가 발생한다. TypeScript 2.8에서부터는 jsxFactory별 네임스페이스를 적용함으로써 이름 충돌이 나지 않도록 보호해준다.

3. TypeScript 2.9 소개

VS Code에서 최신 버전의 TypeScript 사용하기

npm을 사용해 최신 버전의 TypeScript를 설치했더라도 VS Code 에디터에 내장된 버전은 아직 업데이트가 안 되었을 수 있다. 이런 경우 [파일] 〉 [기본 설정] 〉 [설정]을 열고 다음과 같이 새로운 버전의 경로를 지정하면 된다.

- ▶ 윈도우 : "typescript.tsdk": "c:\\Users\\{사용자계정}\\AppData\\Roaming\\npm\\node_modules\\typescript\\lib"
- ▶ 리눅스 : "typescript.tsdk": "/usr/lib/node_modules/typescript/lib/"
- ▶ 맥OS : "typescript.tsdk": "/usr/local/lib/node_modules/typescript/lib/"

VS Code 최신 기능 맛보기 – VS Code Insiders

앞의 섹션에서 설명한 방법으로 최신 TypeScript를 설치하고 에디터에서 설정을 하면 최신 언어 서비스를 바로 사용할 수 있지만 에디터 업데이트가 필요한 기능은 바로 사용할 수 없다. 예를 들어 다음에 설명할 **[새 파일로 이동]** 기능은 TypeScript 2.9.1에 포함된 기능이지만 VS Code 1.23.1 버전을 설치 후 TypeScript 2.9.1을 사용하도록 설정해도 동작하지 않는다. 이러한 에디터의 신규 기능을 사용해보고 싶다면 VS Code Insiders를 다운로드 받아서 설치하면 된다. 1.24.0 버전에서는 **[새 파일로 이동]** 기능이 오픈되었지만 향후 최신 기능을 먼저 사용해보고 싶은 경우를 대비해 업데이트 이전 상황을 가정하고 설명한다.

VS Code Insiders는 얼리 어답터를 위해 최신 푸시를 포함한 버전으로 2016년 2월에 처음 소개되었다. 처음에는 한 달에 한번 배포하였으나 새로운 기능이 쏟아지면서 지금은 한 주에 한번 정도 배포되고 있다. Insiders 버전은 실험적인 기능들이 포함되어 안정화된 버전이 아니므로 사용에 주의해야 한다. 그러나 VS Code와는 별도로 설치되고 설정 파일도 분리되어 있으므로 독립적으로 사용해볼 수 있다. VS Code Insiders는 아래 URL에서 다운로드 받을 수 있다.

▶ https://code.visualstudio.com/insiders/

선언부 새 파일로 이동

커뮤니티에서 요청이 많았던 리팩토링 기능 중 하나로, 인터페이스나 클래스의 선언부를
독립된 파일로 이동하는 기능이 새롭게 추가되었다.

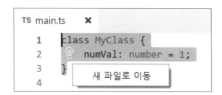

[새 파일로 이동] 메뉴를 선택하면 다음 스크린샷과 같이 main.ts에서 MyClass 선언부가
제거되고 MyClass.ts 파일이 생성되면서 선언부가 이동하게 된다.

TS main.ts ✕ ···	TS MyClass.ts ✕
1	1 class MyClass { 2 numVal: number = 1; 3 }

사용하지 않는 로컬 요소나 파라미터 알림

TypeScript 2.0에 새롭게 추가된 기능으로 --noUnusedLocals와 --noUnused
Parameters 컴파일러 옵션이 있다. noUnusedParameters는 사용하지 않는 함수나 메서
드의 파라미터를 에러로 처리하는 것이고, noUnusedLocals는 사용하지 않는 변수, 함수,
클래스, import, 프로퍼티 등을 에러로 처리하는 기능이다. 단 _ (언더바 기호)로 시작하는
파라미터는 다른 프레임워크에서 고정되어 전달되는 경우가 있기 때문에 사용하지 않더라
도 에러로 처리하지 않는다.

TypeScript 2.9에서는 한 걸음 더 나아가 에디터가 이러한 것들을 식별하고 수정을 제안할
수 있도록 하였다. 에디터는 이러한 것들을 원하는 방식으로 처리할 수 있다. 예를 들어 VS

Code에서는 다음과 같이 연한 회색으로 표시하고 있다. VS Code의 색 테마에 따라 회색이 크게 눈에 띄지 않을 수도 있지만 마우스를 가져가면 관련 내용을 툴팁으로 표시한다.

```
   [ts] 'param'이(가) 선언은 되었지만 해당 값이 읽히지는 않았습니다.
   (parameter) param: number
function testFunc(param: number, param2: number) {
    return param2;
}
```

뿐만 아니라 VS Code에서는 다음과 같이 적절한 리팩토링 수정 기능까지 제공한다.

```
function testFunc(param: number, param2: number) {
💡  return param2;
}   ┌─────────────────────────┐
    │ 'param'에 대한 선언 제거     │
    │ 'param' 앞에 밑줄 추가       │
    └─────────────────────────┘
```

'param'에 대한 선언 제거는 파라미터 자체를 제거하는 것이고, **'param' 앞에 밑줄 추가**는 앞서 설명한 것처럼 현재 사용하지는 않지만 오류가 발생하지 않도록 언더바(_)를 추가해주는 기능이다.

프로퍼티의 getter/setter 자동 생성

프로퍼티에서 바로 getter, setter를 생성하는 리팩토링 기능이 추가되어 쉽게 캡슐화를 할 수 있다.

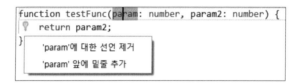

```
1   class Test {
2 💡 value:number = 100;
3   };
        ┌──────────────────────────────────┐
        │ Generate 'get' and 'set' accessors │
        └──────────────────────────────────┘
```

Generate 'get' and 'set' accessors 메뉴를 선택하면 다음과 같이 getter, setter가 생성된다.

```
1    class Test {
2        private _value: number = 100;
3        public get value(): number {
4            return this._value;
5        }
6        public set value(value: number) {
7            this._value = value;
8        }
9    };
```

타입 import

TypeScript 2.9 이전에는 다른 모듈에 있는 타입을 단 한번 사용하기 위해 파일 상단에 import 구문을 사용해야 했다. TypeScript 2.9에서는 훨씬 간편하게 임의의 위치에서 import가 가능하다.

TypeScript 2.9 이전의 import 예는 다음과 같다.

```
// mymodule.ts
export interface Person {
    name: string;

};

// main.ts
import * as _mymodule from "./mymodule";

export function test(parameter: _mymodule.Person) {
  console.log(parameter.name);
}

let temp = {name: "Kim"}
test(temp); // Kim 출력
```

TypeScript 2.9에서는 동일한 기능의 코드를 다음과 같이 작성할 수 있다.

```
// mymodule.ts 동일
```

```
// main.ts
export function test(parameter: import("./mymodule").Person) {
  console.log(parameter.name);
}

let temp = {name: "Kim"}
test(temp); // Kim 출력
```

main.ts에서 import 구문이 없어진 것을 확인할 수 있다.

pretty 컴파일 옵션 기본값 true로 변경

tsc로 컴파일을 할 때 작은 프로그램에서 한 두 개의 오류가 발생한 경우라면 큰 문제가 없겠지만, 중대형의 프로젝트에서 수많은 오류 메시지를 한꺼번에 단순 텍스트로 출력한다면 오류를 식별하기가 어려울 것이다. TypeScript 1.8에서는 컴파일 결과를 좀 더 쉽게 확인할 수 있도록 --pretty 옵션을 제공한다. --pretty 옵션을 사용할 경우 다음 스크린샷과 같이 색상의 구분은 물론이고 오류가 발생한 곳을 직접 표시해주기 때문에 커맨드 창에서도 오류 확인이 쉽다.

```
main.ts:1:5 - error TS2322: Type '"Hello"' is not assignable to type 'number'.

  let temp:number = "Hello";
      ~~~~
```

TypeScript 2.9에서는 pretty 옵션을 기본으로 적용하되, 하위 호환을 위해 컬러로 출력이 가능한 경우를 자동으로 판단하여 가능한 경우만 pretty 옵션을 적용하기 때문에, 일반적으로는 이 옵션을 적용할지 말지에 대해 고민하지 않아도 된다. 그러나 특수한 환경에서 하위 호환이 잘 되지 않는 경우 --pretty false로 하거나 tsconfig.json에서 "pretty": false로 옵션을 변경하면 된다.

JSON 파일 타입 import

Node.js 애플리케이션을 개발하다 보면 종종 .json 파일을 기반으로 타입을 정의하고 싶은 경우가 있다. TypeScript 2.9 이전에는 맵 형태로 치환하거나 별도의 json 로더를 사용해야 했으나 이제 json 파일을 바로 타입으로 가져올 수가 있다. tsc에서 ——resolveJsonModule 옵션을 사용하거나 tsconfig.json에서 resolveJsonModule을 true로 설정하면 된다.

각 파일에서 다음과 같이 설정하면 된다.

```json
// tsconfig.json
{
    "compilerOptions": {
      "module": "commonjs",
      "resolveJsonModule": true,
      "esModuleInterop": true,
      "outDir": "./lib",
      "strict": false /* strict를 false로 하는 이유는 이후에 설명 */
    }
}
// person.json
{
    "name": "Kim"
}


// main.ts
import person from "./person.json"
console.log(person.name); // Kim 출력
```

outDir을 설정하지 않으면 input으로 사용된 json 파일을 덮어쓸 수 있다는 TS5055 에러가 발생하기 때문에 루트 이외의 폴더로 지정이 필요하다. JSON output 파일은 런타임 시에 사용된다.

그런데 tsconfig.json에서 strict 옵션을 false로 한 이유는 무엇일까? 사실 strict 옵션은 이번 기능과 아무 관련이 없으나, strict 옵션을 사용할 경우 output으로 생성된 json 파일의 첫 줄에 "use strict" 문장이 추가되고 JSON 포맷이 깨지는 문제가 발생한다. 이 책이 출간되었을 때 즈음에는 적절한 해결 방안이 생겼을 것으로 기대한다.

나머지(rest) 파라미터 뒤의 콤마 에러 처리

TypeScript 2.9 이전에는 함수에 가변 개수의 파라미터를 전달하는 나머지 파라미터 사용 시 나머지 파라미터 뒤에 콤마(,)를 붙여도 에러가 발생하지 않았다. 하지만 이것은 ECMAScript의 표준에 맞지 않기 때문에 하위 호환이 안 된다 하더라도 TypeScript 2.9 부터는 에러로 처리한다. 다음 예제를 실행하면 "rest 매개 변수 또는 바인딩 패턴에 후행 쉼표를 사용할 수 없습니다." 에러가 발생한다.

```
function test(
  param1: number,
  ...rest: any[], // 에러
) {
  // 함수 구현
}
```

태깅된 템플릿에서 제네릭 타입 파라미터 허용

태깅된 템플릿(Tagged Template)에 대해 알아보기 전에 먼저 템플릿 리터럴(Template Literal)에 대해서 알아보자. 템플릿 리터럴은 ES2015 이전에는 템플릿 문자열(Template string)으로 불렸다. 템플릿 리터럴이란 작은 따옴표나 이중 따옴표 대신 백틱(기호)을 사용하여 문자열을 표현하는 것으로, 여러 줄의 문자열을 허용하거나, 중간에 표현식을 삽입할 수 있다.

태깅된 템플릿은 템플릿 리터럴의 발전된 형태로 템플릿 리터럴을 파싱하여 함수로 호출하는 것이다. 태깅된 템플릿의 예제를 살펴보자.

```
function myTag(strings, exp1, exp2) {
  var str0 = strings[0]; // "Cond1 is "
  var str1 = strings[1]; // " Hi "
  var msg1 = exp1 ? "참" : "거짓";
  return str0 + msg1 + str1 + exp2;
}

var cond1 = true;
```

```
var msg1 = "TypeScript";
var output = myTag`Cond1 is ${cond1}, Hi ${msg1}`;
console.log(output); // "Cond1 is 참, Hi TypeScript" 출력
```

태그 함수(Tag Function) myTag는 첫 번째 파라미터로 문자열 값의 배열을 받는다. 두 번째 이후의 파라미터는 템플릿 리터럴에서 사용한 표현식의 개수와 일치해야 한다. 위의 코드에서 myTag를 사용한 태깅 템플릿은 다음과 같이 함수 호출을 한 것과 같다.

```
myTag(['Cond1 is ', ' Hi '], cond1, msg1);
```

즉, 태깅된 템플릿이란 템플릿 리터럴을 활용한 태그 함수(Tag Function) 호출이라고 보면 된다. TypeScript 2.9에서는 이러한 태그 함수를 호출 시 제네릭 타입의 파라미터를 허용하여 보다 활용도가 높은 태그를 만들 수 있도록 했다. 위와 동일한 코드를 TypeScript 2.9 버전을 활용해 다시 작성하면 다음과 같이 작성할 수 있다.

```
function myTag<T>(strings: TemplateStringsArray, exp1:T, exp2:T): string {
  let str0:string = strings[0]; // "Cond1 is "
  let str1:string = strings[1]; // " Hi "
  let msg1:string = exp1 ? "참" : "거짓";
  return str0 + msg1 + str1 + exp2;
}
let cond1:boolean = true;
let msg1:string = "TypeScript";
let output:string = myTag<string¦boolean>`Cond1 is ${cond1}, Hi ${msg1}`;
console.log(output); // "Cond1 is 참, Hi TypeScript" 출력
```

▌keyof 와 매핑된 객체에서 심볼과 숫자 리터럴 조회

TypeScript 2.8 부록에서도 설명한 것처럼 keyof 키워드는 어떤 객체의 public 프로퍼티 목록을 구한다. 그러나 심볼(Symbol)이나 숫자형의 리터럴의 프로퍼티는 keyof 이후에 나온 기능이어서 제대로 지원이 되지 않았다. 이번 신규 기능을 이해하기 위해서는 몇 가지를 먼저 알아야 한다.

심볼(Symbol)은 ES2015(ES6)에서 소개된 7번째 원시 자료형(Primitive type)으로 변하지 않는(immutable) 고유한 값을 나타낸다. 일종의 ID 태그라고 생각할 수 있다. Symbol()을 통해 만들 수 있고 옵션으로 첫 번째 파라미터에 설명을 추가할 수 있다. 심볼은 생성자를 호출할 때마다 고유한 값을 생성하기 때문에 Symbol('me') === Symbol('me') 은 false를 출력한다.

TypeScript 2.7에서 소개된 "unique symbol"은 심볼의 서브타입(subtype)으로 할당이나 비교가 불가하여 다른 상수처럼 사용할 수 있다. unique symbol은 const 선언이나 readonly static 프로퍼티 형태로만 선언 가능하다.

```
// a1 선언 에러 (형식이 'unique symbol' 형식인 변수는 'const'여야 합니다.)
declare let a1: unique symbol;
declare const a2: unique symbol; // 정상
class MyClass {
    // MySymbol1 선언 에러
    // 형식이 'unique symbol' 형식인 클래스의 속성은
    // 'static'과 'readonly' 둘 다 있어야 합니다.
    readonly MySymbol1: unique symbol = Symbol();
    static readonly MySymbol2: unique symbol = Symbol();
}
```

TypeScript 2.7에서 소개된 또 다른 기능으로 "상수명 프로퍼티(Constant-named properties)"가 있다. 심볼과 상수 이름을 프로퍼티로 사용할 수 있게 된 것이다.

```
const c1 = "";
const s1 = Symbol();
class MyClass {
  [c1]: string = "hello";
  [s1]: string = "typescript";
}
let myClass: MyClass = new MyClass();
console.log(myClass[c1]); // hello
console.log(myClass[s1]); // typescript
```

이제 다음 예제를 살펴보자.

```
const s = Symbol("mySymbol");
class Person {
    name: string; // 문자열 형태의 프로퍼티
    123: string;  // 숫자형 형태의 프로퍼티
    [s]: string;  // unique symbol 형태의 프로퍼티
}

type K1 = keyof Person;      // "name" ¦ 123 ¦ typeof s
let keyofTest1:K1 = 'name'; // pubilc 프로퍼티의 문자열 이름이므로 할당 가능
let keyofTest2:K1 = 123;    // pubilc 프로퍼티의 숫자형 이름이므로 할당 가능
let keyofTest3:K1 = s;      // public 프로퍼티의 unique symbol 이름이므로 할당 가능
```

여기서 keyofTest1은 기존에도 잘 처리된 것으로 잘 처리가 되지만, keyofTest2와 keyofTest3은 TypeScript 2.9 전의 버전에서는 에러가 발생하던 구문이다. 다만 이렇게 동일한 keyof 연산자에 대해 다르게 동작하게 되어, 이제는 문자열 형태의 프로퍼티만 반환할 줄 예상하고 작성한 코드에 대해서는 하위호환이 불가능하게 되었다. 이러한 하위 호환에 대비하여 예전처럼 문자열 형태의 프로퍼티만 추출하고 싶은 경우 Extract를 사용하면 된다. 다음의 예제에서 K2는 TypeScript2.9 이전 버전처럼 동작한다.

```
type K2 = Extract<keyof Person, string>; // "name"
let keyofTest4:K2 = 'name'; // pubilc 프로퍼티의 문자열 이름이므로 할당 가능
let keyofTest5:K2 = 123;      // 숫자형 이름이므로 할당 불가
```

이러한 하위 불호환 변경(breaking change)에 따른 전환 작업이 어려운 경우에 대비하여 컴파일러 옵션 --keyofStringsOnly도 제공한다. keyofStringsOnly 옵션은 keyof 연산자 사용 시 예전처럼 문자열 형태의 프로퍼티만을 추출하여 반환한다.

찾아보기